体育与健康

主　编　黄诚良　李小华　白洪吉
副主编　王学锋　曹靖博　黄荣耐
　　　　何育锋　张　博
参　编　金恒宇　吴　桐　吴斯亮
　　　　张　颖　刘莉莉

北京理工大学出版社
BEIJING INSTITUTE OF TECHNOLOGY PRESS

版权专有　侵权必究

图书在版编目（CIP）数据

体育与健康 / 黄诚良，李小华，白洪吉主编.—北京：北京理工大学出版社，2019.7重印

ISBN 978-7-5682-5998-9

Ⅰ.①体…　Ⅱ.①黄…②李…③白…　Ⅲ.①体育–高等学校–教材②健康教育–高等学校–教材　Ⅳ.①G807.4

中国版本图书馆CIP数据核字（2018）第166367号

出版发行 /	北京理工大学出版社有限责任公司
社　　址 /	北京市海淀区中关村南大街5号
邮　　编 /	100081
电　　话 /	（010）68914775（总编室）
	（010）82562903（教材售后服务热线）
	（010）68948351（其他图书服务热线）
网　　址 /	http://www.bitpress.com.cn
经　　销 /	全国各地新华书店
印　　刷 /	定州市新华印刷有限公司
开　　本 /	710毫米×1000毫米　1/16
印　　张 /	13
字　　数 /	272千字
版　　次 /	2019年7月第1版第2次印刷
定　　价 /	38.00元

责任校对 / 周瑞红
责任印制 / 边心超

图书出现印装质量问题，请拨打售后服务热线，本社负责调换

前言

随着我国经济的不断发展，对知识和人才的需求量也越来越大，整个社会和家庭十分看重学生的学习成绩，然而却忽略了学生的心理健康的发展。一个人的健康包括两个方面：生理健康和心理健康。但是由于大多数学校只偏重于抓学生的学生成绩，而忽略了非智力因素的培养，使得一些学生生理上虽然是健康的，但是心理素质比较差，调整心态的能力较弱，遇到困难挫折容易造成心理疾病。

我们组织有关专家和学者将教育部颁布的《中等职业学校体育与健康教学任务指导纲要》中的基础模块和拓展模块有机地结合在一起，编写了本教材。力图通过本书的讲解，让学生真正地了解健康包括身体健康、心理健康和一定的社会适应能力，让学生了解心理健康的标准，掌握心理健康的保健方法，能够及时恰当地调整自己的心态，并经常参加体育锻炼，在运动中寻求快乐，陶冶情操。本书力求突出多样性和多选择性，让体育教师展现给学生的不仅是丰富的内容，更重要的是富于变化的方式和方法，根据不同学生的不同特点，选择不同的运动项目，或让学生自己选择，使每个学生的兴趣、特长都能得以发挥，在各自擅长的项目中找到运动的乐趣，展示自己的才能。

本书共分为九个章节，包括绪论、体育锻炼是健康的保证、体育锻炼的优化、健与美、田径运动、三大球和三小球、游泳、丰富多彩的民族体育和体育竞赛的欣赏。

由于编写时间仓促，编者水平有限，书中难免存在一些不足之处，恳请广大读者批评指正。

编　者

Content
目录

第一章 绪论
知识点1　健康——幸福之源　　　　　　　　　　2
知识点2　青春期的健康保健　　　　　　　　　　7

第二章 体育锻炼是健康的保证
知识点1　体育的定义与功能　　　　　　　　　　15
知识点2　丰富多彩的体育活动　　　　　　　　　18
知识点3　体育促进健康　　　　　　　　　　　　22

第三章 体育锻炼的优化
知识点1　量身定做自我锻炼计划　　　　　　　　28
知识点2　体育运动的卫生原则　　　　　　　　　31
知识点3　运动时自我医务监督及常见运动生理问题处理　36
知识点4　如何预防运动损伤及应急处理　　　　　44

第四章 健与美
知识点1　健身　　　　　　　　　　　　　　　　50
知识点2　健美　　　　　　　　　　　　　　　　56
知识点3　健康体质的测定及标准　　　　　　　　62

第五章 田径运动

知识点1　田径运动概述　　　　　　　　　77
知识点2　跑类运动　　　　　　　　　　　78

第六章 三大球和三小球

知识点1　气势磅礴的大球世界　　　　　　95
知识点2　惊心动魄的小球天地　　　　　　122

第七章 游泳

知识点1　游泳基础知识　　　　　　　　　144
知识点2　常用游泳技术简介　　　　　　　148
知识点3　冬泳简介　　　　　　　　　　　160

第八章 丰富多彩的民族体育

知识点1　武术　　　　　　　　　　　　　166
知识点2　传统体育活动　　　　　　　　　180

第九章 体育竞赛的欣赏

知识点1　体育竞赛的基本知识　　　　　　188
知识点2　正确欣赏体育竞赛　　　　　　　194

绪 论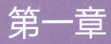

教学目标

通过本章的学习，使学生了解只有爱惜自己的身体，珍惜自己的健康，才能正常地学习、工作和生活。只有不断提高健康水平，才能获得幸福的人生。

教学要求

认知：通过学习能够对健康的基本概念有所了解，并对自身的健康状况有所了解。

理解：体会体育锻炼是促进人体健康的捷径，是保证旺盛生命力的关键。

运用：树立科学正确的健康观，充分认识到体育锻炼对健康的重要性，正视青春期的生理和心理特点，加强体育锻炼。

知识点 1 健康——幸福之源

一、健康的定义

世界卫生组织认为，所谓健康，应该既包括心理健康、身体健康、道德健康，还应该包括生殖健康，以及个体与社会的适应良好。这就是人们所指的身心健康，也就是说，一个人在躯体健康、心理健康、社会适应良好和道德健康四方面都健全，才是完全健康的人。

我国学者穆俊武认为，对个人或社会来说，过去是否有过或将来是否有身体、精神、社会适应都处于完好的短暂状态是值得怀疑的。因此，他提出了新的健康概念，即"在时间、空间、身体、精神、行为方面都尽可能达到良好状态"。

所谓时间概念，是指个人或社会发展的不同时期对健康不能用同一标准来衡量，不能把健康看作是静止不变的东西，应理解为不断变化着的概念。

所谓空间概念，是指不同地区、不同国家的人，有着各不相同的健康概念和健康标准。这并不意味着没有一个可供人们遵循的健康概念。应分为不同的地区、国家，尽可能达到各自的良好状态。

身体、精神概念较易理解。行为，是一个人在社会生活中对赋予的责任和义务所采取的动态和动机。行为表现为社会性，每个人的行为必然受到他人的影响。

因此，健康是个体概念。我们在考虑健康时必须区分是群体的健康还是个人的健康。群体的健康是采用统计学上的平均值，即在一定范围内某一个时期的健康应为正常值，偏离了就不正常。但是，偏离了正常值对于个人来说就不一定不健康，作为个人，健康的标准是一个人特有的。个体健康是现实的，群体的健康是理想的。

讨论

有人认为不生病就是健康。对吗？

此外，我们必须结合世界卫生组织宪章和2000年人人享有卫生保健的要求，从国际社会的高度来认识，享受最高标准的健康被认为是一种基本人权；健康是社会发展的组成部分；健康是对人类的义务，人人都享有健康平等的权利。

二、健康的内涵

1. 生理健康

生理健康就是人体生理上的健康状态。过去把生理健康定义为："能精力旺盛地、敏捷地、不感觉过分疲劳地从事日常活动，保持乐观、蓬勃向上及具有应激能力。"但是，目前有人认为，应将健康与健康行为两个概念区别开来。

健康 是指循环、呼吸系统、机体的各个器官、关节活动和肌力都达到最低正常水平，这样就有助于减少退行性疾病发生的危险性。健康行为要求健康达到一定水平，并与敏捷性、速度、肌肉的耐受性和收缩力有关，能使机体更好地从事职业与娱乐方面的生理活动。

第一章 绪 论

世界卫生组织提出了衡量健康的 10 项标准:

- 精力充沛,能从容不迫地应付日常生活和工作。
- 处事乐观,态度积极,乐于承担任务,不挑剔。
- 善于休息,睡眠良好。
- 适应环境,应变能力强。
- 对一般感冒和传染病有一定抵抗力。
- 体重适当,体态匀称。
- 眼睛明亮,不发炎,反应敏捷。
- 牙齿清洁、无缺损、无疼痛,牙龈颜色正常、无出血。
- 头发有光泽,无头屑。
- 骨骼健康,肌肉、皮肤有弹性,走路轻松。

2. 心理健康

国外学者们对心理健康的标准做了一些表述。例如英格里士认为:"心理健康是指一种持续的心理情况,当事者在那种情况下能做良好适应,具有生命的活力,而能充分发展其身心的潜能;这乃是一种积极的丰富情况,不仅是免于心理疾病而已。"麦灵格尔认为:"心理健康是指人们对于环境及相互间具有最高效率及快乐的适应情况。不仅是要有效率,也不仅是要能有满足之感,或是能愉快地接受生活的规范,而是需要三者具备。心理健康的人应能保持平静的情绪,敏锐的智能,适于社会环境的行为和愉快的气质。"

我们认为人的心理健康包括七个方面:**智力正常、情绪健康、意志健全、行为协调、人间关系适应、反应适度、心理特点符合年龄**。

了解与掌握心理健康的定义对于增强与维护人们的健康有很大的意义。人们掌握了人的健康标准,就可以此为依据对照自己,进行心理健康的自我诊断。

现在对心理健康的标准是这样定义的:

- 具有充分的适应力。
- 能充分地了解自己,并对自己的能力做出适度的评价。
- 生活的目标切合实际。
- 不脱离现实环境。
- 能保持人格的完整与和谐。
- 善于从经验中学习。
- 能保持良好的人际关系。
- 能适度地发泄情绪和控制情绪。
- 在不违背集体利益的前提下,能有限度地发挥个性。
- 在不违背社会规范的前提下,能恰当地满足个人的基本需求。

3. 生殖健康

生殖健康 是指人类在整个生命过程中，与生殖有关的一切活动，应在生理、心理和社会适应诸方面处于良好的健康状态。这说明，为了保持生殖健康，既需要建立正确的性观念，避免未婚先孕、人工流产，做好性病与艾滋病的防治等工作；还要接受避孕节育、不孕不育、夫妻性生活、妇产和疾患、男性科疾患等方面的性保健知识和指导。

生殖健康的内容主要有以下6点：
- 人们能够有满意而安全的性生活。
- 有生育能力。
- 可以自由而负责地决定生育时间和生育数目。
- 夫妇有权知道和获取他们所选定的安全、有效、负担得起和可接受的计划生育方法。
- 有权获得生殖健康服务。
- 妇女能够安全地妊娠并生育健康的婴儿。

讨论

在众多的健康中，你认为哪些健康是可以量化的？

由此可知，男女平等是生殖健康概念的基础，妇女权利是生殖健康的核心，强调服务对象的需求、参与、选择和责任是生殖健康的特点。同时，这些内容都必须是受到法律保护的。

4. 道德健康

英国哲学家赫·斯宾塞指出："完美的道德是行为的准则，有了这种准则，痛苦就可以避免。"
道德健康 指的就是能够按照社会规范的准则和要求来支配自身的行为，把个人行为置于社会规范之内。

把道德健康纳入健康的大范畴，是有其道理及科学根据的。巴西医学家马丁斯经过10年的研究发现，屡犯贪污受贿罪行的人，易患癌症、脑出血、心脏病、神经过敏等病症而折寿，而良好的心理状态能促进人体内分泌更多有益的激素、酶类和乙酰胆碱等，这些物质能把血液的流量、神经细胞的兴奋调节到最佳状态，从而增强机体的抗病力，促进人们健康长寿。

作为国家未来的建设者，具备良好的道德素质是青少年学生的立身之本。

5. 社会适应

社会适应 指的是个人为与环境取得和谐的关系而产生的心理和行为的变化。它是个体与各种环境因素连续而不断改变的相互作用过程。每个人一生都会不断面临新的情境，每一发展阶段也都有特定的要求，比如人格发展、对父母的心理上的独立、职业选择、人际关系、婚姻、家庭、退休、死亡等。社会适应是一个毕生的过程。

在知识经济时代，人们获取知识的方式和途径在悄然发生变化，而且随着生活节奏的加快，人际关系变得更加复杂，在日趋激烈的社会竞争中，伴随各种不同价值取向而产生的迷惘、困惑、抑郁、孤独与失望情绪，都是对现代人的巨大考验。

因此，个体的行为能适应复杂的社会环境变化，能为他人所理解，为社会所接受，行为符合社会身份，形成与保持和谐的人际关系，适应社会的要求显得尤为重要。只有学会选择适合自身的价值观和人生态度，并有效建立起促进个人发展的精神背景和自我引导机制，才能够按社会运行法则，更好地处理好个人与社会条件之间的矛盾。

三、亚健康

1. 什么是亚健康

亚健康是指非病非健康状态，是处于疾病与健康之间的一种生理机能低下的状态，故又有"次健康""第三状态""中间状态""游离状态""灰色状态"等称谓。亚健康状态是很多疾病的前期征兆，如肝炎、心脑血管疾病、代谢性疾病等。亚健康人群普遍存在六高一低，即高负荷（心理和体力）、高血压、高血脂、高血糖、高体重、免疫功能低。

国内外的研究表明，现代社会符合健康标准者也不过占人群总数的15%。有趣的是，人群中已被确诊为患病，属于不健康状态的也占15%左右。如果把健康和疾病看作是生命过程的两端的话，那么它就像一个两头尖的橄榄，中间凸出的一大块，正是处于健康与有病两者之间的过渡状态——亚健康。

亚健康是一种临界状态，处于亚健康状态的人，虽然没有明确的疾病，但却出现精神活力和适应能力的下降，如果这种状态不能得到及时的纠正，非常容易引起心身疾病。处于亚健康状态的人，除了疲劳和不适，不会有生命危险。但如果碰到高度刺激，如熬夜、发脾气等应激状态下，很容易出现猝死，就是"过劳死"。

2. 亚健康是怎样形成的

医学研究表明，如下人群易患亚健康：
◆ 精神负担过重的人。 ◆ 脑力劳动繁重者。
◆ 体力劳动负担比较重的人。 ◆ 人际关系紧张、造成负担比较重的人。 ◆ 长期从事简单、机械化工作的人（缺少外界的沟通和刺激）。 ◆ 压力大的人。 ◆ 生活无规律的人。 ◆ 饮食不平衡、吸烟酗酒的人。

"冰冻三尺非一日之寒"，促使亚健康形成的主要因素有心理、社会、环境、营养、劳动、运动、生活方式与行为、气象生物、服务等诸多方面，每个因素都有特定的内容又相互关联。例如，嗜烟、酒成癖，烟碱、酒精缓慢损害机体；劳逸失度，娱乐过度，紧张，睡眠不足，引起机体代谢紊乱；饮食无节制，营养不合理，吸收失控，体液（血液）酸碱度（pH值）失衡，给健康造成潜在危害；环境（空气、水源、阳光、花草、噪音等）遭受污染，人体受到细菌、病毒、寄生虫及化学物质的感染；长期患慢性病不愈等；导致产生亚健康的一些具体体

征，如神态疲倦、体力不支、心烦意乱、郁郁寡欢、易受刺激、食欲不振、消化不良、便秘、头晕目眩、失眠健忘、皮肤干燥等。

3. 如何摆脱亚健康的困扰

从亚健康易患人群的特点和亚健康产生的原因我们可以看到，社会环境压力和人的自我调节能力是与亚健康密切相关的外部和内部因素。因此，要摆脱亚健康的困扰，可以从以下几个方面着手。

（1）保证合理的膳食和均衡的营养。

维生素和矿物质是人体所必需的营养素。维生素 A 能促进糖蛋白的合成，细胞膜表面的蛋白主要是糖蛋白，免疫球蛋白也是糖蛋白。维生素 A 摄入不足，呼吸道上皮细胞缺乏抵抗力，常常容易患病。维生素 C、B 族和铁等对人体尤为重要，因此每天应适当地补充多维元素片；除此之外，微量元素锌、硒、维生素 B_1、B_2 等多种元素都与人体非特异性免疫功能有关。

讨 论

你认为哪些人群容易处于亚健康状态？

（2）调整心理状态并保持积极、乐观。

广泛的兴趣爱好，会使人受益无穷，不仅可以修身养性，而且能够辅助治疗一些心理疾病。善待压力，把压力看作是生活不可分割的一部分，学会适度减压，以保证健康、良好的心境。

（3）及时调整生活规律。

劳逸结合，保证睡眠充足。适度劳逸是健康之母，人体生物钟正常运转是健康的保证，而生物钟"错点"便是亚健康的开始。

（4）增加户外体育锻炼活动。

每天保证一定的运动量，加强自我运动可以提高人体对疾病的抵抗能力。

（5）戒烟限酒。

医学证明，吸烟时人体血管容易发生痉挛，局部器官血液供应减少，营养素和氧气供给减少，尤其是呼吸道黏膜得不到氧气和养料供给，抗病能力也就随之下降。少喝酒有益于健康，嗜酒、醉酒、酗酒会削减人体免疫功能，必须严格限制。

你知道吗

健康应有的状态

（1）**体重基本稳定**：一个月内体重增减不超过 4kg，超过者为不正常。

（2）**体温基本在 37℃ 左右**：每日的体温变化不超过 1℃。

（3）**脉搏每分钟在 75 次左右**：一般不少于 60 次，不多于 100 次，否则为不正常。

（4）**正常成年人每分钟呼吸 16～20 次**：呼吸次数与心脉跳动的比例为 1:4，每分钟呼吸少于 10 次或多于 24 次为不正常。

（5）**大便基本定时**：每日 1～2 次，若连续 3 天以上不大便或一天 4 次以上为不正常。

(6) 每日进食量保持在 1～1.5kg：连续一周每日进食超过正常进食量的 3 倍或少于正常进食量的 1/3 为不正常。

(7) 一昼夜的尿量在 1 500mL 左右：连续 3 天 24 小时内尿量多于 2 500mL，或一天内尿量少于 500mL 为不正常。

(8) 成年女性月经周期在 28 天左右：超前或推后 15 天以上为不正常，常有痛经伴随。

(9) 正常成年男女结婚后能生育：夫妻生活在一起未避孕，3 年内不育为不正常。

(10) 每日能按时起居：睡眠 6～8h，若不足 4h 或每日超过 15h 为不正常。

知识点 2 青春期的健康保健

一、青春期的生理变化

一般来说，青春期前的男孩与女孩在形体方面差异不大，但进入青春期后，男孩和女孩的各部位会发生一系列变化。

1. 青春前期

进入青春期的标志是，女孩出现月经初潮，男孩睾丸发育并出现首次遗精。在此以前 2 年左右，女孩最早出现骨盆开始变宽，臀部变圆，乳房发育，身高及体重增长速度超过平均数；男孩睾丸、阴茎开始发育，身高、体重也迅速增加。

2. 青春中期

此时，男孩女孩的身高继续增长，生殖器官和第二性征也发育成熟，**男子第二性征包括长出体毛（胡须、腋毛、阴毛）、变声、阴茎和睾丸发育、精液分泌（射精、泄精）、骨骼变硬、肌肉发达、出现男性特有气味等。女子的第二性征包括长出体毛（腋毛、阴毛）、子宫及卵巢发育、月经初潮、乳房发育、骨盆扩大、皮下脂肪增加、出现女性特有气味等**。由于男女性激素的作用，发育成男女特有体型。女性的脂肪集中分布在肩、乳房、臀部，因而出现胸部隆起、腰细、臀宽，典型的女性体型，给人以丰满的柔美之感。男性四肢、肩部骨骼和肌肉特别发达，脂肪有较少分布，身材较高，因而出现肩宽、体高、胸肌发达体型，给人以强健的阳刚之感。同时，由于内分泌功能活跃，容易产生性骚动。

3. 青春后期

在这个时期，性器官发育完全成熟，体格形态发展也完全成熟。在青春中期，虽然性器官、第二性征已发育成熟，但要到 22～25 岁才能完全成熟。心脏的重量及外形虽然在青春中期接近成人，但就呼吸功能而论，要到青春后期才能完善。人体的骨骼系统，经过青春期的突长之后，到 25 岁左右，骺软骨停止生长，全部骨化，至此人体的高度不再增加。

二、青春期的心理特征及问题

1. 青春期的心理特征

由于以上的生理变化,青少年在青春期的心理也呈现出自己的特点。

(1)成人感与幼稚感并存。青春期少年心理特点的突出表现是出现成人感——认为自己已经成熟,长成大人了。因而在一些行为活动、思维认识、社会交往等方面,表现出"成人"的样式。在心理上,渴望别人把他们看作大人,尊重他、理解他,但由于年龄不够,社会经验和生活经验及知识的局限性,在思想和行为上往往盲目性较大,易做傻事、蠢事,带有明显的小孩子气、幼稚性。

(2)有独立性行为。成人感的出现,增强了青少年的独立意识。他们不愿受父母过多的照顾或干预,对一些事物是非曲直的判断,不愿意听从父母的意见,有强烈的表现自己意见的愿望,对一些事情往往会言辞过激。但由于其社会经验、生活经验的不足,常常碰壁,又不得不从父母那里寻找方法、途径或帮助,再加上经济上不能独立,父母的权威作用又迫使他们去依赖父母。

(3)逆反心理。处于青春期的青少年,其生理的变化使得他们对待事物总是持一种逆反心理,表现为对抗、不服从或者有意违抗长辈或教师的意见和命令,有时还会对一些事熟视无睹、漠不关心。因此,家长和教师应注意对这一现象加以引导,使他们能顺利地度过青春期。

讨 论

说一说自己逆反心理是在什么时候表现得非常强烈?

(4)做事带有冲动性。青春期的少年在心理独立性、成人感出现的同时,自觉性和自制性也得到了加强,在与他人的交往中,他们主观上希望自己能自觉地遵守规则、尽义务,但客观上又往往难以较好地控制自己的情感,有时会鲁莽行事。

(5)渴望与异性交往。青春期的少年由于性的发育和成熟,出现了与异性交往的渴求。如喜欢接近异性,想了解性知识,喜欢在异性面前表现自己,甚至出现朦胧的爱情念头等。但由于学校、家长和社会舆论的约束、限制,青春期的少年在情感和性的认识上存在着既非常渴求又不好意思表现的压抑的矛盾状态。

(6)想开放但又自封。青春期的少年需要与同龄人,特别是与异性、与父母平等交往,他们渴望他人和自己一样彼此间敞开心扉来相待。但由于每个人的性格、想法不一,他们的这种渴求找不到释放的对象,只好诉说在"日记"里。这些日记写下的心里话,又由于自尊心,不愿被他人知道,于是就形成既想让他人了解又害怕被他人了解的矛盾心理。

2. 青春期的心理问题

由于青春期特有的心理特点,再加上目前中学生各方面的压力,青春期的少年出现了许多心理问题。

(1)学习压力。中学生学习负担过重,常给他们带来沉重的心理压力,因为学习压力而陷入痛苦的青少年屡见不鲜。由于过分注重结果,而体会不到学习的兴趣。有些青少年承受不了

第一章 绪 论

学习带来的心理压力,有时会表现出异乎寻常的反抗情绪,形成家庭暴力,极个别人甚至自杀。

(2)性烦恼和性困惑。性烦恼是由于性意识觉醒之后,青少年的生理需求不能被社会行为规范所接受而导致的。性困惑是青少年对自身性发育、性成熟的生理变化产生的一种神奇感及探索心理。社会伦理道德的约束和性教育的神秘化,常会导致青少年的心理冲突。他们常认为"性是不好的""对异性长辈出现性幻想是可耻的""手淫对身体是有害的"等,出现对性的消极评价和过度的性压抑。因此,有必要净化社会风气,积极开展性心理健康教育,改变家长传统性观念,给孩子正确的性健康教育。

(3)心理障碍。青少年经常出现一些心理障碍,如抑郁症、恐惧症等。这些心理障碍会使青少年丧失其特有的活力,对平时感兴趣的事情变得乏味,思考能力下降、注意力不集中、对学习失去动力、失眠、全身乏力、食欲不振等,进而影响和别人的交往,非常焦急痛苦,严重时会产生身心疾病。

(4)人际交往的压力。由于独立意识的增强,青少年与社会的交往越来越广泛,他们渴望进行社会交往、有自己亲密的伙伴。但由于自身的原因,如自卑、过分在意他人评价、容易受到伤害、虚荣心强、怕丢面子等,他们感到压抑孤独,没有亲密的朋友,出现人际交往障碍。因此,家长、教师或心理工作者应帮助青少年改变一些不恰当的认知和态度,引导青少年客观分析自己的现状,学会接纳自己,允许自己有缺点、有失败、有可能丢面子,认识到完美的人不存在,不要过分苛求自己,也不要对外界寄托过多过高的期望,在行动和实践中增强信心、培养技巧。

你知道吗

青春期孩子性问题触目惊心

近年来,我国青少年的性成熟提前,在小学五六年级已有30%左右的男孩出现遗精、女孩出现月经初潮。青少年在性生理成熟的基础上,性心理也获得发展并十分活跃,但是还远远没有成熟。当大人坐在办公室感叹现在的孩子早熟的时候,孩子们也许正瞒着大人,无忧无虑地做着成年人的游戏。

据报载,贵州省1名17岁的女孩从乖乖女变成"未婚妈妈"的消息引起社会的广泛关注。据悉,这名女孩长期担任班干部,学习成绩名列前茅。事前,熟悉她的人无论如何也无法把她与"未婚妈妈"联系在一起。另据报道,一份"青春健康"的调查在北京、天津、广州等12个城市展开。调查的结果显示,21岁的年轻人中79%有过婚前性行为。一组在城市600名高中生中做的调查显示,三成的人赞成婚前性行为,四成多的人认为无所谓,而近四成的受访者认为只要一见钟情就可以发生性行为。这些事件和一连串的数字让人震惊,处在青春期的孩子的性教育问题日益突出。而青少年感染性病、艾滋病、吸毒等消息,也已经频频见诸报端。如何正视这类事件,并强化性健康教育迫在眉睫。

三、青春期是美好的回忆

1. 给予青春期充分合理的营养

青春期正处于生长发育的旺盛时期，对各种营养有着很大的需求量。营养素的功能在于构成躯体、修补组织、供给热量、补充消耗、调节生理功能。青春期应注意以下营养素的补充。

（1）**蛋白质**。蛋白质是生长发育的基础，身体细胞的构成以蛋白质为主。生长发育期的儿童和青少年对蛋白质的需要量为每千克体重 2～4g。**人体的蛋白质主要由食物供给**。蛋类、牛奶、瘦肉、鱼类、大豆、玉米等食物均含有丰富的蛋白质，混合食用，可以使各类食物蛋白质互相补充，营养得到充分利用。

（2）**热能**。青春期所需的热能比成年人多 25%～50%。这是因为青少年活动量大，基本需要量大，而且生长发育又需要更多额外的营养素。**热能主要来源于碳水化合物，即由各类主食提供**，所以青少年必须保证足够的主食摄入量。

（3）**维生素**。人体在生长发育过程中，维生素是必不可少的。它不仅可以预防某些疾病，还可以提高机体免疫力。**人体所需的维生素大部分来源于蔬菜和水果**。芹菜、豆类等含有丰富的 B 族维生素；山楂、鲜枣、西红柿及绿叶蔬菜含有丰富的维生素 C，应保证供给。

（4）**矿物质**。矿物质是人体生理活动必不可少的营养素，尤其是处于生长发育期的青少年，需要量更大。钙、磷参与骨骼和神经细胞的形成，如钙摄入不足或钙磷比例不适当，会导致骨骼发育不全。**牛奶、豆制品中含钙丰富**。青少年对铁的需要也高于成人。铁是血红蛋白的重要成分，如果膳食中缺铁，就会造成缺铁性贫血，特别是女性青少年，每次月经要损失 50～100mL 血，至少要补充 15～30mg 铁。**动物肝脏、蛋黄、黑木耳中含有丰富的铁**。

（5）**微量元素**。微量元素虽然在体内含量极少，但在青少年的生长发育中起着极为重要的作用。特别是锌，每日膳食锌的摄入量要达到 15mg。**含锌丰富的食物有动物肝脏、海产品等**。

（6）**水**。青少年活泼好动，需水量高于成年人，每日摄入 2 500mL，才能满足人体代谢的需要。水的摄入量不足，会影响机体代谢及体内有害物质及废物的排出。如果运动量大，出汗过多，还要增加饮水量。这里讲的水的摄入量不是单指喝进去的水量，而是指喝入的水量加上吃进去的食物中可以转变为水的量的总和。

2. 培养健康行为，远离不良嗜好，坚决拒绝毒品

（1）**培养健康行为**。

❶ **生活起居要有规律**

消除疲劳的最重要的方法就是要努力做到生活起居有规律。早睡早起，切忌熬夜。过好双休日，劳逸结合。

❷ 养成健康的习惯

除了勤洗手、勤剪指甲、勤理发和洗澡外,还要自觉养成不吸烟、少饮酒、多喝茶等良好的健康习惯。吸烟、饮酒有害健康,应尽量远离。喝茶有利于防癌、降脂,并能提高人体免疫功能,具有延缓衰老的作用,可以适量饮用。

❸ 积极参加体育锻炼

体育锻炼不仅可以增强体质,保持脑力和体力协调,还有助于预防和消除疲劳,促进健康,避免肥胖和脑血管疾病。

（2）远离不良嗜好。

❶ 不吸烟,不酗酒

世界卫生组织指出,烟草是造成人类死亡的第二大原因。大约有一半吸烟者（全球约 6.5 亿人）最终会死于吸烟所导致的疾病。每年还有成千上万的非吸烟者因为被动吸烟而死亡。被动吸烟增加多种癌症的发病率,引发成人和小孩严重的呼吸系统和心血管系统疾病。无论是单纯性还是混合性的通风器或过滤装置,都不能把室内的烟草烟雾降低到安全水平。只有完全无烟的环境才能更好地保护人们免受被动吸烟的危害。

吸烟和被动吸烟是人类健康所面临的最大但又是可以预防的危险因素。

酒含有影响人体健康的酒精物质——乙醇。酒精含量越高,对人体的危害越大。经常饮用高度酒,会对人体的高级神经系统、消化系统、心血管系统等产生极为不利的影响,导致人体产生急性中毒或慢性中毒。酒精还会直接降低人的学习、工作效率。

若一边吸烟一边饮酒,人体受到的危害就更大了。溶解在酒精中的烟碱和其他有害物质,会通过胃肠吸收,直接进入血液,影响心血管系统的功能。饮酒后血流速度加快,有毒物质通过循环系统也快速传递到身体各部位。大量饮酒后,进食量相应减少,蛋白质和维生素摄入量不足,也会加重烟中有毒物质对肌体的危害。

❷ 戒除网瘾

据最新统计,我国网民超过 1 亿,其中青少年网民占 80%。青少年上网大多以玩游戏和聊天为主,上网成瘾、网络受骗、网络犯罪等问题日益突出。

网瘾症患者在上网时精神兴奋、心潮澎湃、欲罢不能、时间失控。同时,沉溺于网上聊天或网上互动游戏,不仅会荒废学业,而且会造成对社会交往的忽视与家人的疏离。

事实上,网瘾完全是人为的,只要加强自我保健,就可将其戒除。可以通过丰富业余生活来减少不必要的上网时间,比如多外出旅游、和朋友聊天、散步、参加体育锻炼等;在饮食上,网瘾症患者要注意多吃一些胡萝卜、荠菜、芥菜、苦瓜、动物肝脏、豆芽、瘦肉等含丰富维生素和蛋白质的食物;同时,要自我控制上网时间,特别在夜间上网时间不宜过长,应及时停止操作并休息。

❸ 坚决抵制毒品

毒品主要包括鸦片、吗啡、大麻、可卡因、海洛因、冰毒，以及其他可致人成瘾的麻醉药品。据统计，中国登记在册的吸毒者共有 105 万人，而仅北京市就有近 2 万人。其中，全国现有海洛因吸食人员 70 万人，其中 35 岁以下青少年占 68%。值得关注的是，目前在吸食 K 粉等新型毒品者中，绝大多数是青年。

讨 论

请上网查一下各种毒品的危害性。

青少年吸毒者初次吸毒，多是由好奇心驱使，但成瘾后很难摆脱对毒品的依赖。如果停止吸毒，轻者会产生恶心呕吐、腹泻抽筋、涕泪难抑、冷汗淋漓、全身无力等不适症状；重者或为渴望得到毒品而不惜犯罪，或因长期服用而导致各种疾病，甚至中毒死亡。同时，毒品摧毁吸毒者的精神意志，容易使其堕落、人格解体、心理变态等。

3. 预防艾滋病

"艾滋"是 AIDS 的音译，它的医学名称为"获得性免疫缺陷综合征"（英文缩写为 AIDS）。**艾滋病是指由于感染了人类免疫缺陷病毒所引起的、具有一系列复杂症状的综合征。它是一种死率很高的严重传染病。**

虽然目前没有治愈艾滋病的药物和方法，但对艾滋病是可以预防的。

- ◆ 艾滋病病毒主要存在于感染者的血液、精液、阴道分泌物、乳汁等体液中，所以通过性接触、血液和母婴 3 种途径传播。绝大多数感染者要经过 5～10 年时间才发展成病人，一般在发病后的 2～3 年内死亡。
- ◆ 与艾滋病人及艾滋病病毒感染者的日常生活和工作接触（如握手，拥抱，共同进餐，共用工具、办公用具等）不会感染艾滋病，艾滋病不会经马桶坐圈、电话机、餐饮具、卧具、游泳池或公共浴室等公共设施传播，也不会经咳嗽、打喷嚏、蚊虫叮咬等途径传播。洁身自爱、遵守性道德是预防经性途径传染艾滋病的根本措施。
- ◆ 正确使用避孕套不仅能避孕，还能减少感染艾滋病、性病的危险。
- ◆ 及早治疗并治愈性病，可减少感染艾滋病的危险。正规医院能提供正规、保密的检查、诊断、治疗和咨询服务，必要时可借助于当地性病、艾滋病热线进行咨询。
- ◆ 共用注射器吸毒是传播艾滋病的重要途径，因此要拒绝毒品，珍爱生命。
- ◆ 避免不必要的输血、注射，避免使用没有严格消毒的器具进行拔牙和美容等，必须使用经艾滋病病毒抗体检测的血液和血液制品。

你知道吗

青年人健康要素

（1）吃得正确：在青春期保持饮食平衡和有规律，有助于使你现在健美、将来健康。
（2）喝得正确：干净的水和果汁是有利于健康的，不要饮酒，喝醉是不明智的。
（3）不吸烟为妙：如果你想健美、有吸引力，请别吸烟。
（4）适当放松：运动、音乐、艺术、阅读、与其他人交谈，可帮助你成为兴趣广泛的人。
（5）积极自信：要积极自信和富有创造性，要珍惜青春。
（6）知道节制：遇事能三思而后行，大多数的事故是可以避免的。
（7）负责的性行为：了解自己的性行为并对此负责。
（8）运动好处多：运动可以使你健美和感觉良好；参加运动的每一个人都可赢得健康。
（9）没事多散步：散步是一种轻缓的运动，而且散步能使你感到舒适。
（10）千万别吸毒：吸毒是一条死胡同，要坚决自信地说"不"。

1. 简述健康的内涵。
2. 什么是亚健康？
3. 简述青春期的生理及心理变化。

第二章 体育锻炼是健康的保证

◀ **教学目标**

通过本章的学习，使学生了解要获得强壮健美的身体、智慧敏锐的头脑，体育锻炼是重要手段之一。

◀ **教学要求**

认知：通过本章的学习，不仅要了解到体育的相关知识，还要认识到体育对健康有着怎样积极的作用。

理解：深入了解体育的内涵，探讨究竟什么是体育以及它所涉及的内容有哪些。

运用：使学生能够在平时的生活中积极投入体育锻炼。

知识点 1 体育的定义与功能

一、体育的定义

"体育"一词刚传入我国时,指的是身体的教育,是作为教育的一部分出现的,是一种与维持和发展身体的各种活动有关联的一种教育过程,与国际上通行的体育概念(Physical Education)是一致的。随着社会的进步和体育事业的不断发展,体育的内涵和外延得到了极大拓展。

广义的体育 是指在人类社会发展中,根据生产和生活需要,遵循人体生长发育发展规律,以身体练习为基本手段,为增强体质、提高运动技术水平、丰富社会文化生活而进行的一种有目的、有意识的社会活动。为经济和社会服务的身体运动,通常也称为体育运动。

狭义的体育 是指促进人体全面发展,增强体质,学习和提高体育的知识、技术和技能,培养道德品质的一个有目的、有组织的教学过程。

体育的概念无论是广义的还是狭义的,都强调以各种运动为基本手段,发展身体,增强体质,增进健康,挖掘人体的内在潜力,陶冶情操,促进人的全面发展。

二、体育的功能

从性质上看,体育是社会文化的组成部分。体育是一个有机的整体,一个多功能、多目标的系统。体育的功能主要包括:健身功能、娱乐功能、文化功能、教育功能、经济功能和政治功能。

1. 健身功能

所谓"健身"就是健全体魄,增强体质。在进行体育活动时,通过身体运动锻炼的多次重复过程,可以对各器官系统起到一定强度和量的刺激,使身体在形态结构、生理机能和生化等方面发生一系列的适应反应,达到促进身体健康发展和增强体质的目的。

适当的体育活动,可以促进大脑兴奋,提高大脑分析、综合能力,可以促进机体的生长发育,促进骨骼变粗,骨密质增厚,抗弯、抗折、抗压力增强,可以增加肌肉的能量储备,提高体力,可以促进人体内脏器官构造的改善和功能的提高,能增强人体免疫力,提高对疾病的抵抗能力。体育锻炼还可以增强意志,催人奋进,培养集体观念,协调人际关系,从而促进心理调节能力的提高,有利于排解各种不健康的心理因素,使个体在环境的和谐统一中获得欢快和轻松,实现精神健康。

所以,健身是体育最本质的功能。

2. 娱乐功能

由于体育本身具有游戏性、艺术性、惊险性、默契性等特征,人们结合自己的兴趣,参加一些个人喜爱和擅长的体育运动项目,可以起到调节心理、放松神经、丰富文化生活和愉悦身心的作用。在完成各种练习的体验中,可以提高自信心和自豪感,提升与同伴的默契,增进相互之间的理解。胜利后的狂喜,也会给人带来巨大的心理陶醉。在欣赏体育运动时,运动员所表现出的高超技艺，使人赏心悦目、心旷神怡，赛场上起伏跌宕的戏剧性，稍纵即逝的机遇性，激烈的对抗性，胜败的悬念性，音乐、色彩及力与美的协调性，会给人们带来精神上的巨大愉悦，使人们在和谐的氛围中获得精神快感，情绪得到释放，情感得到净化，调节由于工作和劳动带来的紧张、疲劳。

因此，体育是一种积极、健康的娱乐方式。

> **讨论**
>
> 有人说体育能锻炼人的意志和提升人的品格，你是怎样理解的？

3. 文化功能

体育本身就是社会的一种文化现象，体育文化是现代文明的标志之一，主要从媒体传播、体育服饰、体育竞技、民间体育、体育表演、体育设施等方面反映一个国家的文明程度。 体育还是一种高雅的文化生活，它与欣赏音乐、舞蹈、艺术、文学有着不解之缘，是人类文明与智慧的结晶。

4. 教育功能

在国际体育比赛中，每当有中国运动员取得冠军，赛场上空响起中国国歌、升起中国国旗时，都会激发起全民族的爱国热情。

实施素质教育，全面贯彻党的教育方针，就是以提高国民素质为根本宗旨，以培养学生的创造精神的实战能力为重点，以形成人的个性为目的的教育。**通过体育活动，不仅能有效地培养人的体育素质、发展人的个性、培养竞争意识，而且有助于基本素质的提高和培养，使人们树立"终身体育"的思想。**

5. 经济功能

在国际体育运动中，体育的经济目的已成为最大特点之一，大大小小的赛事，尤其是奥运会，会给举办国带来巨大的商机。

除了极具魅力的体育产业外，中国老百姓对健康的关心，使得各种各样的体育活动大踏步地走向生活、进入家庭，群众体育锻炼和休闲体育的市场表现出了不可估量的庞大需求，体育服装、体育广告、器材、食品、旅游等综合服务获得了十分可观的经济收入。**社会体育消费、体育用品、练习器材、场地设施等产品的极大发展，创造了更多的经济价值。** 体育产业有力地提升了我国的国民经济，推动了中国经济在新世纪继续增长，促进了我国改革开放和经济事业的发展。

6. 政治功能

体育作为人类的一项文化活动，不是一种孤立的社会现象，而总是同一定社会的政治、经济、文化相互联系，又相互影响的。竞技体育特别是奥林匹克体育运动，更是从一开始就同政治结缘。

作为国力强弱的标志之一，竞技比赛的成绩直接影响国家的声望和威信。 竞技比赛，特别是奥运会等大型国际竞赛，对世界各地影响的广度和速度，是其他任何活动都无法比拟的，比赛胜负直接关系到国家的荣誉。作为强大的精神动力之一，重大竞技比赛的胜利可满足民族自尊心，增强自豪感，激发起巨大的爱国热情。在 2008 年北京奥运会上，中华健儿一鼓作气，勇夺 51 枚金牌，实现了历史性的突破。国人沸腾，海外华侨欢呼雀跃，海内外掀起了巨大的爱国浪潮。**作为社会感情的调节要素之一，体育可以欢娱身心、稳定情绪，从而有助于社会的安定与团结；作为增进友谊的桥梁之一，体育能够促进各国人民之间相互了解，特定情况下还可以提供灵活的外交场合和机遇。** 在国际比赛中，作为人民使者的各国运动员，通过场上交流和场下的广泛接触，可展示各国人民的风采，加深与他国选手的友谊。竞技比赛可以使任何国家，甚至政治上有隔阂，乃至敌对国家的运动员走到一起，同场竞技。与此同时，双方的官员也要进行必要的接触，在特定情况下，往往取得意想不到的重大的外交突破。

你知道吗

青春期少年心理健康

对于一个青春期少年来说，保持心理健康应该做到以下几点。

1. 心理特征与年龄相符合。

青少年的认识、情感、意志等心理过程，以及个性特征，要符合年龄增长的规律。既不能像童年时的心理那样简单、幼稚，也不同于成年人那样成熟，而是表现出青少年所应有的特点，这是心理健康的基本条件。

2. 保持乐观而稳定的情绪。

乐观而稳定的情绪有助于提高学习和工作效率。在困难和逆境中，保持乐观的情绪会增强自信心。乐观而稳定的情绪是心理健康的重要标志。

3. 热爱学习。

学习是青少年时期的主要活动，是为成年后进入社会打基础的。明确学习目的，培养对学习的兴趣，就会把学习看作是一种乐趣而主动进行学习，这样，学习就不会成为负担，不仅不会因此增加心理的压力，而且有益于心理健康。

4. 建立良好的人际关系。

在家庭、学校及各种环境中，要与父母、老师、同学保持融洽的关系。在与人交往中，要平等待人，尊重和理解他人，乐于助人。要和同学建立正当的友谊，寻找自己的知心朋友。在家庭、学校和各种场合中，努力做一个受大家欢迎的人。

5. 自我调节，适应环境。

对自己所处的环境不满意或遇到不幸、挫折时，一些人往往会产生忧郁、悲痛、焦虑等不良的情绪，失去心理平衡。这时应采取积极的态度，疏导情绪，调整自己对现实的期待，使自己能够面对现实，以最适当的态度适应环境和处理问题，增长自己的耐受力。

6. 接受自己的性身份。

青春期少年要正确认识和对待自己的性身份，做符合自己性别身份的事，并对自己是男性或女性感到满意，绝不因为自己的性别而产生自卑感。只有自觉认识和正确对待自己的性身份，才能愉快接受自己的性身份，保持良好的心理状态。这也是青春期少年心理健康的一个重要标志。

知识点 2 丰富多彩的体育活动

一、休闲体育

休闲体育 又叫作"轻松体育""快活体育"。这种体育运动具有体能消耗少、活动方式多、技术要求低、经济负担小、时间安排活等特点。

休闲体育的形式多种多样，如钓鱼、登山、打台球、郊游等活动。休闲体育具有参加对象的广泛性，不同年龄、性别、职业和身体状况的人均有参与的机会；并且参加休闲体育是以强健身体、娱乐生活为目的，不是为了追求运动成绩。休闲体育更注重参与者放松身心、调整情绪、消除疲劳，如日光浴、森林浴等，更可以通过环境的改变达到锻炼的目的。休闲体育的组织形式灵活多样，极大地丰富了人们的业余文化生活。一般来讲，休闲体育不具备竞争性，属于大众体育的范围。与从事专业体育运动后大汗淋漓的情况不同，休闲体育进行过程中，始终要使参与者心情愉快，力所能及，随心所欲。比如散步、慢跑、大众健身操等，对参与者的年龄、身体条件、经济实力等都没有太多的要求，几乎人人都可以找到适合自己的运动项目。

随着社会生产机械化、电气化和自动化程度的提高，现代化交通工具的普及，以及信息技术的发展，人们从事各种体力劳动的机会和时间大大减少，加之社会竞争和环境变化给人造成的压力增大，人们越来越寻求通过体育运动来增进健康、缓解压力、度过余暇，休闲体育将是未来体育的发展趋势之一，它将在今后人们的休闲生活中占据主导地位。

你知道吗

休闲体育很热闹

据新华社报道，中国的普通居民越来越热衷属于自己的休闲体育。

位于北京景山公园附近的黄化门社区，有4 000多常住居民，1998年这里创建了北京首个全民健身乐园，后来又成为北京开展体育生活化试点的首个社区。

占地面积仅1 000余平方米的北京景山街道碾子户外文体乐园，年平均接待8万多人次健身。"五一"节期间，在这儿健身还要排队进行。65岁的白大妈每天上午选择跑步器和腰腹力量训练器各进行半小时的锻炼，她介绍说，这是社区"健身专家"根据她的体质检测情况开出的运动配方，她已照此进行了半年多的锻炼，效果相当好。

贵阳市中心的大十字广场是一群陀螺爱好者"切磋武艺"的去处。72岁的王义勇老人能同时抽打数个陀螺，经常引来过往行人的围观。老人把自己的爱好戏称为"老夫聊发少年狂"，他说："早在几千年前，中国人就开始玩陀螺，这是一种非常古老的运动。别人看到我耍这个，觉得挺奇怪，小孩子的玩意嘛，一个老头掺和啥子？其实不然，耍是不分年龄的。"

二、竞技体育

竞技体育 亦称竞技运动，是体育的重要组成部分，是以体育竞赛为主要特征，以创造优异运动成绩，夺取比赛优胜为主要目标的社会体育活动。

远在史前时代早期的人类生活中，便已经出现以争取胜利为特点的原始、古朴的体育比赛形式。此后，这种活动形式又经古代的长期发展，内容更加丰富多彩，不少项目已略具雏形，其形式为近代体育运动打下了基础。在整个近代体育领域中，比赛活动获得了越来越大的独立性，并被定名为"竞技运动"。在当代，竞技运动经不断发展、演进，不仅在理论原则和实践方法上日臻成熟，而且影响也不断扩大，成为一个遍及社会各阶层，波及世界五大洲的特殊社会现象。

> **讨论**
>
> 请问跳绳是休闲体育还是竞技体育？

竞技体育是人类传播和平与友谊的"使者"。以奥林匹克运动为例，它倡导"为人的和谐发展以及促进建立一个维护人的尊严与和平的社会"，力主世界不同政治观点的国家和人民，通过公平竞赛达到友谊、团结和相互了解，并最终为促进人类的文明与进步发挥积极作用。"更快、更高、更强"是竞技体育追求的目标，但它是以运动员"公平竞争"为前提的，要求运动员遵循体育道德规范，树立极强的责任心和使命感，同心协力、顽强拼搏，胜不骄、败不馁，遵纪守法，尊重裁判与观众，因此真正体现了体育的运动精神。

观看竞技体育场上的角逐与表演，观众欣赏到了精湛与高超的艺术，使自身的精神得到了美的享受。同时，竞技体育向商业化方向的发展，以竞技体育为载体的体育经营文化，伴随大众体育的消费，大大地促进了各种运动用品、器材、装备以及体育传媒、广告、彩票、旅游等相关产业的兴起与发展。

三、生存体育

新技术革命的发展，使越来越多的人从繁重的体力劳动中解脱出来，但因环境污染、工作节奏加快，人们的身心也受到了损害，不良生活方式带来的影响威胁着人类的生存，新生活方式使得运动不足，人民的体力下降。体育作为生存教育的重要内容，理所当然地要在发展身体基本素质和提高基本活动能力方面发挥作用。后天体育锻炼的不断强化，不仅有利于人的生长发育、提高身体素质、提高环境适应能力、改善技能水平和促进运动机能的形成，而且还可以在人类与自然、社会环境的抗争中，体现它作为生存基础所具有的现实意义。

生存体育起源于"二战"期间。"二战"时，绝大多数的船员因为舰船的沉没而牺牲，但仍有极少数的人历经磨难后得以生还。人们发现，这些生还的人普遍具有良好的心理素质。当时一个名叫库尔特·汉恩的德国人提议，利用一些自然条件和人工设施，让那些年轻的海员做一些具有心理挑战的训练，以提高他们的心理素质。后来他的好友劳伦斯在1942年成立了一所海上训练学校，这就是生存与拓展体育的雏形。由于生存和拓展体育形式新颖，对提高人的心理素质、团队精神、生存能力和社会适应能力等具有良好的效果，因而很快就风靡了整个欧洲，并在其后的半个世纪中发展到全世界。近年来，生存和拓展体育在我国也得到了较快的发展，引起了我国学校体育行政管理部门的高度关注，并已着手创建训练基地、培训骨干。

四、冒险体育

冒险体育兴起于20世纪60年代，亦称极限运动（Extreme-sport），由多项成型运动项目以及游戏、生活和工作演变而来，是人类借助于现代高科技手段，最大限度地发挥自我身心潜能，向自身挑战的娱乐体育运动。它除了追求竞技体育超越自我生理极限的"更高、更快、更强"的精神外，更强调参与、娱乐和勇敢精神，追求在跨越心理障碍时所获得的愉悦感和成就感。同时，它还体现了人类返璞归真、回归自然、保护环境的美好愿望，因此已被世界各国誉为"未来体育运动"。

极限运动本身也有广义和狭义之分。**一些挑战性强的非奥运、非世界运动会项目，广义上都可以叫作极限运动，比如蹦极、攀岩、悬崖跳水等。但是狭义的极限运动单指各个大型极限运动会中包含的成型的项目，比如极限摩托车、极限轮滑，等等。**

极限运动的项目许多都是近几十年刚诞生的、方兴未艾的体育项目，根据季节可分为夏季和冬季两大类，运动领域涉及"海、陆、空"多维空间。

夏季极限运动主要比赛和表演项目有：难度攀岩、速度攀岩、空中滑板、高山滑翔、滑水、激流皮划艇、摩托艇、冲浪、水上摩托、蹦极跳、滑板（轮滑、小轮车）的U台跳跃赛和街区障碍赛等运动项目。

极限运动是一种极度危险又极具挑战性的体育运动，世界上不是每一位运动员都愿意尝试。尤其是每种极限运动都具有高难度技巧，弄不好就有生命危险。尽管如此，极限运动热力难挡。

在不断涌现超级极限运动员的同时，新的极限运动也在应运而生。

你知道吗

滑板动作X档案

滑板项目可谓是极限运动的鼻祖，许多的极限运动项目均由滑板项目延伸而来。20世纪50年代末、60年代初由冲浪运动演变而成的滑板运动，而今已成为地球上最"酷"的运动。滑板的技巧主要包括：THE AERIAL（在滑杆上）、THE INVERT（在U台上）、THE OLLIE（带板起跳），这些技术可说是除了翻板之外最重要的滑板动作。

Ollie： 国人俗称"带板儿跳"，是指以脚踩滑板尾部使滑板与玩家一起腾空跃起并一起平稳着地，而整个动作中手不抓板，是滑板运动中最经典的动作之一，由滑板玩家Alan Gelfand创造并自此命名。

50-50： 这是一个很难直译的词，就是以滑板的两个桥轴擦滑杆Double Alex Grind，正好在滑板中间，所以是50对50。

Smith grind： 后轴与板底同时刺滑坡面或障碍物。

360 Kick-flip： 国名"大乱"，腾空360°翻板，滑板在脚下急速地翻一圈，看得人眼花缭乱，故名"大乱"。

Mctwist： 坡面上的540°转，以其首创玩家Mike McGill命名。

Nosegrind： 刺板头，滑板基本动作之一。

Kick turn： 脚踩板尾使板头抬起做的掉头，滑板基本动作之一。

Shove it： 板转180°，俗称"倒板儿"，滑板基本动作之一。

五、学校体育

学校体育是教育的重要组成部分。

学校体育 指的是在以学校教育为主的环境中，运用身体运动、卫生保健等手段，对受教育者施加影响，促进其身心健康发展的，有目的、有计划、有组织的教育活动。

学校体育包括**校内体育**和**校外体育**两部分。

学校体育属于教育范畴，与德育、智育相结合，是有组织、有计划、有目的的教学过程。只有体育与德育、智育、美育协调统一，使学生素质全面发展，学生才能更好地适应社会的发展和需求。没有健康的身体，教育就无从谈起。

同时，学校体育受该社会的政治、经济、文化教育的影响和制约，并通过培养人才为之服务。由于社会制度、国家性质和教育目标的不同，各国的学校体育目标也不尽相同。一般有：促进学生身体生长发育、增进健康；使学生掌握一定的锻炼身体的知识、方法；培养学生运动的兴趣、能力、习惯以及良好的品行；发展个性。有的国家还将提高运动技术水平和为国防服务作为学校体育目标。中国学校体育的根本目标是，通过增强学生的体质，促进其身心健康发展，为提高中华民族的身体素质和为社会主义现代化建设培养德、智、体全面发展的建设者和接班人服务。

在体育教育过程中，应该注重体育教育与推行素质教育、体育终身教育和健康教育相结合。

知识点 3 体育促进健康

一、体育锻炼有助于生理健康

1. 体育锻炼对骨骼、肌肉的影响

科学调查证明，同年龄、同性别的青少年，经常运动的人比不运动的人身高高 4～7cm。这是因为体育运动能使骨骼变粗，促使骨骼增长，有助于身体长高。同时，经常运动的人的关节活动范围也大得多，关节的牢固性也比一般人强，从而提高了骨的抗断、抗弯、抗压等方面的能力。因此，体育锻炼能使肌肉发达，使人更结实、健壮、匀称、有力。

2. 体育锻炼对心肺功能的影响

研究表明，经常进行体育锻炼的人，心脏的重量、直径、容积均比一般人的大，心脏具有更强的工作能力。专家认为，坚持运动可使心脏推迟衰老 10～15 年。经常锻炼可促进体内脂肪的消耗，并能使高密度脂蛋白增加，同时还能加速代谢，减少脂肪在血管壁的沉积，保持与增加血管壁的良好弹性，起到预防心血管系统疾病的作用。

体育锻炼还能大大增强肺功能。安静时一般人每分钟呼吸 12～16 次，每次呼吸吸入新鲜空气约 500mL，每分钟肺通气量为 6～8L。剧烈运动时呼吸次数可增至每分钟 40～50 次，每次吸入空气达 2 500mL，为安静时的 5 倍，每分钟肺通气量可高达 70～120L，因此，呼吸器官在体育锻炼中可得到很大的锻炼。经常进行体育锻炼还有助于呼吸肌力量增大，胸廓活动性增强，肺泡具有更好的弹性。

3. 体育锻炼有助于减缓衰老

经常参加体育运动能延缓各器官系统功能减退的进程，提高人体对内外环境的适应能力。大量的研究表明，不运动的人，从 30 岁开始，身体功能就逐步下降，到 55 岁身体功能只相当于本人最健康时的 2/3。经常参加运动的人到四五十岁时身体功能还相当稳定，60 岁时心血管系统的功能相当于二三十岁不运动的人。

你知道吗

天天运动好处多

在一般人的认知里，一天一天逐渐增加运动量，在健身房挥汗如雨待上好几个小时，努力运动才有收获。但是新的研究报告则认为，即使是短时间的活动也可增强人的体力，尤其是对于一个很少健身的人来说。

有别于以前的观念的地方在于强调短时间运动的累积效果，例如一天三次，每次 10min 的快走运动，和一天一次 30min 的快走运动具有类似的效果。

因此，即使一天中没有那么多时间可以从事长达 30min 的运动，或是体力无法负荷这么长时间的运动，那么一天数次、每次短时间的运动，例如改走楼梯而不用电梯，多走一站去坐公交车或是早一站下车等，累积下来也会获得可观的效果。在身体适应运动的强度后，可以选择逐渐延长运动的时间，或是仍然保持一天数次的习惯，都可达到增进健康、预防疾病的目的。总之，就是把握每一个走路、运动的机会，同时也要走快些，这样对你的体力绝对会有帮助。

美国疾病防治中心进行调查研究后得出的结论是，走路其实是美国居民最常进行的简单运动，虽然有 3/4 的民众遵守每次 30min 的运动时间，但是他们运动的次数却不够多，而且只有 1/4 的人运动时以足够的速度进行快步行走，事实上，走路的速度太慢也是没有运动效率的。

二、体育锻炼促进心理健康

1. 体育锻炼有助于发展智力

智力是个体圆满完成工作、学习任务的基础条件。**经常参加体育锻炼可以使个体的注意、记忆、观察、思维和想象等能力得到充分发展，提高活动效率，还可以使其获得良好的情绪体验，更加乐观自信、精神振奋、精力充沛，对人的智力功能也具有促进作用。**

研究表明，由于体育锻炼能有效地促进血液循环，增强心肺功能，使大脑获取更多的氧气，给大脑的记忆和思维能力提供必要的物质保障，因而能够提高脑力劳动的效率。另一方面，体育活动不仅能使神经系统的兴奋和抑制过程更加有效，使其对各种刺激的反应更加迅速、准确，为智力的发展奠定物质基础，而且还可以提高人的视觉、听觉、本体感觉、神经传导速度、神经过程的均衡性和灵活性，促进神经系统功能的增强。

人们在学习的过程中，大脑皮层的相关区域处于高度兴奋状态，并随着学习时间的延长而产生疲劳感，导致学习效率下降。而体育活动有助于大脑皮层的相关区域形成兴奋与抑制合理交替的机制，降低疲劳感，提高学习的效率。此外，个体的体质增强、身体机能水平的提高，有助于充分地挖掘与开发学习的潜力。

> **讨论**
>
> 登上山顶，忽然一阵风吹来，忽觉一身清爽，这是体育的功能吗？

2. 体育锻炼有助于获得良好的情绪体验

情绪状态的调控能力是衡量体育锻炼对心理健康影响的最主要的指标。个体在复杂多变的社会环境中，常常会产生紧张、压抑、忧虑等不良情绪，**体育锻炼可以使个体从烦恼和痛苦中摆脱出来，降低应激水平，使处理应激情境的能力增强**。研究表明，经常参加身体锻炼者的状态焦虑、抑郁、紧张和心理紊乱等消极的心理变量水平明显低于不参加身体锻炼者，而愉快等积极的心理变量水平则明显要高一些。

体育锻炼之所以能够调节情绪，是因为体育锻炼的参与者能体验到运动带来的愉快感觉。心理学家认为，适度负荷的体育锻炼能够促进人体释放一种多肽物质——内啡肽，它能使人们获得愉快、兴奋的情绪体验。**因此参加体育锻炼，尤其是参加那些自己喜爱和擅长的体育锻炼，可以使人从中得到乐趣，振奋精神，从而产生良好的情绪状态。**

3. 体育锻炼有助于良好的意志品质的形成

意志品质指一个人的自觉性、果断性、坚韧性和自制力，以及勇敢顽强和独立主动的精神，是一个人行为特点的稳定因素的总和。**意志品质需要在克服困难的实践过程中培养。体育锻炼本身就要不断克服客观困难（气候条件的变化、动作的难度或外部障碍等）和主观困难（如胆怯和畏惧心理、疲劳和运动损伤等），才能取得成功。体育锻炼的参与者只有努力克服主、客观方面的困难，才能培养自身良好的意志品质。**任务越困难，对个体的意志锻炼的作用越大，而良好的意志品质对于人的活动（尤其是体育锻炼）效果具有重要的意义。

4. 体育锻炼使自我概念更为清晰

自我概念是个体主观上对自己的身体、思想和情感等的整体评价，它是由许多的自我认识所组成的，例如我是什么人、我主张什么、我喜欢什么、我不喜欢什么等，包括社会方面的自我概念和身体方面的自我概念等。其中，身体方面的自我概念包括身体表象和身体自尊。身体表象是指头脑中形成的身体图像。身体自尊则主要包括一个人对自己运动能力的评价、对自己身体外貌（吸引力）的评价以及对自己身体的抵抗能力和健康状况的评价。

身体表象和身体自尊障碍在正常人群中是普遍存在的，据报告，54%的大学生对他们的体重不甚满意。与男性相比，女性倾向于高估身高和低估体重，而且，身体肥胖的个体更可能有身体表象和身体自尊方面的障碍。身体表象和身体自尊与整体自我概念有关，无论是男性还是女性，对身体表象的不满意会使其身体自尊变低，并产生不安全感和抑郁症状。

坚持体育锻炼可使体格强壮、精力充沛，因而，体育锻炼对于改善人的身体表象和自尊至

关重要。研究表明：锻炼者比非锻炼者具有更积极的总体自我概念；体能强的人比体能弱的人倾向于具有更高水平的自我概念和更高的身体概念；肌肉力量与身体自尊、情绪稳定性、外向性格和自信心呈正相关，并且加强力量训练会使个体的自我概念显著增强。因此，更积极的自尊心、更高水平的身体概念和自我概念与高水平的体能状况相关。

5. 体育锻炼有助于形成和谐的人际关系

现代社会生活节奏的加快使人们越来越趋向封闭的状态，从而造成人与人之间感情交流缺乏，人际关系疏远。体育锻炼则打破了这种封闭，让不同职业、年龄、性别、文化素质的人相聚在运动场上，进行平等、友好、和谐的交往，使人们互相之间产生信任感，有效进行情感和信息的交流，互相之间产生一种默契和交融。研究表明，增加与社会的联系会给个体带来心理上的益处。马塞（Massie）等人在1971年的调查发现，外向性格者比内向性格者的社会需要更强烈，这种社会需要可以通过跳舞、球类、做操等集体性活动来得到满足。

由此可见，**人们可以通过体育锻炼来认识更多的朋友，大家和睦相处、友爱互助，这种良好的人际关系将令人心情舒畅、精神振奋。**

6. 体育锻炼有助于消除心理疾患

社会竞争的日益激烈和生活压力的加大可能会使许多人产生悲观、失望的情绪，进而导致忧郁、孤独、焦虑等各种心理障碍的产生。人们经常参加某个项目运动并坚持锻炼，其生理技能、身体素质将会得到改善，也会相应掌握并发展一些运动的技能和技巧。由此，个体会以自我锻炼反馈的方式传递其成就信息给大脑，从而获得自我成就的认知和情感体验，产生愉快、振奋和幸福感。因此，适宜的体育锻炼能使有心理障碍的个体获得心理满足，产生积极的成就感，从而增强自信心，摆脱压抑、悲观等消极情绪，并消除心理障碍。

许多国家已将体育锻炼作为心理治疗的手段之一。美国的一项调查显示，1 750 名心理医生中，80% 的人认为体育锻炼是治疗抑郁症的有效手段之一，60% 的人认为应将体育活动作为一个治疗手段来消除焦虑症。临床研究表明，通过参加一些如慢跑、散步、徒手操等身体练习能有效地减轻焦虑和抑郁症状，增强自信。除此之外，有关体育锻炼的心理治疗效应还体现在对精神分裂症、滥用酒精和药物的治疗等方面。

就目前而言，这些心理疾病的病因以及体育锻炼有助于治疗心理疾病的基本机制尚未完全清楚，但体育锻炼作为一种心理治疗手段在国外已开始流行起来。**在学生中，通过体育锻炼可以减缓或消除由于学习和其他方面的挫折而引起的焦虑和抑郁等症状，为不良情绪的宣泄提供一种合理有效的手段，防止心理障碍或疾病的发生。**

总之，体育锻炼能有效地促进智力的发展，调节情绪，培养良好的意志品质，增强自我概念，改善人际关系，增进心理健康，使个体发挥最优的心理效能。

你知道吗

青少年学生的时尚校园运动

1. 芭蕾美体：悠扬乐曲里塑造优雅

练芭蕾最大的好处是可以塑造个人形象气质，将芭蕾中天鹅般高雅、闲适的感觉带到日常生活中去。现在很多学生经常对着电脑玩游戏、上网，却很少运动，这样就带来体形的迅速膨胀。而芭蕾的基本动作中有不少肩背和手臂的动作，尤其适合松弛紧张的肩背，它对学生来说，最大的好处就是对形体线条的塑造。芭蕾强调的是一种内在的东西，是一种时间的积累，练着练着，学生就能发现自己的体形和气质都有了改变。业余练芭蕾的真谛是以健身、塑形为目的，学生不必过分强调腿要踢多高之类的问题，应该注重对芭蕾的认识和了解。

2. 动感街舞：穿上帅战衣跳出时尚

街舞英文名称为Hiphop，是美国黑人的一种街头文化，街舞的肢体动作较其他舞蹈夸张。街舞以其特有的轻松、随意、个性化赢得人们，尤其是学生们的青睐。因为在跳街舞的过程中，身穿有型肥裤宽衫的你除了感受到兴奋，得到健身效果外，自我表现欲也得到了极大的满足。有学生就曾经说过，简单的一个眼神，一次头部的摆动都是一种身心的陶醉。街舞这种很随意、很自然的动作会让学生们觉得很开心，既轻松又自信，全身每个细胞都被动感的节奏带动起来。

1. 简述体育的含义与功能。
2. 简述体育的种类。
3. 为什么说体育促进健康？

体育锻炼的优化

第三章

教学目标

通过本章的学习，使学生了解科学地进行体育锻炼能够促进身体的生长发育，改善各器官、系统的功能，全面发展身体素质，提高身体的基本活动能力。

教学要求

认知： 使学生了解进行不合理的体育锻炼，不仅对健康不利，反而对身体有害，甚至会引起运动性疾病，损害健康。

理解： 使学生深入体会，在进行体育锻炼的时候，只有遵循科学的锻炼原则，选择合理的锻炼方法，掌握体质健康测试方法，并进行科学的评价，才能真正达到锻炼的目的。

运用： 在认知和理解的基础上，使学生能够自觉积极地投入体育锻炼，不断提高自身的身体素质和心理健康水平。

知识点 1　量身定做自我锻炼计划

一、了解运动处方，明确科学锻炼的原则

1. 什么是运动处方

运动处方 是指针对个人的身体状况而采用一种科学的、定量化的体育锻炼方法。这种方法类似医生给病人开的处方，因此得名。

运动处方主要包括治疗性运动处方和预防性运动处方两种。治疗性运动处方用于某些疾病或处伤的治疗和康复，它使医疗体育更加定量化、个别对待化。例如，某人中等肥胖，体重超标 10kg，他需每天爬山 1h，约 16 周的时间体重可以降到标准范围，这就是治疗性运动处方。预防性运动处方主要用于健身防病。如人过中年，身体就开始衰退，像动脉硬化就慢慢开始了。为了预防动脉硬化，运动处方规定了中等强度的耐力跑，使脂肪和胆固醇等物质不易沉积，从而达到预防动脉硬化的作用。这就是预防性运动处方。

运动处方最大的特点是个性化，因人而异，对"症"下"药"，这就可以避免由于不合理的运动而损害身体，从而更好地达到健身和防治疾病的目的。

2. 运动处方的主要内容

运动处方主要包括 4 个方面的内容，即运动项目、运动时间、运动强度和运动频率。

（1）**运动项目**。体育运动参加者根据自身的目的选择有针对性的运动项目。例如，为了增强肌肉，宜选择力量性项目；为了健身或改善心脏功能和代谢，宜选择以有氧代谢为主的走、慢跑、游泳、自行车等耐力性项目；为了松弛精神，预防高血压和神经衰弱，可选择太极拳、保健按摩、散步和放松体操等。

> **讨 论**
>
> 说说你最喜欢的运动项目是什么？你一般运动多长时间？

（2）**运动时间**。运动时间指的是每次运动的持续时间，**有氧训练一般是 15min～1h**。运动持续时间和运动强度决定运动量，运动量确定后，若运动强度大，则运动时间应缩短，反之亦然。同时，运动中应有短暂的休息，计算运动量时要注意运动的密度，并扣除休息的时间。运动量较大时，休息时间可稍长一些。

对于不同年龄的锻炼者，若采用同样运动量，年轻和体质好的宜于选强度大、持续时间短的练习；中老年及体弱者宜选择强度小而持续时间长的练习。

（3）**运动强度**。为保证达到锻炼效果，预防发生意外事故，必须掌握适宜的运动强度。**运动强度一般可以分为 3 级，即较大、较小、小**。运动时常用计脉搏跳动的次数来掌握运动强度，也就是测 10s 的脉搏次数，再乘以 6，为 1min 脉搏次数，心率标准则根据年龄特点而有所不同。

第三章 体育锻炼的优化

在运动处方中，心率指标应该达到规定而不应超过，具体的标准可以根据锻炼者的实际情况而有所不同，可参见表3–1。

表3–1 不同年龄段运动强度心率指数表

强度 \ 年龄	心率/（次·min^{-1}）					
	15～19岁	20～29岁	30～39岁	40～49岁	50～59岁	60岁以上
较大	150～180	150～160	145～160	140～150	135～145	125～135
较小	135～145	125～135	120～135	115～130	110～125	110～120
小	120	110	110	105	100	100

（4）**运动频率**。运动频率即每周运动的次数。**最好每天都安排锻炼，**这样既可以调节每天的生活节奏，又可以保证运动处方的效果。对于不能保证每天都锻炼的人来说，**也可以采用隔日锻炼法，每周做3～4次练习。**不论采用哪种方式，都应该注意身体的适应程度，如果负荷量较大时，就要使休息时间长一些，反之短一些。

3. 运动处方的格式

运动处方（正面）

姓名	性别	年龄
健康状况：		
功能检查：		
项目（任选一项）：20次/30s、30次/30s下蹲台阶试验、功率自行车		
结果：		
锻炼内容：		
锻炼时最高心率（次/min）：	每周运动次数：	
注意事项：		
禁忌运动项目：		
自我监督项目：		
复查日期：		

医师或教练员签名：

运动处方（背面）

日　　期	运动情况	身体反应情况

签名：

4. 科学锻炼的指导原则

（1）**要有针对性**。由于个体差异的存在，同样的方法，对不同的人会产生不同的效果。科学锻炼的指导原则首先要求体育锻炼者根据个人的实际情况，有针对性地进行锻炼。要根据年龄、性别、健康情况、体育基础、兴趣爱好、生活水平等因素来选择运动项目、运动时间、运动强度和运动频率。

（2）要讲安全性。在体育锻炼的过程中，一定要坚持安全第一的原则，始终注意保护自己。在每次锻炼前，充分做好准备活动，防止运动损伤的发生。在锻炼时，不要进行超过自己能力的活动。每次锻炼后，要注意做好整理和放松活动。如果条件允许，可以请教师或专家根据自己的体质和健康状况开运动处方，有目的、有计划地进行安全、科学的锻炼。同时还要注意，饭后、饥饿或疲劳时应暂缓锻炼，刚刚病愈后也不要进行较大强度的锻炼。

（3）要有自觉性。自觉性是指锻炼者在充分理解运动的目的、意义的基础上，自愿、主动、积极地进行身体练习。这是锻炼能否取得好的效果的关键之一。

（4）要讲经常性。经常性是指体育锻炼过程中要保持一定的频率，不能"三天打鱼，两天晒网"，要让身体各器官、系统，始终处于一个稳定的运动状态中。只有经常参加体育锻炼，才能使每次锻炼产生良性积累，才能更好地适应学习、工作与生活的重压，治疗亚健康，保持一个好的体魄。

（5）要讲适量性。适量性是指体育锻炼时的运动量要适宜。太弱的刺激不能起到锻炼身体的目的，过强的刺激则会损伤机体，造成运动伤害。如果锻炼后出现头晕恶心、四肢无力、精神萎靡、食欲不振、睡眠不好等症状，则说明运动强度过大，需要调整。体育锻炼必须量力而行，只有保持适宜的强度，才能有利于能量消耗的恢复和超量补偿。

（6）要讲渐进性。体育锻炼的过程是人体对内外环境变化适应的过程，这个过程必须逐步提高才能获得良好的效果，急于求成会导致事倍功半。循序渐进原则要求在进行体育锻炼时，逐渐增加锻炼的强度和难度，并在适应后再做相应的调整。学习动作时要由易到难、由简到繁、由慢到快，逐步掌握。同时，还要遵循人体活动的规律。只有这样，才能达到最好的锻炼效果。

（7）要讲全面性。全面性是指体育锻炼应使身心全面协调发展，使身体形态、机能、各种身体素质以及心理品质等诸方面得到和谐的发展。全面锻炼对正处于生长发育阶段的青少年来说尤为重要。人体是一个有机的整体，各器官系统是相互影响、相互制约的。任何局部机能的提高，都可以促进机体其他机能的改善。当某一素质得到提高时，其他素质也会有不同程度的提高。如果锻炼不注意对身体各部位、各系统的全面发展和促进，机体不仅不能获得良好的整体效应，而且还会导致身体发展的不均衡和不协调。

二、个人锻炼计划的具体制订

1. 个人锻炼计划的制订依据

◆ 讲求实际，根据自身的形态、机能、素质现状来确定锻炼内容。在制订锻炼计划和运动处方时，要考虑自己在体育学习中的弱项是什么，薄弱环节在哪里，可以有针对性地加强这方面的练习，使体育技术、技能和成绩尽快提高。有的同学速度较差，可选择快速跑、冲刺跑、听信号变向跑等练习；有的同学协调性较差，可多练习一些球类项目；有的同学身材瘦弱，可有目的地选择发展肌肉力量的系统练习；有的同学脂肪较多、耐力较差，可进行长距离跑、越野跑、定时跑、变速跑、跑走交替等练习。

- 锻炼过程中不要操之过急，要循序渐进，逐步提高运动负荷和技术难度，要保证运动量符合自己的身体状况。运动负荷过小或过大，都不能对身体产生积极的影响；如果运动负荷过小，则对身体的刺激程度不够，达不到锻炼目的；如果运动负荷过大，超过了身体承受能力，反而会影响健康甚至损伤身体。
- 要持之以恒，有毅力，坚持经常锻炼，保证每天有1h左右的时间来进行体育锻炼，以保持运动的连贯性和效果的累积性。
- 要全面发展，选择多种方法进行锻炼，使身体的各部分器官和机能得到合理的刺激和锻炼，保持整体的协调性。

2. 个人锻炼计划的制订与实施步骤

- 在计划制订前，要清楚了解自己的体能、健康状况和各项素质。
- 根据检查与测试结果，确定符合自身条件的锻炼计划。
- 按锻炼计划积极锻炼。
- 对锻炼的过程进行评价，并适当修订锻炼计划。
- 按修订后的内容进行锻炼。
- 经过一定的时间，比如一个学期或一个学年，再进行评价，检查锻炼效果。

请制订一份个人锻炼计划。

你知道吗

科学锻炼的小细节

俗话说，"饭后百步走，活到九十九"，但是并不是所有的人都适合饭后百步走，如果不考虑自身的身体状况，不讲科学，坚决要走，取得的效果将会适得其反。对于肝病患者来说，饭后走就是大忌。而对于患有高血压或心脏病人来说，饭后走要缓慢，不能太快。对于锻炼时间的确定也要因人而异，并不是非早晨运动不可。一个人如果血压很高、心率快、心衰，那就不宜在早晨运动，因为在早晨7~10点时，人的交感神经兴奋，血流加快，如果处于临界状态的这类患者再加大运动量，增加心脏负担，就会带来致命的危险。这类人适宜在晚上适当运动。

知识点 2 体育运动的卫生原则

一、体育锻炼前做好准备活动的重要性

体育锻炼前的准备活动可以提高大脑皮层神经细胞的兴奋性，更好地调节各器官系统的功

能，可使人体各器官从相对安静状态逐步过渡到运动状态，降低肌肉及韧带的力量和弹性，使各器官功能在正式运动前预先得到提高，为剧烈运动做好准备。准备活动还能消除运动者心理上的紧张或抵制状态，使体温升高、神经系统传播速度加快，从而提高呼吸系统和心血管的功能，加强体内物质代谢，有助于一般性运动能力得到提高。高质量的准备活动还可以使各器官系统功能相互适应和协调，在运动时保持最高水平，有利于帮助运动员取得优异成绩和防止运动损伤。

准备活动一般有快走、慢跑及原地连续性徒手体操等全身性活动形式。 在这些活动之后，最好再做一些与主项运动内容有关的模仿练习动作。准备活动持续时间的长短和强度的大小，应根据运动者年龄、身体情况、训练水平差异而定。在夏季，准备活动不要太久，以免引起疲劳。准备活动与正式运动之间有 1～3min 的间隔较为适宜，切忌因准备活动后休息时间过长而使准备活动失去作用。

二、体育锻炼的适度原则

体育锻炼时要掌握适度原则，就是要求锻炼者在运动过程中保持合理的运动量。

运动量是指人体在运动中所完成的生理负荷量，也称运动负荷。运动量的大小与运动强度、运动持续时间，运动频率，年龄，运动项目特点，运动时的用力程度、节奏、姿势等多方面因素有关。运动强度是运动量中最主要的因素，代表运动的激烈程度。

一般可以凭借如下两种方法掌握运动量。

1. 适宜心率法

在运动生理学中，"适宜心率"是指健康成人在取得较好的锻炼效果时的心率，此时的心率在 120～160 次/min，是最大心率的 70%～80%。通常可以用"180－年龄"的得数作为自己在运动中的适宜心率。

2. 用运动后脉搏恢复到安静水平的时间来划分运动量

（1）大运动量。

运动结束时脉搏达 150～180 次/min，经过 50～60min 才能恢复到安静时的水平。

（2）中运动量。

运动结束时脉搏达 120～150 次/min，经过 20～30min 可以恢复到安静时的水平。

（3）小运动量。

运动结束时脉搏达 90～120 次/min，经过 5～10min 即可恢复到安静时的水平。

如果运动后 1h 仍不能恢复到安静时的脉搏次数，则表示运动量过大。对于青年人来说，每次运动应持续 15～60min，其中保持适宜心率的时间在 10～15min，才能达到锻炼效果。

你知道吗

瑜伽锻炼也应避免运动损伤

瑜伽运动近年来在世界范围内兴起，国内参加人数也逐渐增多。通过瑜伽训练能够增强身体的柔韧性、肌肉的弹性和力量，同时其特定的锻炼方式可以起到舒缓压力、减少焦虑的功效。然而，事物总是一分为二的，瑜伽在强身健体的同时，也可能引起一些运动损伤。据国外报道，随着瑜伽运动的兴起，瑜伽相关性运动损伤也呈快速增长趋势。原因可能有：

（1）与者肌肉的力量和柔韧性不足以较长时间保持某个特定的姿势。
（2）姿势不正确，并且没有根据自身情况适当调整。
（3）身体原有疾患（如颈椎病、腰背痛等）不适合进行某些姿势的瑜伽。
（4）没有根据自身的条件选择合适的课程等级。
（5）好胜心过强，在瑜伽训练中与他人比较动作难度和进度。
（6）训练班人数过多和拥挤，缺乏保护和监督。
（7）在瑜伽训练中过于激进而超越自身能力。

三、体育锻炼后的整理活动

当急速地停止剧烈的运动时，一般人都会产生头晕眼花等感觉，或遗留下严重的疲劳感。这是因为，突然停止运动时，运动中持续亢进的机体生理功能，不可能一下子恢复到正常水准，各器官功能失去平衡，特别是植物神经功能的紊乱，会造成上述症状。因此，在剧烈运动后不可立即进入安静状态，而应继续进行一段时间的轻量运动，使亢进的功能逐渐恢复以基础水准。这种在高强度运动之后的轻量运动，称为整理活动或整理体操。

1. 整理活动的主要内容

1～2min 的缓步慢跑或步行。
下肢的柔软体操和全身的伸展体操。
上肢肌肉群的按摩（特别要针对运动后容易痉挛的肌肉群）或自我抖动肌肉的放松动作。

2. 整理活动的顺序

美国福斯克提出一条原则，就是整理活动内容的安排顺序和准备活动完全相反。根据这一原则，整理活动可先慢跑或步行一些时间，然后做和训练内容有关的专门性整理活动，如做伸展四肢、抖动肌肉、局部按摩等放松动作。

3. 水浴和洗澡

在运动后进行淋浴，可使心情爽快，促进疲劳消除。特别是在大量出汗后，沐浴更是不可缺少的。洗澡不仅可以清洁皮肤，还可促进血液循环，加速体内的废物的排泄和促进疲劳的消除。但是，剧烈运动后一般不宜立即进行冷水或热水浴。水温以微热为好，池浴比沐浴的效果更好。适应解除疲劳的水温是 40℃ 左右，介于热、温水浴之间。时间 10~20min 为宜。

4. 睡眠

睡眠是消除疲劳最有效的手段。睡眠不足，就会加重疲劳的积累，身体的恢复就会推迟，身体状况就会紊乱，甚至次日运动时发生事故。因此，每个参加运动的人都应注意提高睡眠的质量，促进疲劳的消除和体力恢复。更重要的是按时睡眠，养成良好习惯，并保证有 7~8h 的睡眠时间。

四、体育锻炼中存在的卫生问题

1. 饮食问题

一般来说，体育运动前至少 1h 内不应进食，否则运动会引起交感神经高度兴奋，不仅妨碍消化、有害健康，而且会造成肠胃负担太重，不利于运动能力的发挥。如果运动前已感到十分饥饿、睡眠不足或情绪低落，最好暂停运动，或只做轻微的体育锻炼。同时，也应避免在剧烈运动后立即进食，最好在休息 30min 后再进食。食物应清淡，营养丰富，不要进食过凉、过硬或过于油腻的食品。

讨 论

体育运动中还有其他卫生问题吗？请试着列举。

2. 饮水问题

运动前和运动中不宜一次性大量饮水。饮水过多会使胃膨胀，妨碍膈肌活动，影响呼吸，使血液浓度稀释，血流量增大，增加心脏负担，既有碍健康，又不利于运动。在进行锻炼时，由于出汗多，可以适当补充水分。但在剧烈运动时和剧烈运动后，不宜一次性大量饮水，否则会加重心脏负担，影响整理活动的正常进行，影响生理机能的恢复。

运动时的饮水应以少量、多次为原则，同时应饮用淡盐水，以保持体内的盐平衡。夏天运动后也不宜大量喝冰冻饮料。

3. 锻炼环境的分析

体育锻炼应在空气新鲜的环境中进行，室外锻炼优于室内。特别是田野、山林、公园、河边，空气中负离子含量较多，负离子对人体的作用是使人精神振奋、精力旺盛、情绪良好。若在室内进行，体育馆内应有完善的通风、照明、卫生设备，经常保持清洁卫生。此外，进行体育锻炼前，应认真检查运动器材安装是否牢固、有无破损，以防发生意外伤害事故。

4. 根据自己的健康状况进行体育锻炼

在学校体育中，应根据学生身体的发育水平、功能状况、有无疾病及其程度进行分组。对于身体健康和基本健康的学生可以按照教学大纲的要求安排体育锻炼；对于在发育和健康上存在显著异常或患病初愈的学生，应暂免体育锻炼，随着体力的恢复再逐步参加适量的活动；对于临床检查存在轻微异常的学生，如心脏功能性杂音、风湿性关节炎、肺结核钙化期、慢性肝炎、青春期高血压等，可由校医提出名单，参加轻负荷的体育锻炼。

5. 月经期运动的卫生问题

月经是女子的正常生理现象，如果在月经期，没有明显的生理机能变化，且无特别不舒服的感觉，仍可以参加适当的体育活动，如做徒手体操、打排球、打乒乓球和羽毛球等。适量的活动既可以改善盆腔的血液循环，减轻盆腔充血，还有助于加速大脑的兴奋和抑制过程，减少不舒服的感觉。但即便月经正常、健康状况良好的女生，**在经期从事体育活动，时间也不宜于过长，且要避免进行引起震动的跑、跳、跨练习，不做憋气和静力性动作，以免增加经血流量，造成子宫位置的变化。** 由于女子在月经期间子宫内膜脱落，子宫内形成较大的创面，同时子宫颈口比平时略为开大，宫腔与阴道口位置对直，**一般不应参加游泳运动，以免细菌侵入内生殖器官而引起炎症。**

如果因体育活动而引起月经紊乱，则需调整运动量，待月经恢复正常后再继续锻炼。但在调整运动量后仍然出现月经紊乱或有痛经现象，患有内生殖器官炎症等，则应暂时停止体育活动，及时进行检查治疗。另外，女子在月经期间，要特别要注意下腹的保暖，特别是下腹部不应受凉，更不能进行冷水浴。

跑步呼吸的学问

人在跑步时，人体所需氧气吸入量随着跑步速度加快而相应增加，因此，需要加快呼吸频率和增加呼吸深度。但是，呼吸频率的加快是有一定限度的，一般最有效的范围是每分钟35～40次。如每分钟最高达到60次，平均一秒钟就要进行一次呼气和吸气，这样势必使呼吸变浅，换气量减少，影响氧气的吸入和二氧化碳的排出，使血液中二氧化碳浓度升高，氧浓度降低。

注意呼吸节奏均匀。跑步时，有意识地把双脚步伐节奏与呼吸节奏协调起来，一般来说，根据自己体力状况和跑步速度变化，可以采取二步一吸、二步一呼，或三步一吸、三步一呼的方法。当呼吸节奏与跑步节奏相适应并形成习惯后，就可避免呼吸急促、变浅和节奏紊乱，对加深呼吸的深度极为有利。同时还可减轻呼吸肌的疲劳感和减轻跑步中"极点"出现所带来的不良反应。

跑步时采用鼻子吸气。跑步时采用鼻子呼吸并与跑步节奏相协调，能满足体内氧气需求。随着跑步距离和强度加大，氧气需要量增加，改用鼻吸口呼的呼吸方式，在吸气和呼气时要做到慢、细、长，嘴微张呼气，忌大口快速呼吸或者喘粗气。跑步时呼吸急促，感觉气憋不畅时，是由于呼气不充分，二氧化碳排出不充分，占据在肺泡之中，限制了氧气的吸入。要想加大呼气量，就用口呼气，并有意识加大呼气的量和呼出的时间。

知识点 3 运动时自我医务监督及常见运动生理问题处理

一、医务监督

为了免于运动时出现伤病,有必要在运动过程中进行自我监督。

自我监督的内容有主观感觉和客观检查两方面。通过自身感觉和对客观指标的检查,可以得出反映身体状况的客观材料和数据,以判定运动负荷与自身承受能力之间的合理界限,采取有效的预防措施避免运动过度,并最终取得良好的锻炼效果。

自我医务监督记录表

班组:　　　姓名:　　　年龄:　　　性别:　　　　　　　年　　月

项目	内容 \ 日期						
主观感觉	身体感觉						
	运动心情						
	不良感觉						
	睡　眠						
	食　欲						
	排汗量						
客观检查	晨　脉						
	体　重						
	运动成绩						
	其　他						

1. 主观感觉的自我医务监督

主要包括以下几个方面的内容。

(1)**身体感觉**。一般来说,身心健康的人在运动时会有精神饱满、精力充沛的感觉,运动过后,其学习、工作效率有很大的提高。如果运动过度或患病时,人们往往会感到没有精神、没有力气、头晕等不良症状。可根据具体情况,在自我医务监督记录表上填写。

(2)**运动心情**。如果一个人在运动中心情愉快、态度积极,说明其身体健康、精神状况良好。如果对运动不感兴趣、缺乏热情、态度冷漠,甚至厌倦,则可能是过度疲劳和健康状况不佳的征兆。自我医务监督表上可以如实填写"很想锻炼""愿意锻炼""不想锻炼""厌倦锻炼",来表示自己的运动心情。

(3)**排汗量**。人体运动时排汗量的多少,与运动强度、训练水平、情绪、饮水量、气温、湿度、风速、衣着及汗腺的数目等因素有关。人体剧烈运动时由于能量代谢水平增高，产生的热量增多，排汗量也比平常多，是正常的生理现象。但是，如果外界条件和运动量情况适宜时，仍发生大量排汗、重复排汗或夜间盗汗现象，则表明身体过于疲劳或有其他疾病。运动过后，可以根据实际情况，在自我医务监督记录表中填写"一般""量多""大量"以及"盗汗"等。

讨 论

运动过后的汗水是擦干的好，还是让风吹干的好？

（4）**食欲**。经常参加运动的人，食欲一般都较好，偶尔食欲不振，也是正常的。但正常进餐时，如果出现不想进食、容易口渴，或长期性的食欲不振等现象时，则是过度疲劳或产生慢性疾病的表现。填写自我监督记录表时，可按食欲程度的不同，填写"良好""一般""减退"或"厌食"等。

（5）**睡眠**。正常的睡眠状态应是入睡快、睡得深、少梦或无梦，晨起后感觉头脑清醒、精神状态好，偶尔出现一天或数天睡眠不好是正常的。但是，若经常参加锻炼的人出现长时间的入睡难、失眠、多梦、睡中易醒、日间无力或嗜睡等现象时，大多是由于运动负荷过重，应引起注意。在填写自我医务监督记录表时，可填写"良好""一般""不佳""失眠""多梦"等。

（6）**不良感觉**。一般来说，运动后出现肌肉酸痛、肌肉痉挛、四肢乏力是正常的生理现象。适当休息后，这些症状便会消失。如果上述现象长时间不能消退，频频出现头晕、头痛、恶心、呕吐、气喘、胸闷等不良感觉时，说明身体功能状况和健康状况不良，这就需要好好地休息调整，严重时要到医院检查，以防运动性伤病的发生。在自我医务监督记录中可填写具体的不良感觉。

2. 运动后的客观检查

客观检查主要包括脉搏、血压、呼吸频率的测量，以及运动成绩的变化。

（1）**脉搏测量**。运动前首先要测量并记录每分钟的脉搏数。小强度运动后，脉搏数以每分钟 130 次以下，运动后 5~10min 可恢复到运动前的脉搏数为适宜；中强度运动后，脉搏数以每分钟 160 次以下、130 次以上，运动后 5~10min 可比运动前的脉搏多 10~30 次为适宜；大强度运动后，脉搏数以每分钟 200 次以下、160 次以上，运动后 5~10min 可比运动前的脉搏数多 30~50 次为适宜。

（2）**血压测量**。正常成年人收缩压一般为 12~17.3kPa（90~130mmhg），舒张压为 8~12kPa（60~90mmhg）。小强度运动后，收缩压以 14.7~20kPa（110~150mmhg），舒张压以 6.7~10.7kPa（50~80mmhg），运动后 3~5min 便可自行恢复为适宜；中强度运动后，收缩压以 17.3~22.7kPa（130~170mmhg），舒张压为 5.3~9.3kPa（40~70mmhg），运动后 20~30min 便可自行恢复为适宜；大强度运动后，收缩压 20~25.3kPa（150~190mmhg），舒张压为 4~8kPa（30~60mmhg），运动后 24h 之内便可自行恢复为适宜。

（3）**呼吸频率测量**。一般健康成年人呼吸频率为每分钟 12~18 次，以运动后 10min 内呼吸频率恢复到此值为适宜。

客观检查常用的指标主要是测定脉搏、体重和运动成绩的变化情况，有条件还可以测握力、肺活量、血压等指标。女子还要对月经情况做记录，以便为综合评定提供参考。

3. 运动成绩

坚持科学、合理的训练，运动成绩可逐步提高，并能稳定在一定的水平上，动作协调性好。如经过较长时间的训练，运动成绩没有提高，甚至出现下降，动作协调性和训练程度也比过去差，可能是身体功能状况不良或早期过度训练的表现。记录时，应据实际情况填写运动成绩的变化情况、动作协调性等。

在客观检查中，除了上述指标外，还可根据实际情况和条件，选择其他一些指标，如肺活量、握力、拉力、呼吸频率等。

二、运动中常见的生理问题与处理方法

1. 运动中常见生理反应与处置

（1）运动中的腹痛现象。 从腹痛的表现和原因分析，一般有下列几种情况。

一种腹痛是由于内脏器官一时不能适应剧烈运动的需要而引起的，疼痛部位多发生在右肋部（肝区）和左肋区（脾区）。一般是平时运动少，心肌力差，心肺功能相对较弱，运动前准备活动不充分的人容易有这种腹痛。

另一种腹痛则是由于不良的运动习惯产生的，主要是肠胃痉挛牵扯神经而引起。通常表现为钝痛、胀痛，重者则呈阵发性绞痛。大多是由于饭后过早剧烈运动（不到1h），或吃得过饱、喝得过多（特别是冷饮），或饥饿运动（胃酸或冷空气对胃的刺激）引起胃痉挛，部位多在上腹部。

如果是腹内有寄生虫（如蛔虫），或运动前食入大量产气或不易消化的食物（如豆类、薯类、牛肉等）引起胃痉挛，疼痛部位则多在肚脐周围。

如果是宿便未排引起的肠痉挛，其疼痛多在左下腹部。这类腹痛只需要针对其产生原因采取相应措施，就完全可以避免。

还有一种情况是在夏季进行较大的运动量时易发生的腹直肌痉挛性腹痛。这是由于大量出汗使水分盐丢失过多，引起体内代谢失调，加上疲劳引起肌肉痉挛（俗称抽筋）产生剧痛。预防的关键在于适当补充盐和维生素，即运动中最好喝淡盐水和一些运动性饮品。

（2）肌肉痉挛。肌肉痉挛是指肌肉不自主地强制收缩，在运动中（含游泳中）最易发生痉挛的肌肉是小腿腓肠肌，其次是足底的屈拇肌和屈趾肌。 发生原因是运动时大量排汗、局部肌肉疲劳以及寒冷刺激引起肌肉不自主连续收缩痉挛所致。常表现为局部肌肉坚硬或隆起并伴剧烈疼痛。

> **预防方法**
> 运动前特别是游泳前应做好充分的准备活动，避免寒冷突然刺激，冬天要保暖，夏天防止出汗过多，并及时补充盐分，游泳前应用冷水先淋湿全身，水温过低时不宜在水中时间过长。对易痉挛肌肉部位在运动前进行局部按摩推拿。
>
> **方法处理**
> 可采用牵引法和按摩推拿法。牵引的原则是进行"反方向牵引"。小腿腓肠肌痉挛时，可取平坐或仰卧，伸直膝关节，将足掌足趾均用力向腹部方向扳压，同时使劲蹬小腿，

第三章 体育锻炼的优化

以解除小腿屈肌痉挛；脚屈拇、屈趾肌痉挛时，可用力将足背和足趾伸直扳压，以解除脚趾或脚掌的屈肌痉挛。按摩推拿法是对痉挛部位肌肉进行局部推拿、揉捏、敲打、压穴（承山、委中、涌泉），使肌肉痉挛缓解。

（3）运动性晕厥。

运动性晕厥是指运动中由于脑部突然血液供给不足而发生的一时性知觉丧失的现象。运动性晕厥的症状开始时是全身无力、头昏耳鸣、眼前发黑、面色苍白，随之可能出现失去知觉、突然昏倒、手足发凉、脉搏慢而弱、血压降低、呼吸缓慢等。主要是由于剧烈或长时间运动后使大量血液积聚在下肢，回心血量减少，造成脑部缺血，导致发生一时性知觉丧失。同时也和剧烈运动引起低血糖有关。

❶ 处置	感到症状要立即平卧，保持头低脚高，并进行向心方向的重推或揉捏。
❷ 预防	剧烈运动后，不要立即停下不动，应继续做一些轻微活动，如走动，否则立即停下来时，失去了上下肢肌肉的收缩活动，加上地球的吸引力（重力），更易造成脑部缺血。

（4）**肌肉酸痛**。运动医学上将运动引起的肌肉酸痛分为两种：**一种是运动后疼痛立即出现，但其消失得也快，这种叫作急性肌肉酸痛。另一种是在运动后几小时或一夜之后才出现，并伴有疲倦乏力，甚至会出现肌肉痉挛、僵硬等症状。这种肌肉疼痛消失得比较缓慢，常常3～4天甚至6～7天才能完全恢复，这种症状则称为延迟性肌肉酸痛或运动后疲劳。**我们常说的肌肉酸痛主要是指后一种，即延迟性肌肉酸痛。

> **讨 论**
>
> 上网查一查，运动中脚扭伤该怎样处理？

肌肉酸痛产生的机制较复杂，主要包括几个方面：乳酸堆积；肌肉痉挛；肌纤维或结缔组织损伤；其他因素，如组织间渗透压产生变化或急性发炎等，也可造成肌肉酸痛。

缓解肌肉酸痛的方法很多，一般采用以下几种：

❶ 休息	休息能减缓肌肉酸痛的现象，并可慢慢促进血液循环，能加速代谢产物的排除，并能消除肌肉酸痛部位营养的供给与修复，使之恢复正常。
❷ 静态伸展	牵伸肌肉可加速肌肉的放松和缓解，有助于痉挛肌肉的恢复。对酸痛局部进行静态牵引练习，保持伸展状态2min，然后休息1min，重复进行，每天做几次这种伸展练习有助于缓解痉挛。
❸ 拍打按摩	对酸痛局部进行按摩，使肌肉放松，促进肌肉血液循环，有助于损伤修复及痉挛缓解。
❹ 热敷	是最有效的一种方式，对酸痛的局部肌肉进行热敷，可促进血液循环，提高新陈代谢，加速肌肉酸痛的缓解和恢复，尤其是配合轻微的伸展运动或按摩，将更能加速消除延迟性肌肉酸痛，促其恢复正常。

（5）极点和第二次呼吸。

剧烈运动时，特别在中长跑时，由于能量消耗大，下肢回流血量减少，当氧债不断积累并达到一定程度时，就会出现呼吸急促、胸闷难忍、下肢沉重、动作不协调甚至恶心的现象，这在运动生理学上称为"**极点**"。

"极点"出现后，适当减慢速度，并注意加深呼吸、调整呼吸节奏，坚持一段时间后，上述生理反应会逐步缓解并消失。随后身体机能重新得到改善，氧的供应增加，运动能力又有提高，动作变得协调有力。这种现象标志着"极点"已被克服，在生理学上称为"**第二次呼吸**"。"第二次呼吸"出现后，循环机能将稳定在一个新的较高的水平上。

（6）运动中的过敏反应。

运动过敏是指在运动后出现皮肤瘙痒、荨麻疹、血管性水肿、腹部疼痛和腹泻等过敏反应。这种综合征的临床症状与食物、药品和昆虫叮咬所致的过敏反应极为相似，但目前极少找到典型的引起过敏的物质。迄今为止，对运动引起的过敏反应预防，还只限于重视前期症状的诊断，一旦发现则应立即停止锻炼。过敏反应较为严重者，可用皮质激素、肾上腺素、氨茶碱治疗，有些抗组织胺药物也有一定疗效。

（7）溺水。溺水是常见的意外，溺水后可引起窒息缺氧，如合并心跳停止的称为"溺死"，如心跳未停止的则称"近乎溺死"。这一分类于病情和预后估计有重要意义，但救治原则基本相同，因此统称为溺水。

> **急救方法**
>
> 将伤员抬出水面后，应立即清除其口、鼻腔内的水、泥及污物，用纱布（手帕）裹着手指将伤员舌头拉出口外，解开伤员衣扣、领口，以保持其呼吸道通畅，然后抱起伤员的腰腹部，使其背朝上、头下垂进行倒水。或者抱起伤员双腿，将其腹部放在急救者肩上，快步奔跑使积水倒出。或急救者取半跪位，将伤员的腹部放在急救者腿上，使其头部下垂，并用手平压背部进行倒水。若呼吸停止，应立即进行人工呼吸，一般以口对口吹气为最佳。急救者位于伤员一侧，托起伤员下颌，捏住伤员鼻孔，深吸一口气后，往伤员嘴里缓缓吹气，待其胸廓稍有抬起时，放松其鼻孔，并用一手压其胸部以助呼气。反复并有节律地（每分钟吹 16～20 次）进行，直至恢复呼吸为止。若心跳停止，应先进行胸外心脏按压。让伤员仰卧，背部垫一块硬板，头低稍后仰，急救者位于伤员一侧，面对伤员，右手掌平放在其胸骨下段，左手放在右手背上，借急救者身体重量缓缓用力，不能用力太猛，以防骨折，将胸骨压下 4cm 左右，然后松手腕（手不离开胸骨）使胸骨复原，反复有节律地（每分钟 60～80 次）进行，直到心跳恢复为止。

（8）中暑。

中暑是指高温或引起高热的疾病使人体体温调节功能紊乱，而发生的综合征。

根据中暑症状的轻重，又可以分为先兆中暑、轻症中暑和重症中暑。先兆中暑指在高温环境中工作一段时间后，出现轻微的头晕、头痛、耳鸣、眼花、口渴、浑身无力及步态不稳。轻症中暑指除以上症状外，还发生体温升高、面色潮红、胸闷、皮肤干热，或有面色苍白、恶心、呕吐、大汗、血压下降、脉细等症状。重症中暑指除以上症状外，常突然昏倒或大汗后抽风、烦躁不安、口渴、尿水、肌肉疼痛及四肢无力。

第三章 体育锻炼的优化

> **中暑的急救方法**
>
> 首先应将病人迅速脱离高热环境，移至通风好的阴凉地方，解开衣扣，让病人平卧，用冷水毛巾敷其头部，扇扇，并给清凉饮料。轻症病人可服人丹、十滴水，也可采用针刺疗法（大椎、委中、合谷或曲池、百会、人中等穴）。对轻症病人要进行降温。可以根据现场环境特点，采取冷水、冰水降温或药物降温。要补充水分和无机盐类，对能饮水的病人，给其喝凉盐开水或其他的清凉盐水；不能饮水者，给病人静滴生理盐水或林格氏液1 000mL（可根据具体情况掌握用量）。除非病人有周围循环衰竭或大量呕吐、腹泻的情况，不需要输入太多的液体，以免引起心力衰竭或肺水肿。呼吸循环衰竭者，酌用呼吸、心脏兴奋剂，给呼吸困难者吸氧，必要时做人工呼吸。抽搐者可给予镇静剂。对病情危重或经适当处理无好转者，应在继续抢救的同时立即送往有条件的医院。

2. 常见运动疾病处理方法

（1）**低血糖症**。如果在运动中或运动后出现饥饿感、心慌、出冷汗、头晕及四肢无力或颤抖的现象，表示锻炼者已出现低血糖，此时不要惊慌，可按以下步骤处理：

- 立即停止运动，并食用随身携带的食物，一般休息10min左右低血糖即可缓解。
- 若10min后未能缓解，可再吃食物，并通知其家人或送其到医院。
- 若有条件，可提前准备胰高血糖素针剂，并随身携带，把注射方法简明扼要地列出。锻炼者若出现低血糖，而本人又清醒时可自己注射。若神志不清，其他人也可以根据注射方法为其注射。

（2）**运动性贫血**。运动性贫血是指因运动引起的血液中红细胞数与血红蛋白量低于正常值的情况。当男性的血红蛋白量低于12g，女性低于10.5g即为运动性贫血。运动性贫血的症状表现为头晕、恶心、呕吐、气喘、体力下降以及运动后心悸、心率加快、脸色苍白等。

为防止运动性贫血，应安排好运动量，尤其注意逐渐增加运动强度，以及摄入足量的蛋白质，这是预防运动性贫血的重要环节。一般说来，当男运动员的Hb在100～120g/L，女运动员在90～110g/L时，可边治疗边训练，但训练时要强度小，避免长跑等耐力性运动；而男子低于100g/L，女子低于100g/L时，应停止大中运动量训练，以治疗为主。饮食宜富于营养，食用蛋白质、铁质、维生素较多的食物。还可服用抗贫血药物。

（3）**游泳中耳炎**。游泳中耳炎是因为不洁水质进入中耳产生细菌感染而引起的。患者会感到耳内疼痛剧烈，并伴有听力减退、发烧、恶心、呕吐、食欲不佳及便秘等症状，应立即到医院检查，确诊后应及时采取抗菌疗法。如鼓膜已破裂，可用双氧水洗涤，外用消毒剂或抗生素溶液滴耳，然后用消毒棉条填塞外耳，并可在乳突部做热敷及红外线治疗。

为避免游泳中耳炎的发生，游泳时要选择到水质干净、需要提供健康证的泳池，防止水中细菌过多引发中耳炎。 有中耳炎病史的人要避免游泳，或者游泳时佩戴耳塞，即使游泳，也尽量不要潜水，采取可以把头浮在水面的泳姿。耳窦炎患者应减少游泳的次数，以防细菌经水过鼻子进入耳咽管，继而进入中耳。此外，平时要定期到医院清洗"耳屎"。

三、运动性疲劳与运动过度的消除和避免

运动性疲劳是指"机体的生理过程不能使其机能在一特定水平或不能维持预定的运动强度"。肌肉运动能力下降是运动性疲劳的基本标志和本质特性。

1. 运动性疲劳的分类

运动性疲劳在人体上可以分为**心理性疲劳**和**躯体性疲劳**，这两种不同性质的疲劳具有不同的表现形式。躯体性疲劳主要表现为运动能力的下降；心理性疲劳主要表现为行为的改变。人的各个部位，从中枢大脑皮层细胞到骨骼肌基本收缩单位都能产生疲劳。目前研究结果把躯体性疲劳又分为中枢疲劳和外周疲劳。中枢疲劳指缺乏动机，中枢神经系统的传递和募集发生改变。外周疲劳包括接点传递、肌肉点活动和肌肉收缩活动能力下降。

讨 论

请讨论一下运动性疲劳主要是由什么原因造成的？

此外还有内脏疲劳。内脏疲劳多表现为呼吸和心脏的疲劳，呼吸肌疲劳使呼吸变浅、变快，气体交换能力下降。心脏疲劳时，心电图也会发生改变。

2. 运动性疲劳的消除

（1）**运动性手段**。运动结束后可以采用变换运动部位和运动类型，以及调整运动强度的方式来消除疲劳。做一些静力性牵张练习，使参与工作的肌肉得到牵张、伸展和放松，可有效地消除运动引起的肌肉痉挛，预防延迟性肌肉酸痛。也可以采用整理活动。整理活动是取得良好的训练效果及预防运动损伤的重要手段之一。研究表明，剧烈运动后，进行 3～5min 的慢跑或其他动力性整理活动，有助于疲劳的消除。

（2）**其他手段**。运动时所消耗的物质要靠饮食中的营养物质来补充，合理膳食有助于加速恢复过程。营养物质的补充，包括能源物质的补充和维生素与矿物质的补充。

睡眠对身体机能恢复非常重要，静卧可减少身体的能量消耗，也可加速身体机能的恢复。

大强度和大运动量训练之后，采用按摩、理疗、吸氧、针灸和气功等物理手段，能促进身体机能恢复。

3. 运动过度的原因

（1）**能量消耗大，机体内能源"衰竭"**。运动性过度疲劳产生的主要原因是机体内能源物质的耗尽。"能"在物理学上是一种可以做功的本领。而在人体中许多生理过程，如神经冲动传导、肌肉收缩、葡萄糖的吸收、蛋白质合成也都是做功的过程，这种做功的能量是在人体内产生利用的，这种能量的释放、转移和利用的过程称为能量代谢。

由于大运动量训练，人体内能量代谢率加快，机体内物质代谢的进度供不上能量代谢的需要，久而久之造成机体内能源物质"衰竭"，出现运动性过度疲劳。

研究发现：当疲劳时，三磷酸腺苷（ATP）只略微下降，而磷酸肌酸（CP）下降十分明显，磷酸肌酸的下降取决于运动量和运动强度，人体负荷越大，磷酸肌酸下降越多，所以证明磷酸肌下降是导致疲劳的主要原因。

（2）**体内乳酸堆积过多，肌肉工作能力降低**。人体运动、肌肉收缩，需要有能量的供

应，其中供应能量的有三磷酸腺苷磷酸肌酸、肌糖原、脂肪等。在人体运动时，三磷酸腺苷是肌肉收缩的直接供应物质。由于储备量有限，在肌肉剧烈运动时只能维持1～3s，必须由肌肉中的磷酸肌酸分解释放能量供二磷酸腺苷（ADP）重新合成三磷酸腺苷。因为三磷酸腺苷和磷酸肌酸在肌肉中储量小，因此在运动强度大、时间长、氧气供应不足的情况下，肌肉中贮存的另一种能源物质——肌糖原将分解为乳酸，并释放能量供三磷酸腺苷的再合成，以保证肌肉收缩和机体运动的能量的需要。由于长时间大运动量训练，机体得不到恢复，体内乳酸堆积不断增加，因此使肌肉工作能力降低，运动系统工作能力下降，从而产生厌烦训练的心理。

（3）**内环境稳定性失调，造成运动性过度疲劳**。细胞外液称为人体的内环境，在进行大运动量训练时，会产生大量热量，热量蒸发带走大量水分，使机体失水率过大。同时机体内细胞外液和离子浓度也发生变化，血浆渗透压改变，pH（酸碱值）下降，酸碱度失去平衡，造成人体内环境稳定性失调，加速运动性过度疲劳的发生。

（4）**大脑皮层的保护性抑制**。巴甫洛夫认为无论是体力的或脑力的疲劳都是大脑皮质保护性抑制发展的结果。运动员在从事运动训练时，大量的神经冲动传向大脑皮质的运动中枢，运动中枢的神经细胞长期兴奋，导致"消耗"增多。当消耗到一定程度，便出现保护性抑制，无论你再给多大刺激，神经细胞也不再兴奋，这就是疲劳。当出现这种疲劳时，会经常有萎靡不振、无精打采、失眠、遗精、做噩梦等现象出现。

4. 运动过度的避免

对容易造成运动过度的初级健身者，可以晨练为例，做一下避免运动过度的训练，并且长期坚持养成健康的健身习惯。

◆ 早晨起床前测一下脉搏数，连续测几天，得出你的基本脉搏数——称它为基本晨脉搏数。
◆ 如果你的晨脉搏数超过基本晨脉搏数5%，那么，这一天就要降低你的运动强度。
◆ 如果你的晨脉搏数超过基本晨脉搏数10%，那么，这一天就不要锻炼，好好休息。

运动过度造成的后果十分严重时，需要及时送往特定场所进行治疗。对一般人来说，还是以前期预防为主，因为我们运动的目的就是想有一个好身体，为了这个反而造成伤害是十分不值得的。

过度训练关键在于早期发现、及时治疗。对健美爱好者来说，最好是加强科学训练，注意自我监督，以防过度训练的发生。

运动神经专家指出，虽然运动对人体的健康有益，但也应该把握适当的度，否则会对大脑机能造成损害。肌肉也是要休息的，健身过度对身体不好，应该科学地锻炼，一般一周一次，一次60～90min就差不多了。

运动还是要根据自己的能力和爱好做自己喜欢的运动，这样才能有恒心持久地练下去。不要急于求成地突击，锻炼的强度应该是，今天做了运动，明天不觉得疲乏，还能做运动，这样是合适的。如果今天练完了，明天觉得累，要休息，那就需要调整运动量了。

你知道吗

运动之后不宜吃鸡、鱼、蛋

许多人在体育锻炼后常有肌肉发胀、关节酸痛、精神疲乏之感。为了尽快解除疲劳，他们就会买些鸡、鱼、肉、蛋等大吃一顿，以为这样可补充营养，满足身体需要。其实，此时食用这些食品不但不利于解除疲劳，反而对身体有不良影响。

人类的食物可分为酸性食物和碱性食物。判断食物的酸碱性，并非根据人们的味觉，也不是根据食物溶于水中的化学性，而是根据食物进入人体后所生成的最终代谢物的酸碱性而定。酸性食物通常含有丰富的蛋白质、脂肪和糖类。碱性食物含有钾、钠、钙、镁等元素，在体内代谢后生成碱性物质，能阻止血液向酸性方面变化。所以，酸味的水果，一般都为碱性食物而不是酸性食物，鸡、鱼、肉、蛋、糖等味虽不酸，却是酸性食物。

美国一位病理学家经过长期研究指出，只有体液呈弱碱性，才能保持人体健康。正常人的体液呈弱碱性，人在体育锻炼后，感到肌肉、关节酸胀和精神疲乏，其主要原因是体内的糖、脂肪、蛋白质被大量分解，在分解过程中，产生乳酸、磷酸等酸性物质。这些酸性物质刺激人体组织器官，使人感到肌肉、关节酸胀和精神疲乏。而此时若单纯食用富含酸性物质的肉、蛋、鱼等，会使体液更加酸性化，不利于疲劳的解除。而食用蔬菜、甘薯和柑橘、苹果之类的水果，由于它们呈碱性，可以消除体内过剩的酸，降低尿的酸度，增加尿酸的溶解度，可减少酸在膀胱中形成结石的可能。

所以，人在体育锻炼后，应多吃些富含碱性的食物，如水果、蔬菜、豆制品等，以利于保持人体内酸碱度的基本平衡，保持人体健康，尽快消除运动带来的疲劳。

知识点 4 如何预防运动损伤及应急处理

一、常见运动损伤的处理

（1）擦伤。即皮肤的表皮擦伤。如果擦伤部位较浅，只需涂红药水即可；如果擦伤创面较脏或有渗血时，应用生理盐水清创后再涂上红药水或紫药水。

第三章 体育锻炼的优化

（2）**肌肉拉伤**。指肌纤维撕裂而致的损伤。主要是由于运动过度或热身不足造成的，可根据疼痛程度判断受伤的轻重，一旦出现疼痛感应立即停止运动，并在痛点敷上冰块或冷毛巾，保持 30min，以使小血管收缩，减少局部充血、水肿。切忌搓揉及热敷。

（3）**挫伤**。指由于身体局部受到钝器打击而引起的组织损伤。轻度损伤不需特殊处理，经冷敷处理 24h 后可用活血化瘀、消肿止痛的中成药和进行理疗。

（4）**扭伤**。指由于关节部位突然过猛扭转，造成附在关节外面的韧带撕裂。多发生在踝关节、膝关节、腕关节及腰部。

❶ 急性腰扭伤	让患者仰卧在垫得较厚的木床上，腰下垫一个枕头，先冷敷后热敷。
❷ 关节扭伤	踝关节、膝关节、腕关节扭伤时，将扭伤部位垫高，先冷敷 2~3 天后再热敷。如扭伤部位肿胀、皮肤青紫和疼痛，可参照"肌肉拉伤"的处理。

（5）**脱臼**。即关节脱位。一旦发生脱臼，应嘱病人保持安静、不要活动，更不可揉搓脱臼部位，要妥善固定后送医院治疗。

（6）**骨折**。常见骨折分为两种。

一种是皮肤不破，没有伤口，断骨不与外界相通，称为 **闭合性骨折**；

另一种是骨头的尖端穿过皮肤，有伤口与外界相通，称为 **开放性骨折**。

对开放性骨折，不可用手回纳，以免引起骨髓炎，应用消毒纱布对伤口做初步包扎、止血后，找木板、塑料板等将肢体骨折部位的上下两个关节固定起来。怀疑脊柱有骨折者，需卧在门板或担架上，躯干四周用衣服、被单等垫好，不致移动，不能抬伤者头部，否则会引起伤者脊髓损伤或发生截瘫。怀疑颈椎骨折时，需在头颈两侧置一枕头或扶持患者头颈部，不使其在运送途中发生晃动，再用平木板固定送医院处理。

只要掌握了以上知识，在运动中认真防护，就可以最大限度地避免运动损伤的发生，并能在损伤后得到及时、有效的治疗，减少并发症与后遗症。

二、造成运动损伤的原因探析

造成运动损伤的原因可以分为一般原因和潜在原因两种。

1. 一般原因

❶ 思想因素

思想上麻痹大意，不采取科学的锻炼方法，忽视循序渐进和量力而行的原则，急于求成，不顾主客观条件，盲目地或冒失地进行锻炼。在练习中对难度较大或不熟练的动作，产生畏惧心理，动作犹豫，过分紧张造成损伤；在做熟悉的动作时，疏忽大意，也容易发生损伤。

❷ 准备活动不当

不做准备活动或准备活动不充分；准备活动的内容与练习内容的结合不恰当；准备活动的量过大、时间过长。

❸ 身体素质差

由于身体素质差，致使肌肉力量和弹性差，关节的灵活性和稳定性不够，反应迟钝，都可成为损伤的原因。

❹ 技术动作的缺点和错误

技术动作违反了人体结构与功能特点及运动的力学原理，就容易受伤，这是学习新动作时发生损伤的主要原因。

❺ 带伤练习和疲劳状态下训练

在患病或伤病初愈阶段以及睡眠不足、休息不好、过度疲劳的情况下，生理功能和运动能力相对下降，这时若参加剧烈运动可因肌肉力量弱、反应迟钝、身体协调性差而导致损伤。

❻ 心理状态不良

心情不好，情绪不高，对训练或比赛缺乏自觉性和积极性，思想不集中，急躁、胆怯、犹豫等，都容易导致动作失常而引起损伤。

❼ 气候不良与场地不适应

气温过高，湿度过大，容易产生疲劳和中暑；而气温过低或潮湿，容易发生冻伤或肌肉僵硬而被拉伤；场地不平，容易引起踝关节扭伤等。

2. 潜在原因

（1）运动项目本身的技术特点。篮球运动基本技术动作的滑步、急停、转身、变向跑和起跳上篮等，这些动作都要求膝关节处于半蹲位进行屈伸和扭转，其负担量较大，容易发生膝关节损伤。

（2）人体某些部位的解剖生理特点。在篮球运动的损伤部位中，占首位的是膝部、踝部和腰部。

膝关节在半蹲位发力时，关节周围几乎没有肌肉的保护，只能依靠内侧和外侧韧带、十字

> 讨 论
>
> 请列举一下运动损伤的一些具体案例。

韧带及髌骨来维持关节的稳定，因此，关节的稳定性较差，容易发生"不合槽"的活动而受伤。

踝关节的距骨上关节面前大后小，外侧韧带弱于内侧韧带，因此踝关节在跖屈时容易引起足内翻，造成胫腓前韧带的拉伤。

三、如何预防运动损伤

1. 思想重视

体育锻炼的目的是促进身体的生长和发育，增强体质，提高健康水平，参加者要明确体育运动的目的，在思想上重视对运动损伤的预防和懂得如何进行预防。

2. 做好准备活动

准备活动要充分、有针对性，既要做一般准备活动，也要做专项准备活动。准备活动的内容和量应依训练内容、比赛情况、个人机体状况、气象条件等而定。

3. 加强易伤部位的训练

有针对性地加强容易受伤和相对较薄弱部位的肌肉力量和伸展性练习，提高它们的功能，是积极预防运动损伤的一种有效手段。

4. 科学训练，防止疲劳状态下大运动量的训练

运动量、运动强度和动作难度必须与身体状况和训练水平相适应。要遵循渐进和区别对待的原则。学习动作时，要从简到繁，由易到难，从分解到完整动作。

5. 加强保护和自我保护

运动员要学会自我保护的方法，防止损伤的出现。例如：当重心不稳而快摔到的一瞬间，要立即低头、屈肘团身，以肩背部着地，顺势滚翻，绝不可用手直臂撑地，以免发生腕部或前臂骨关节脱位。在进行力量器械练习时，应有懂得保护方法的人和教练进行保护，以防止意外事故的发生。

你知道吗

安全健身运动着装

有些人并不注意运动着装，随随便便，甚至有的人还脱去了鞋，认为光着脚更轻松。这都是不科学的。

健身时应穿着宽松、有弹性的衣服，以动作不受束缚为好。健身时一定要穿一双合脚的、弹性较好的鞋，这一点非常重要。因为人体在运动时，尤其是在跑跳时，地面对人体的反作用力通过脚上的鞋向上传导，对踝关节、膝关节、脊柱、大脑及内脏等都有不同程度的冲击，时间一长就会造成关节的劳损和其他不良反应，如头晕、恶心等。

而质量较好的鞋,可以缓冲地面的反作用力,减少损伤的发生。

在健身中心锻炼身体时,如果穿上合体的健身服,会使自己的形体清楚地呈现在镜子里,督促自己不断加油。当形体向好的方向发展变化时,会产生良好的心理感觉,增强自己的自信心,令自己更加努力。另外有弹性的健身服对松弛的肌肉有托扶的作用,会令自己看上去不那么松懈,运动更加灵活自如。

1. 为什么要制订科学的锻炼计划?

2. 简述体育卫生的卫生原则。

3. 常见的运动生理问题有哪些?

第四章 健 与 美

◀ **教学目标**

通过本章的学习，使学生了解一些基本的健身锻炼和健美运动的知识，为学生提供一些实用的指导。

◀ **教学要求**

认知：初步了解健身与健美的基本知识，比较健身和健美的异同。
理解：体会健身和健美的深层含义，根据自身特点选择适合自己的健身锻炼和健美运动。
运用：通过对健康的测定了解自身的健康状况，并在平时的生活和学习中关注自身健康状况。

知识点 1 健 身

一、有氧运动简介

常见的有氧运动项目有：步行、慢跑、健身操、游泳、跳绳等。有氧运动特点是强度低、有节奏、不中断和持续时间长。同举重、赛跑、跳高、跳远、投掷等具有爆发性的非有氧运动相比较，有氧运动是一种恒常运动，是持续 5min 以上还有余力的运动。

1. 步行

日本专家认为：每天走 1 万步，则可保证身体健康。步行健身，有多种方式，如慢步、慢速走、中速走、快速走、竞走、倒走等，可根据每个人的身体条件加以选择。在进行健身步行锻炼时，要注意：步幅比一般步行大，上体正直，两臂前后摆动，呼吸自然，注意力集中，速度逐渐加快，距离逐渐加长。

❶ 行走运动时间不要太早

因为早上空气中许多污染物笼罩地面，不利于健康。等太阳出来或气温升高后，云开雾散了，污染物也飘散了，这时，我们走出家门，既可充分地享受大自然的温馨，又十分有利于身心健康。

❷ 晨起步行，莫要空腹

空腹晨练有潜在的危险，常会因晨练时体力的消耗，能量供应不足，出现头晕、心慌、腿软、站立不稳。晨练前先要吃点东西，如喝一杯温热的豆浆、牛奶、藕粉等，也可以喝一碗粥加上几样小菜，食后既感舒服又补充了营养。但不要吃得太饱，饱腹后锻炼也不利于健康。

❸ "饭后百步走"，不是马上走

人吃饭后，血液会大量地流向胃肠帮助消化，如果饭后马上去散步行走，血液就会流向肢体"供能"，影响心脑等重要脏器的供血，对健康就会带来影响。患有慢性胃病，如慢性胃炎、消化性溃疡、胃下垂等的病人，如果饭后马上步行，就会增加胃肠的震动，吃进去的食物就会对胃壁产生刺激而加重病情。吃完饭后，小歇 15min 左右，再走出去散步，才是正确有益的。

❹ 运动有度，注意安全。

在行走运动的过程中，要以自身感觉来调节运动量，以在运动中和运动后无明显不适感为度，只要出现不舒服，就要减少运动量或先停下来，千万不要盲目地坚持，以防发生不测。

2. 慢跑

研究表明，进行轻松的慢跑运动，能增强呼吸功能，可使肺活量增加，提高人体通气和换气能力，慢跑时所供给的氧气较静坐时可多 8～12 倍。慢跑可使血流增快、血管弹性增强，具有活血祛瘀、改善血液循环的作用。慢跑还能促进全身新陈代谢，能改善脂类代谢，可防治血液中脂质过高。

讨论

请说说慢跑与快走的肢体区别。

慢跑健身是采用较长时间、慢速度、较长距离的有氧锻炼方法。其技术特点简单、易掌握，男女老少均可参加。该项运动不受场地、器材限制，可在田径场、公路、树林、公园及田间小路等地练习。

慢跑的速度应依体力而定，宜慢不宜快，以自然的步伐轻松地向前行进，以循序渐进、持之以恒为原则。跑步要从短程开始，逐步增大跑程。运动量的掌握以慢跑后自觉有轻松舒适感，没有呼吸急促、腰腿疼痛、特别疲乏等不良反应发生。在慢跑过程中，心率以每分钟不超过 180－年龄数为适宜。

慢跑时，全身肌肉要放松，呼吸要深长，缓缓而有节奏，可两步一呼、两步一吸，亦可三步一呼、三步一吸，宜用腹部深呼吸，吸气时鼓腹，呼气时收腹。慢跑时步伐要轻快，双臂自然摆动。慢跑的运动量以每天跑 20～30min 为宜，但必须长期坚持方能奏效。慢跑运动可分为原地跑、自由跑和定量跑等。原地跑即原地不动地进行慢跑，开始每次可跑 50～100 步，循序渐进，逐渐增多，持续 4～6 个月之后，每次可增加至 500～800 步。高抬腿跑可加大运动强度。自由跑是根据自己的情况随时改变跑的速度，不限距离和时间。定量跑有时间和距离限制，即在一定时间内跑完一定的距离，从少到多，逐步增加。

3. 健身操

健身操是一种富有韵律的运动。它通过长时间（15min 以上）持续的运动，使心肺功能增强，锻炼大肌肉群。

> **健身操一般具有特点有：**
>
> - 练习动作简单易学能懂，适合于不同年龄层次；
> - 强调动作对称且重复练习；
> - 强调大幅度动作练习；
> - 以集体练习为主；
> - 具有明快的节奏，形成动感和韵律风格。

健身操有高冲击健身操和低冲击健身操两种。高冲击健身操，能量消耗大，心肺锻炼效果好，但是不适合平时很少运动和过胖的人士及初学者。低冲击健身操以低踢、大踏步、左右旋转、前后弓步等动作取代双脚同时离地的跳跃动作，即使有踏跳踢腿动作，连续也不会超过 4 次。低冲击健身操使上肢活动和躯干肌肉的活动增加，可以弥补运动量的不足。

4. 游泳

游泳是最受欢迎的健身运动项目之一。适当地进行游泳锻炼，不仅能给人带来心理上的愉悦，塑造流畅和优美的体形，还能够增强心血管系统的机能，增强体质，提高协调性。

游泳的基本正规姿势是蝶、仰、蛙、爬（自由泳）4 种， 还有非正规的侧泳、狗刨式。如果能慢游蛙泳 800m、自由泳 1 500m，就能充分获得游泳的健身效果。

健身游泳提倡"慢速长游"，运动强度在中低有氧水平，游泳结束即刻脉搏不超过 170－年龄数。儿童学会游泳后，在 26℃水中不要超过 30min，实际游的时间占一半就行，青少年可以达到 30min，不超过 1h，每周 1～2 次，当然 3～4 次更好。患高血压、冠心病的中老年人尽量避免参加激烈的游泳竞赛，以免发生心血管意外。

5. 跳绳

跳绳花样繁多，可简可繁，随时可做，一学就会，特别适宜在气温较低的季节作为健身运动。

跳绳能充分锻炼下肢，同时也能让手臂和肩膀参与进来，是一项可以协调全身的运动。研究显示，保持每分钟 120～140 次的速度，跳 5min 的效果就相当于慢跑 0.5h。研究证实，跳绳能增强锻炼者心血管、呼吸和神经系统的功能，可以预防糖尿病、肥胖症、骨质疏松、高血压、肌肉萎缩及失眠症等多种疾病。对哺乳期和绝经期妇女来说，跳绳还兼有放松情绪的积极作用。

跳绳是一项比较剧烈的运动，练习前一定要做好身体各部位的准备活动。开始练习跳绳时，动作要由慢到快、由易到难。跳绳的时间一般不受任何限制，只要避免引起身体不适，注意饭前和饭后半小时内不要跳绳即可。

跳绳的技巧：

（1）**侧身斜跳**。这个动作能训练人的耐久力，增强外展肌和内收肌。两人一前一后站在绳的左右两侧，先侧身单脚跃绳向前跳，然后斜身跳回原位。跳跃时应注意用力摆动双臂。跳 1min 之后休息 10s，重复练习 2 次。

（2）**简单跳绳法**。准备动作：双脚并拢，进行弹跳练习 2～3min（弹跳高度为 3～5cm）。开始跳绳，注意手腕做弧形摆动。初学者先跳 10～20 次，休息 1min 后，重复跳 10～20 次。非初学者可先跳 30 次，休息 1min 后，再跳 30 次。

（3）**单脚屈膝跳**。右腿屈膝，踮起脚尖，单脚跳 10～15 次，换左腿重复上述动作。休息 30s，每侧各做 2 轮。

（4）**分腿合腿跳**。先做跳绳准备运动，然后跳绳，跳跃时双脚叉开，着地时双脚并拢，重复动作 15 次。

（5）**双臂交叉跳**。先做跳绳准备运动，然后双臂交叉跳绳。当绳子在空中时，交叉双臂，当跳过交叉的绳子之后，双臂反向恢复原状。

（6）**双人跳绳**。对跳绳者集中注意力和协调一致的能力要求比单人跳绳高得多。

❶ 采取并排站立的姿势	每人用外侧的一只手握住绳柄。先开始练习简单跳绳法，两人同时用双脚跳绳，然后练习同时用单脚跳绳。
❷ 采取一前一后的站立姿势	身高者站在后面，并挥动绳子。

（7）**绕旋跳**。两人跳绳练习：一人叉开两腿蹲下，甩动绳子使绳子在地上画弧线，另一人则不断地从甩动的绳子上跳过去。速度由慢逐渐加快，1min 后两人交换。

第四章 健与美

（8）侧脚跳。先从简单跳绳法开始，然后用双手手腕挥动跳绳，右脚跳绳，不着地的左脚则斜向一侧，跳 15 次。换另一只脚跳 15 次。非初学者可练习快速跳绳，即绳子从脚下滑过时连跳 2 次。练习时，应注意脚不要抬得过高、过慢，否则容易被绳子绊住。

二、低氧运动简介

有氧运动是人们耳熟能详的健身方式。然而，在美国的健身行业里，最受欢迎的一种健身方法却是低氧健身。越来越多的美国人热衷于到用人工方法降低空气中氧气含量的健身馆做低氧运动。

低氧运动是用人工方法使健身房空气氧含量低于正常状态的一种健身方式。

与普通条件下的健身不同的是，人在低氧条件下进行锻炼后，会产生一种心旷神怡、海阔天空的感觉。在低氧环境中，人体为适应低氧、低气压环境，心率加快，心脏排血量增多，血中携氧红细胞和血红蛋白也随之增多，血液携氧运输能力增强，血液扩散到人体组织的功能也必然加强。低氧使人体内蓄积必要的二氧化碳，这对健康十分有益。人体血液中不仅有 2% 的氧，也有 6.5% 的二氧化碳。如果二氧化碳含量过低，体内气体失衡会造成酸少碱多的碱血症，破坏正常新陈代谢，损害神经系统和免疫功能。

三、柔韧锻炼

柔韧性是指人体大幅度伸展肌肉，牵扯骨骼、关节与韧带，灵活而有弹性地完成动作的能力。

柔韧性锻炼的项目包括：体操、广播操、太极拳、瑜伽等，也可以自编简单的体操。

柔韧性锻炼可以使肢体、躯干"尽量缓慢地拉长"，扩大关节韧带的活动范围，有利于提高身体的灵活性和协调性，在发生意外事故时能避免和减轻损伤；还可以使僵硬的肌肉得到松弛，减少肌肉疲劳；同时能延缓血管壁弹性的下降。

运动方式可根据个人体质进行选择，在范围小的空间，如办公室、家里随处可做。无论选择何种柔韧性的运动，每次最好运动 30～40min，每周不少于 3 次，持之以恒。

柔韧性训练方法就具体形式来讲有两种，一种是主动练习法，另一种被动练习法。主动练习法是指练习者依靠自己的力量使肌肉拉长，加大关节活动的灵活性；被动练习法是指练习者通过他人的帮助，借助于外力使肌肉拉长，并使关节活动范围增大。

1. 坐式脊柱转动

锻炼目的：解除背部的紧张状态。

动作要求：端坐在椅子上或床边。双脚平放在地上，脚踝在膝盖正下方。左手放在右大腿外侧，右手向后伸，身体转向右侧。身体转动的时候，不要弯曲。可以用手来促进身体的伸展。

时　　长：只要伸展到舒服的位置即可，维持 10～15s。每侧重复 4 次。

2. 猫式蜷身运动

锻炼目的：脊柱伸展。

动作要求：双膝、双手支撑身体，跪趴在地上，手腕在肩膀正下方，膝盖在臀部正下方。收腹，背部向上拱起，就像猫那样。尤其注意后背腰椎的部位，尽量向上伸展。收腹，回到背部平坦的姿势。想象你可以在后背上放一盘食物。接着，腰椎有控制地向下弯成弓形，尾骨朝上。

次　　数：有控制地做 4 ~ 8 次。

3. 贴墙屈体运动

锻炼目的：活动脊柱。

动作要求：背部靠墙站立，整个脊柱都接触墙，确保腰椎与墙接触。双脚距离墙大约 30cm。身体就像从墙上缓慢剥下来一样，一次一块椎骨，直到感觉双腿后面绷紧为止。腹部吸气，后背再"剥"回墙壁，一次一块椎骨。这项锻炼似乎很简单，但是要掌握节奏，要求一次只能"剥"下一块椎骨。

讨论

柔韧性训练主要目的是什么？

次　　数：6 次。

4. 全身伸展

锻炼目的：伸展全身，尤其是腹部和脊柱。

动作要求：仰卧，手臂伸展置于头上方。全身从指尖到脚趾缓慢伸展、拉长。后腰部可以逐渐离开地面。手臂缓慢放回体侧，呼吸和缓。

时　　长：保持伸展的姿势 30s，然后重复一次。

5. 舒臂抬背

锻炼目的：增强躯干肌肉的力量，舒展上肢带骨（包括锁骨和肩胛骨）。

动作要求：面朝下俯卧，前额放在地面上，手臂置于体侧；上半身抬起，离开地面，同时指尖努力向脚趾方向伸展；手臂从后方向天花板的方向举起；手臂放回地面，放下身体。

次　　数：8 ~ 12 次。

6. 伸展臀部屈肌

锻炼目的：臀部屈肌是身体里最强壮的肌肉。它们缩短的时候，容易拉扯腰椎，并且能够压缩椎骨的椎间盘，产生疼痛。伸展臀部屈肌可以有效预防疼痛。

动作要求：弓步。前腿的膝盖要在脚踝正上方，膝盖骨与第二个脚趾在一条线上。后腿伸开，骨盆下压。可能需要双手来帮助支撑身体。

时　　长：一侧维持 10 ~ 30s，换另一侧。

四、力量锻炼

力量锻炼有很多方法。久坐少动者可以多做徒手练习，如俯卧撑、引体向上、仰卧起坐、屈肘、举臂、扩胸、脚尖跳等，也可快走、跑步、跳绳、做健身操、登山、打球等。一些有阻力的练习，如使用哑铃、实心球、沙袋、沙绑腿和皮条等器械，可增加阻力和负重，提高各种增强关节肌肉力量的动作难度。也可在教练指导下使用各种力量练习器，如健身房中的杠铃、力量练习器、等速力量练习器等，每周练习2~3次即可。

在力量锻炼过程中，要循序渐进，不可急于求成；要全面而又有重点；要全神贯注，念动一致，注意安全；每次力量练习后要做放松练习；温度低时，要注意做好准备活动。

力量锻炼的具体方法：

1. 上肢肌肉力量

（1）**俯卧撑**。主要是发展三角肌的前部、胸大肌及肱三头肌等上肢肌肉的力量。要求身体保持平直，不能塌腰成"凹"形，也不能拱臀成"凸"形。这项练习还可增加难度：可将下肢放在高处；用手指着地或击掌做俯卧撑；在双杠上面做俯卧撑。

（2）**双杠臂屈伸**。两臂伸直支撑于双杠上，身体垂直在杠内，屈臂至两臂完全弯曲，接着用力撑起，使两臂伸直成原来的姿势。该练习主要是发展胸大肌、三角肌前部、肱三头肌力量。要求身体要直，下肢自然下垂，腿不要屈伸摆动。

（3）**在单杠、横梯上的悬垂移行**。在高单杠、横（平）梯上做悬垂并移行。该练习主要发展上肢及肩带肌的支撑及悬垂力量。要求两臂伸直，移行时注意身体重心的移动。

（4）**哑铃练习**。双手握哑铃向上、前、侧连续地举或摆的练习，以及上臂固定在一定位置上，前臂的屈伸练习。主要是发展肩带及上臂、前臂的肌群。要求动作发力时不要借助于身体的摆动力量。

（5）**仰卧悬垂臂屈伸**。两手正握杠与肩同宽，两脚在杠前撑地，身体挺直（身体与地面的夹角小于45°），屈臂引体至两臂完全弯曲，接着两臂伸直成原来的姿势。主要发展肱二头肌、肘关节曲肌群等肌肉力量。要求身体伸直，不要塌腰挺腹。该练习可采用不同的练习方法增加练习的难度，提高练习的效果。

2. 腰、腹、背肌力量

（1）**仰卧起坐**。主要发展腹肌、髂腰肌等肌肉力量。要求起坐动作速度要快，双肘应触及或超过两膝，上体向下成仰卧时动作要慢，两肩胛必须触及垫或地板，臀部不得有离地附加动作。该练习可采用不同的变化来增加难度，如头后可放一些东西，两手同时握住来提高难度；在斜面上做：头在下面，脚在上面。

（2）**收腹举腿**。仰卧在体操垫上或地板上，两腿伸直处于水平位置，两臂伸直自然置于体侧，然后两手、双脚同时收腹向上举起至垂直部位，再慢慢放下成原来姿势。该练习主要发展腹肌和髋关节曲肌群的力量。要求收腹举腿动作速度要快，放腿速度要慢。此练习也可增加难度。

（3）**后振躯干**。俯卧两臂前伸，手着地，然后在同伴的帮助下做直臂后振躯干动作，再恢复原来姿势。该练习主要发展腰、背肌群和腹直肌的力量。要求后振展腹速度要快，复原要慢。

（4）**左右转体**。两人背靠背分腿坐，两手侧平举互拉，连续向左右转体。该练习主要发展腹内、外斜肌和腰背肌的力量。要求转体稍用力，转体至极限时稍停。

（5）**抱腰角力**。两个人面相对，相互抱住对方腰，然后用力将对方抱离地面。要求以旱地拔葱式用力将对方抱离地面。

3. 下肢力量

（1）**深蹲起**。两脚左右与肩同宽，下蹲至大小腿夹角小于 90°，接着还原成原来的姿势。主要是发展股四头肌、腓肠肌、比目鱼肌的力量。要求下蹲速度要慢，下蹲时脚跟不要离地，起立时速度要快。该练习可采用不同的变化来提高练习难度和效果：蹲起时快速提踵；两人蹲起练习。

（2）**跳绳练习**。可用不同的方法，如单脚跳、两脚交替跳、双摇跳等。

（3）**跳台阶**。开始选择的台阶不要太高，左、右脚依次踏台阶。要求在跳台阶时身体重心必须随跳的动作上下，在踏上台阶时，踝、膝、髋关节充分伸直。

（4）**蹲杠铃**。这项练习要在别人指导下进行，年龄太小不可采用。

你知道吗

三类人不宜骑车锻炼

首先男性不适合将骑自行车当作长期锻炼项目。因为自行车车座窄小，如果男性长时间骑车，睾丸、前列腺等器官受到长时间挤压后会出现缺血、水肿、发炎等状况，从而影响精子的生成以及前列腺液和精液的正常分泌，严重者甚至可能导致不育。

其次，虽然国内外多项研究表明，自行车运动对心血管等疾病的预防有好处，但如果没有医生的指导，不科学的自行车运动会使已经患有高血压的人血压升高，冠心病患者心脏负担加重，疝气患者的严重程度加深，脑震荡后遗症患者和癫痫病患者也容易出现意外摔倒的情况，所以患有这5类疾病的人也不适合经常从事这项运动。

最后，青少年正处于生长发育阶段，骨质柔软。如果为追求时髦而选用车把较低的自行车进行锻炼，时间长了就会影响脊柱的弯曲度，影响形体发育，所以青少年用自行车锻炼应该注意采用正确的姿势。

知识点 2 健 美

一、健美运动的基本概念

健美运动是以表现人体健、力、美，采用器械或徒手的各种练习手段，有效地锻炼肌肉，改善体形、体态，增强体质，陶冶情操，把体育和美育，外在美和内在美很好地融为一体的一项体育运动。 这是由举重派生出来的一个独立项目。

通过健美训练可塑造优美的体形，可以徒手或依靠自抗力进行练习，也可以采用简单的轻重器械进行练习。健美运动练习方式灵活多样，男女老少皆宜。健美运动可以提高心脏储备功能，提高呼吸系统和消化系统功能，改善体形、体态，矫正畸形，并能调节心理活动，陶冶情操，使人产生积极向上，追求美好未来的健康情绪。

第四章 健与美

■ 青年标准体重计算法

男：标准体重（kg）＝身高（cm）－109
女：标准体重（kg）＝身高（cm）－104

二、健美运动的锻炼方法和原则

1. 健美训练方法

（1）胸部练习（见图4-1）。

❶ 直臂扩胸	手持哑铃，身体直立，可做直臂扩胸，也可做弓身两臂侧上举和仰卧扩胸。
❷ 仰卧飞鸟	脸朝上平躺在宽凳上，两手各执一只哑铃，双手上举，然后慢慢向身体两侧展开，就好像鸟儿在拍打翅膀飞行一般。

俯立两臂侧平举

直臂侧平举

飞鸟运动

图4-1 胸部练习

（2）肩部练习（见图4-2）。

❶ 前平举	身体直立，手握杠铃或哑铃，肩部发力将杠铃或哑铃经体前直至上举，收缩数秒，慢慢放下还原。
❷ 上举和侧平举	身体直立，手握哑铃，肩下垂放松。集中以肩用力持哑铃向体侧举起或上举，收缩数秒，慢慢放下还原。
❸ 坐姿颈后推举	身体坐立，低头，将杠铃放在肩上用力将杠铃由颈后推起，上推时，头部位置不变。

两手持哑铃前平举

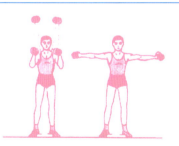
两臂上举、侧平举

图4-2 肩部练习

（3）背部练习。

① 双臂滑轮颈后下拉（见图4-3）

伸臂宽握横杠，用力下拉至横杠触肩，下拉时身体正直，集中以背阔肌用力收缩，直至横杠触肩，持续数秒，再慢慢伸直还原。

② 哑铃练习（见图4-4）

两手持哑铃，上体前屈，做两臂上提、两手划船动作。

图4-3 双臂滑轮颈后下拉

两臂上提　　交替上提　　两手划船

图4-4 哑铃练习

（4）臂部练习。

① 哑铃站立弯举（见图4-5）

身体直立，两臂下垂反握或正握哑铃，握距同肩宽，做体前屈伸动作。做时上体保持正直，上臂固定在体侧。主要发展肱二头肌。

② 颈后臂屈伸（见图4-6）

站或坐，两臂上举反握或正握哑铃。握距同肩宽，做颈后臂屈伸动作，做时两臂固定在头两侧，肘向上，上体不动，尽量后屈。主要发展肱三头肌。

图4-5 哑铃站立弯举　　图4-6 颈后臂屈伸

（5）腰腹臀部练习。

① 直腿硬拉	两腿伸直站立，上体前屈，挺胸紧腰，两臂伸直，握距可宽可窄，伸髋展体，上拉杠铃时腰背肌不放松。主要练习伸展躯干和髋部肌群。
② 俯卧直腿后平举	俯卧在凳上，使上体保持水平，两腿并拢伸直自然下垂，然后向上抬下肢至水平。主要练习臀大肌。
③ 仰卧起坐	仰卧在垫上，固定下肢伸直或弯曲，然后向上抬上体至垂直部位，也可在颈后持重物。主要练习腹部肌群上部。

（6）腿部练习。

❶ 肩负杠铃半蹲练习（见图4-7）

做动作时保持腰背挺直，抬头收腹，平移屈膝下蹲，然后伸腿至站立。主要练习股四头肌、股直肌等。

❷ 腿屈伸（见图4-8）

坐在专项健身器上，伸小腿。主练股四头肌。重点锻炼股内肌、股直肌、股外肌。

图4-7 肩负杠铃半蹲练习　　图4-8 腿屈伸

2. 健美锻炼的原则

（1）男子健美锻炼的原则。

- ◆ 以器械练习为主，以形体练习为辅。
- ◆ 动作设计要符合解剖和生理特点。
- ◆ 要循序渐进，因人而异。
- ◆ 要全面匀称、协调地发展。

> **讨论**
> 简述男子健美锻炼和女子健美锻炼在器械和强度上的区别。

初学者半年内的训练安排，主要是掌握动作技术，体会肌肉感觉，发展上肢肌肉，使身体向均衡的方面发展。这一阶段一般每周安排3次训练（隔天训练），开始第1个月内每次训练6～8个基本动作，每个动作做2～3组；第2个月可增加到8个基本动作，每个动作做2～3组，重点动作做3组（重点动作不超过4个）；第3～4个月每个动作做3～4组；第5～6个月每个动作做3～4组，重点动作做4组（重点动作不超过5个），一堂训练课不超过30组。

（2）女子健美锻炼的原则

- ◆ 以器械练习和体形练习相结合。
- ◆ 重点预防肥胖锻炼。
- ◆ 突出胸部健美锻炼。
- ◆ 加强全身柔韧性锻炼。

初学者一般每周训练3次，每次训练应安排健美操或形体的内容（约30min），器械练习6～7个动作，每个动作做2～3组，发展肌肉者每组做8～12次，对着重减少脂肪者每组至少做30次，一堂训练课一般不超过20组。

3. 走出健美训练的几个误区

（1）**忽视动作准确性，只讲数量不讲质量。**

健美训练的效果不仅仅取决于负重重量和动作次数，还要看所练肌肉是否直接受力和受刺激的程度。有些人特别重视练习重量和动作次数，不太注意动作是否变形和到位。如果动作变形或不到位，要练的肌肉没有或只是部分受力，训练效果就不大，甚至会出偏差。

（2）不切实际，盲目照搬中、高级运动员的训练方法。

由于身体条件和训练水平不同、方法不同，初学者盲目模仿健美运动员的训练方法往往会事与愿违，给自己带来伤害。

（3）忽视热身运动和整理运动。

热身运动能拉伸肌肉、肌腱和关节，加快血液循环，为训练做好身体准备，可以使锻炼者在训练时不会因突然用力而受伤。整理运动有助于加快疲劳的消除，使身体快速恢复常态。但是，很多人一到健身房抓起器械就练，练完就走，忽视了热身运动和整理运动，这往往会对身体造成伤害，不利于健康。

（4）只练自己感兴趣的肌肉。

健美运动的目的在于全面协调地发展全身各部位的肌肉，以塑造健美体形。因此，初学者一定要注意全面锻炼身上的每块肌肉，不可只挑自己感兴趣的来练习。否则不但达不到体形健美的目的，反而会练出畸形。

（5）只对组合器械感兴趣。

杠铃和哑铃是健美锻炼最基本、最有效的器械，初学者应先使用基本器械，练习基本动作，然后再配合使用组合器械，作为对基本器械、基本动作的一种补充，切不可本末倒置。

你知道吗

健身专家推崇跳绳减肥

在各种健身运动中，国外一些健身运动专家近年来格外推崇跳绳运动。因为它具备众多优点。

1. 低温季节尤其适宜跳绳运动。

美国著名健身专家里奇·桑旦勒认为，跳绳花样繁多，可简可繁，随时可做，一学就会，特别适宜在气温较低的季节作为健身运动，而且对女性尤为适宜。从运动量来说，持续跳绳10min，与慢跑30min或跳健身舞20min相差无几，可谓耗时少、耗能大的需氧运动。

2. 跳绳是对多种脏器具有保健功能的运动。

英国健身专家玛姆强调说，跳绳能增强人体心血管、呼吸和神经系统的功能。他的研究证实，跳绳可以预防诸如糖尿病、关节炎、肥胖症、骨质疏松、高血压、肌肉萎缩、高血脂、失眠症、抑郁症、更年期综合征等多种症病，对哺乳期和绝经期妇女来说，跳绳还兼有放松情绪的积极作用，因而也有利于女性的心理健康。

3. 女性跳绳的渐进计划。

鉴于跳绳对女性的独特保健作用，法国健身专家莫克专门为女性健身者设计了一种"跳绳渐进计划"。初学时，仅在原地跳1min；3天后即可连续跳3min；3个月后可连续跳上10min；半年后每天可实行"系列跳"（如每次连跳3min，共5次），直到一次连续跳上半小时。一次跳半小时，就相当于慢跑90min的运动量，已是标准的有氧健身运动。

三、健美操简介

健美操 是在音乐伴奏下、以身体练习为基本手段、以有氧运动为基础,集体操、舞蹈、音乐、健身、娱乐于一体的一项体育运动。

健美操起源于1968年,是有氧运动的一种,它通常徒手或采用轻器械进行练习,是在氧供应充足的情况下,由人体有氧系统提供能量的一种运动形式。其运动特征是持续一定时间的中低强度的全身性运动,主要锻炼练习者的心肺功能,是有氧耐力素质的基础。健美操可分为健身性健美操、表演性健美操和竞技性健美操。

■ 健美操的基本动作

(1) 拱臂运动。

预备姿势:跪撑,抬头,背平直。

动　作:拱背,低头,收缩腹肌,保持姿势5s,还原。反复做8次,收缩腹肌时口呼气,还原时鼻吸气。

(2) 体侧屈运动。

预备姿势:盘腿端坐,双手放在体侧地上。

动　作:左手向左侧方滑出,上体左侧屈,右臂上举,随之向左侧摆振,反复向左侧屈摆4次,还原。换右侧做4次,重复两遍,侧屈时臀部不动,运动要做得慢而有节奏。

(3) 划船运动。

预备姿势:坐姿,两腿屈膝分开,双臂前举,手心向下。

动　作:双手随上体前屈而前伸,头伸向膝间,还原,每间隔6s做1次,反复做24次,腰背挺直时收腹,上体前屈时呼气,伸直时吸气。

(4) 腿部运动。

预备姿势:平卧,左臂后伸平放,左腿伸直,右腿屈膝撑起,右臂平放体侧。

动　作:背部贴紧地面,左臂前举,左腿后抬,尽量使两者相碰,重复12次,再换右臂、右腿做12次。要点是收腹,保持背部平直。

(5) 扭转运动。

动　作:坐姿,两臂自然下垂,左腿屈膝放右边;右腿屈膝抬起,脚放左大腿外,上体向右扭转,左手置右腿根上,右手放在身后地板上,眼睛看右肩。保持姿势20s,换方向做相同动作,各重复2遍。转体时收腹,深呼吸。

(6) 收腹运动。

动　作:仰卧,双腿分开,腰不贴地,两臂平放体侧,收紧腹肌,使脊椎贴地面,保持姿势6s,然后放松还原,反复做12次。

(7) 挺腰运动。

预备姿势:仰卧,背贴地,双腿屈膝分开,双臂平放体侧。

动　作:收腹肌,缓慢挺起腰部,直至只有肩头触地,背部保持挺直4s,然后缓慢放下腰部还原,反复做12次。

（8）转体运动。

动　作：仰卧，右腿屈膝，右脚放在左大腿上，两臂平放体侧，手心向下，右膝尽量向左摆，反复做8次；然后，左脚放在右大腿上，左膝尽量向右摆，反复做8次，各重复做2遍。摆腿时肩部保持不动，两手位置不变。

你知道吗

几类健身健美操简介

1. 高、低强度的有氧操（Hi/Lo）

在地板上进行的有氧运动（不包括踏板操）。低强度有氧操简单，音乐速度较慢，在运动中始终有一个脚接触地面；高强度有氧操有难度，音乐速度快一些，可增加腾空和跳跃的动作（双脚可以同时离地），高强度有氧操能量消耗更大些。

2. 踏板操基础课程（Basic Step）

低强度的踏板操课程，以学习简单的踏板动作为主的有氧踏板操。

3. 踏板哑铃课程（Cardio Step Body Sculpting）

有哑铃的有氧踏板操。在做踏板练习时，手持哑铃，增加手臂的运动强度和总体强度。

4. 低强度踏板操课程（Low Step Comb）

低强度的有氧踏板操课程，内容包括：简单的踏板技术，动作组合练习，地面练习（如腹肌、腿部练习等），最后是放松运动。

5. 有氧踏板操课程（Step Aerobics）

有氧踏板操是在可调节的踏板上完成各种健美操动作达到锻炼目的的有氧运动（锻炼时间可以是30min、45min、75min）。

知识点 3　健康体质的测定及标准

一、《学生体质健康标准（试行方案）》的测试评价内容及标准

《学生体质健康标准（试行方案）》（以下简称《标准》）适用于全日制小学、初级中学、普通高中、中等职业学校和普通高等学校的在校学生。

《标准》从身体形态、身体机能、身体素质等方面综合评定学生的体质健康状况，按百分制记分。根据学生的生长发育规律，将测试对象划分为以下组别：小学一、二年级为一组，小学三、四年级为一组，小学五、六年级为一组；初中及以上每年级为一组，大学为一组。

1.《标准》的测试项目

初中及以上各年级（含大学）。测试项目为6项，其中身高、体重、肺活量为必测项目。

选测项目为 3 项：从 50m 跑、立定跳远中选测一项；男生从台阶试验、1 000m 跑中选测一项，女生从台阶试验、800m 跑中选测一项；男生从坐位体前屈、握力中选测一项，女生从坐位体前屈、仰卧起坐和握力中选测一项。

2. 测试与评分标准

《标准》中的选测项目由各地（市）级教育行政部门在测试前随机确定。考虑到城乡的不同情况，对《标准》中的台阶试验项目农村学校可选测相应项目，城市学校统一进行台阶试验的测试。

《标准》中的身体形态、身体机能和身体素质的测试方法按人民教育出版社出版的《学生体质健康标准（试行方案）解读》中的有关要求进行。

3. 等级评定与登记

各个测试项目的得分之和为《标准》的最后得分，根据最后得分评定等级：86 分以上为优秀，76～85 分为良好，60～75 分为及格，59 分及以下为不及格。每学年评定一次成绩并记入《学生体质健康标准登记卡片》，小学按照组别两年评定一次，其他年级每学年评定一次。学生毕业年级的等级评定，按毕业当年的成绩和其他学年平均成绩（各占 50%）之和评定。

二、测试内容与方法

1. 测身高（见图 4-9）

（1）**测量目的**。测试学生身高，与体重测试相配合，评定学生的身体匀称度，评价学生生长发育的水平及营养状况。

（2）**场地器材**。身高测量计。使用前应校对 0 点，以钢尺测量基准板平面至立柱前面红色刻线的高度是否为 10.0cm，误差不得大于 0.1cm。同时应检查立柱是否垂直，连接处是否紧密，有无晃动，零件有无松脱等情况，发现问题及时纠正。

（3）**测试方法**。受试者赤足，立正姿势站在调整好的身高测量计的底板上，上肢自然下垂，足跟并拢，足尖分开成 60°，足跟、骶骨部及两肩胛间区与立柱相接触，躯干自然挺直，头部正直，两眼平视，耳屏上缘与两眼眶下缘成水平位。测试单位为厘米，精确到小数点后一位。测试误差不得超过 0.5cm。

图 4-9
测身高

（4）**注意事项**

- 身高测量计应选择平坦靠墙的地方放置，立柱的刻度尺应面向光源。
- 严格掌握"三点靠立柱""两点呈水平"的测量姿势要求，测试人员读数时两眼要与压板等高。
- 水平压板与头部接触时，松紧要适度。头发蓬松者要压实，头顶的发辫、发结要松开，饰物要取下。
- 读数完毕，立即将水平压板轻轻推向安全高度，以防碰坏。
- 测试身高前，受试者不应进行体育活动和体力劳动。

2. 测体重（见图 4-10）

（1）**测试目的**。测试学生的体重，与身高测试相配合，评定学生的身体匀称度，评价学生生长发育的水平及营养状况。

（2）**场地器材**。杠杆秤或电子体重计。使用前需检验其准确度和灵敏度。准确度要求误差不超过 0.1%，即每百千克误差小于 0.1kg。检验方法是：以备用的 10kg、20kg、30kg 标准砝码（或用等重标定重物代替）分别进行称量，检查指标读数与标准砝码误差是否在允许范围内。灵敏度的检验方法是：置 100g 重砝码，观察刻度尺变化，如果刻度抬高了 3mm 或游标向远移动 0.1kg 而刻度尺维持水平位时，则达到要求。

（3）**测试方法**。测试时，杠杆秤应放在平坦地面上，调整 0 点至刻度尺水平位。受试者赤足，男性受试者身着短裤；女性受试者身着短裤、短袖衫，站在秤台中央。测试人员放置适当砝码并移动游标至刻度尺平衡。读数以 kg 为单位，精确到小数点后一位。记录员复诵后将读数记录。测试误差不超过 0.1kg。

图 4-10 测体重

（4）**注意事项**。

- 测量体重前受试者不得进行剧烈体育活动或体力劳动。
- 受试者站在秤台中央，上下杠杆秤动作要轻。
- 每次使用杠杆秤时均需校正。测试人员每次读数前都应校对砝码标重以避免差错。

3. 台阶试验（见图 4-11）

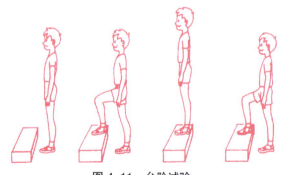

图 4-11 台阶试验

（1）**测试目的**。测试学生在定量负荷后心率变化情况，评价学生的心血管机能。

（2）**场地器材**。台阶或凳子、节拍器（或录音机及磁带）、秒表、台阶试验仪。

（3）**测量方法**。初中、高中和大学各年级男生用高 40cm 的台阶（或凳子），初中、高中和大学各年级女生及小学五、六年级男女生用高 35cm 的台阶（或凳子）做踏台上下运动。测试前测定安静时的脉搏，然后受试者做轻度的准备活动，主要是活动下肢关节。上下台阶（或凳子）的频率是 30 次/min，因而节拍器的节律为 120 次/min（每上下一次是四动）。受试者按节拍器的节律完成试验。

讨论

请量一量你的身高和体重。

第四章 健与美

被测试者从预备姿势开始：

◆ 被测试者一只脚踏在台阶上；
◆ 踏上台腿伸直并在台上站立；
◆ 先踏台的脚先下地；
◆ 还原成预备姿势。

用 2s 上下一次的速度（按节拍器的节律来做）连续做 3min。做完后，保持静止休息状态，测量运动结束后的 1~1.5min、2~2.5min、3~3.5min 的 3 次脉搏数。并用下列公式求得评定指数，计算结果包含有小数的，对小数点后的 1 位进行四舍五入取整进行评分。

$$评定指数 = 踏台上下运动的持续时间（s）\times 100 / 2 \times （3次测定脉搏的和）$$

（4）注意事项。

◆ 心脏有病的学生不能参加测试。
◆ 按 2s 上下一次的节律进行。当受试者跟不上节奏时应及时提醒，如果 3 次跟不上节奏应停止测试，以免发生伤害事故。
◆ 上下台阶时，膝、髋关节都应伸直。
◆ 被测试者不可自己测量脉搏。
◆ 如果受试者不能完成 3min 的负荷运动，以实际上下台阶的持续时间进行计算，计算公式同上。

4. 肺活量

（1）**测试目的**。测试学生的肺通气功能。

（2）**场地器材**。电子肺活量计。

（3）**测试方法**。房间通风良好；使用干燥的一次性口嘴（非一次性口嘴，则每换测试对象需消毒一次，每测一人时将口嘴向下倒出唾液并注意消毒后必须使其干燥）。肺活量计主机放置在平稳的桌面上，检查电源线及接口是否牢固，按工作键液晶屏显示"0"即表示机器进入工作状态，预热 5min 后测试为佳。

首先告知受试者不必紧张，并且要尽全力，以中等速度和力度吹气效果最好。令被测试者面对仪器站立、手持吹气口嘴，面对肺活量计站立试吹 1~2 次，首先看仪表有无反应，还要试口嘴或鼻处是否漏气，调整口嘴和用鼻夹（或自己捏鼻孔）；学会深吸气（避免耸肩提气，应该像闻花似的慢吸气）。受试者进行一两次较平日深一些的呼吸动作后，更深地吸一口气，屏住气向口嘴处慢慢呼出至不能再呼为止，防止此时从口嘴处吸气，测试中不得中途二次吸气。吹气完毕后，液晶屏上最终显示的数字即为肺活量毫升值。每位受试者测 3 次，每次间隔 15s，记录 3 次数值，选取最大值作为测试结果。以毫升为单位，不保留小数。

（4）注意事项。

◆ 电子肺活量计的计量部位的通畅和干燥是仪器准确的关键，吹气筒的导管必须在上方，以免口水或杂物堵住气道。
◆ 每测试 10 人及测试完毕后用干棉球及时清理和擦干气筒内部。严禁用水、酒精等任何液体冲洗气筒内部。
◆ 导气管存放时不能弯折。
◆ 定期校对仪器。

5. 50m 跑

（1）**测试目的**。测试学生的速度、灵敏素质及神经系统灵活性的发展水平。

（2）**场地器材**。50m 直线跑道若干条，地面平坦，地质不限，跑道线要清楚。发令旗一面，口哨一个，秒表若干块（一道一表）。秒表使用前，应用标准秒表校正，每分钟误差不得超过 0.2s。标准秒表选定，以北京时间为准，每小时误差不超过 0.3s。

（3）**测试方法**。受试者至少两人一组测试。站立起跑，受试者听到"跑"的口令后起跑。发令员在发出口令的同时要摆动发令旗。计时员视旗动开表计时，受试者躯干部到达终点线的垂直面停表。以秒为单位记录测试成绩，精确到小数点后一位，小数点后第二位数按非零进1原则进位，如 10.11s 读成 10.2s 记录之。

（4）**注意事项**。

◆ 受试者测试最好穿运动鞋或平底布鞋，赤足亦可。但不得穿钉鞋、皮鞋、塑料凉鞋。
◆ 发现有抢跑者，要当即召回重跑。
◆ 如遇风时一律顺风跑。

6. 25m×2 往返跑

（1）**测试目的**。本项目是 50m 跑的替代项目，适合场地小的学校选测。

（2）**场地器材**。30m 左右跑道若干条，每道宽 2～2.5m，地面要平坦，地质不限，跑道线要清楚。在跑道两端画两条距离 25m 的平行线，分别作为起（终）点线和折返线，并在折返线内 1m 处插一根标杆（杆高 1.2m 以上），作为折返标志。发令旗一面，口哨一个，秒表若干块（一道一表）。秒表使用前，应用标准秒表校正，要求同 50m 跑测试。

（3）**测试方法**。测试分组进行，每组至少两人。每条跑道由一人记录。受试者站在起跑线后准备，听到"跑"的口令后起跑。折返时，受试者按逆时针方向绕过标杆，不得碰扶标杆，不得串道。测试人员在发出口令的同时开表计时。当受试者躯干到达终点线的垂直面时停表。以秒为单位记录测试成绩，精确到小数点后一位，小数点后第二位数按非零进1原则进位，如 10.11s 读成 10.2s 记录之。

（4）**注意事项**。

◆ 折返时，受试者应当统一按逆时针方向绕杆往返跑，以避免两名或多名受试者在测试过程中冲撞受伤。
◆ 其他注意事项参见 50m 跑的注意事项。

7. 800m 或 1000m 跑

（1）**测试目的**。测试学生耐力素质的发展水平，特别是心血管、呼吸系统的机能及肌肉耐力。

（2）**场地器材**。400m、300m、200m 田径场跑道，地质不限。也可使用其他不规则场地，但必须丈量准确，地面平坦。秒表若干块，使用前需要校正，要求同 50m 跑测试。

（3）**测试方法**。受试者至少两人一组进行测试，站立式起跑。当听到"跑"的口令后起跑。计时员看到旗动开表计时，当受试者的躯干部到达终点线垂直面时停表。以分、秒为单位记录测试成绩，不计小数。

注意事项和成绩记录方法同 50m×8 往返跑。

8. 立定跳远

（1）**测试目的**。测试学生下肢爆发力及身体协调能力的发展水平。

讨论

立定跳远最容易发生的运动损伤事故是什么？

（2）**场地器材**。沙坑、丈量尺。沙面应与地面平齐，如无沙坑，可在土质松软的平地上进行。起跳线至沙坑近端不得少于 30cm。起跳地面要平坦，不得有坑凹。

（3）**测试方法**。受试者两脚自然分开站立，站在起跳线后，脚尖不得踩线（最好用线绳做起跳线）。两脚原地同时起跳，不得有垫步或连跳动作。丈量起跳线后缘至最近着地点后缘之间的垂直距离。每人试跳 3 次，记录其中成绩最好的一次。以厘米为单位，不计小数。

（4）**注意事项**。

◆ 发现犯规时，此次成绩无效。3 次试跳均无成绩者，应允许再跳，直至取得成绩为止。
◆ 可以赤足，但不得穿钉鞋、皮鞋、塑料凉鞋参加测试。

9. 握力

（1）**测试目的**。测试学生上肢肌肉力量的发展水平。

（2）**场地器材**。电子握力计或弹簧式握力计。

（3）**测试方法**。受试者两脚自然分开成直立姿势，两臂自然下垂。一手持握力计全力紧握（此时握力计不能接触受试者的衣服和身体），记下握力计指针的刻度（或握力器所显示的数字）。用有力（利）手握两次。取最大值，以千克为单位，保留 1 位小数。

（4）**注意事项**。保持手臂自然下垂姿势，手心向内，不能触及衣服和身体。

10. 坐位体前屈（见图 4-12）

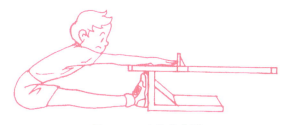

图 4-12 坐位体前屈

（1）**测试目的**。测量学生在静止状态下的躯干、腰、髋等关节可能达到的活动幅度，主要反映这些部位的关节、韧带和肌肉的伸展性和弹性及学生身体柔韧素质的发展水平。

（2）**场地器材**。坐位体前屈测试计。

（3）**测试方法**。受试者两腿伸直，两脚平蹬测试纵板坐在平地上，两脚分开 10～15cm，上体前屈，两臂伸直前，用两手中指尖逐渐向前推动游标，直到不能再推为止。测试计的脚蹬纵板内沿平面为 0 点，向内为负值，向前为正值。记录以厘米为单位，保留一位小数。测试两次，取最好成绩。

（4）注意事项。

◆ 身体前屈，两臂向前推游标时两腿不能弯曲。
◆ 受试者应匀速向前推动游标，不得突然发力。

11. 仰卧起坐（见图 4-13）

图 4-13 仰卧起坐

（1）**测试目的**。测试学生的腹肌耐力。

（2）**场地器材**。垫子若干块（或代用品）、铺放平坦。

（3）**测试方法**。受试者仰卧于垫上，两腿稍分开，屈膝呈 90°左右，两手指交叉贴于脑后。另一同伴压住其踝关节，以固定下肢。受试者坐起时两肘触及或超过双膝为完成一次。仰卧时两肩胛必须触垫。测试人员发出"开始"口令的同时开表计时，记录 1min 内完成次数。1min 到时，受试者虽已坐起但肘关节未达到双膝者不计该次数，精确到个位。

> **讨 论**
>
> 仰卧起坐在体育达标中是男生项目还是女生项目？

（4）**注意事项**。

◆ 如发现受试者借用肘部撑垫或臀部起落的力量起坐时，该次不计数。
◆ 测试过程中，观测人员应向受试者报数。
◆ 受试者双脚必须放于垫上。

附：《学生体质健康标准（试行方案）》评分表

高中男生身高标准体重　　　　　　　　　　　kg

身高段 /cm	营养不良 7分	较低体重 9分	正常体重 15分	超　重 9分	肥　胖 7分
140.0 ~ 140.9	< 32.1	32.1 ~ 40.3	40.4 ~ 46.3	46.4 ~ 48.3	≥ 48.4
141.0 ~ 141.9	< 32.4	32.4 ~ 40.7	40.8 ~ 47.0	47.1 ~ 49.1	≥ 49.2
142.0 ~ 142.9	< 32.8	32.8 ~ 41.2	41.3 ~ 47.7	47.8 ~ 49.8	≥ 49.9
143.0 ~ 143.9	< 33.3	33.3 ~ 41.7	41.8 ~ 48.2	48.3 ~ 50.3	≥ 50.4
144.0 ~ 144.9	< 33.6	33.6 ~ 42.2	42.3 ~ 48.8	48.9 ~ 51.0	≥ 51.1
145.0 ~ 145.9	< 34.0	34.0 ~ 42.7	42.8 ~ 49.5	49.6 ~ 51.7	≥ 51.8
146.0 ~ 146.9	< 34.4	34.4 ~ 43.3	43.4 ~ 50.1	50.2 ~ 52.3	≥ 52.4
147.0 ~ 147.9	< 35.0	35.0 ~ 43.9	44.0 ~ 50.8	50.9 ~ 53.1	≥ 53.2

第四章 健与美

续表

身高段 /cm	营养不良 7分	较低体重 9分	正常体重 15分	超 重 9分	肥 胖 7分
148.0 ~ 148.9	< 35.6	35.6 ~ 44.5	44.6 ~ 51.4	51.5 ~ 53.7	≥ 53.8
149.0 ~ 149.9	< 36.2	36.2 ~ 45.1	45.2 ~ 52.2	52.3 ~ 54.5	≥ 54.6
150.0 ~ 150.9	< 36.7	36.7 ~ 45.7	45.8 ~ 52.8	52.9 ~ 55.1	≥ 55.2
151.0 ~ 151.9	< 37.3	37.3 ~ 46.2	46.3 ~ 53.4	53.5 ~ 55.8	≥ 55.9
152.0 ~ 152.9	< 37.7	37.7 ~ 46.8	46.9 ~ 54.0	54.1 ~ 56.4	≥ 56.5
153.0 ~ 153.9	< 38.2	38.2 ~ 47.4	47.5 ~ 54.6	54.7 ~ 57.0	≥ 57.1
154.0 ~ 154.9	< 38.9	38.9 ~ 48.1	48.2 ~ 55.3	55.4 ~ 57.7	≥ 57.8
155.0 ~ 155.9	< 39.6	39.6 ~ 48.8	48.9 ~ 56.0	56.1 ~ 58.4	≥ 58.5
156.0 ~ 156.9	< 40.4	40.4 ~ 49.6	49.7 ~ 57.0	57.1 ~ 59.4	≥ 59.5
157.0 ~ 157.9	< 41.0	41.0 ~ 50.3	50.4 ~ 57.7	57.8 ~ 60.1	≥ 60.2
158.0 ~ 158.9	< 41.7	41.7 ~ 51.0	51.1 ~ 58.5	58.6 ~ 61.0	≥ 61.1
159.0 ~ 159.9	< 42.4	42.4 ~ 51.7	51.8 ~ 59.2	59.3 ~ 61.7	≥ 61.8
160.0 ~ 160.9	< 43.1	43.1 ~ 52.5	52.6 ~ 60.0	60.1 ~ 62.5	≥ 62.6
161.0 ~ 161.9	< 43.8	43.8 ~ 53.3	53.4 ~ 60.8	60.9 ~ 63.3	≥ 63.4
162.0 ~ 162.9	< 44.5	44.5 ~ 54.0	54.1 ~ 61.5	61.6 ~ 64.0	≥ 64.1
163.0 ~ 163.9	< 45.3	45.3 ~ 54.8	54.9 ~ 62.5	62.6 ~ 65.0	≥ 65.1
164.0 ~ 164.9	< 45.9	45.9 ~ 55.5	55.6 ~ 63.2	63.3 ~ 65.7	≥ 65.8
165.0 ~ 165.9	< 46.5	46.5 ~ 56.3	56.4 ~ 64.0	64.1 ~ 66.5	≥ 66.6
166.0 ~ 166.9	< 47.1	47.1 ~ 57.0	57.1 ~ 64.7	64.8 ~ 67.2	≥ 67.3
167.0 ~ 167.9	< 48.0	48.0 ~ 57.8	57.9 ~ 65.6	65.7 ~ 68.2	≥ 68.3
168.0 ~ 168.9	< 48.7	48.7 ~ 58.5	58.6 ~ 66.3	66.4 ~ 68.9	≥ 69.0
169.0 ~ 169.9	< 49.3	49.3 ~ 59.2	59.3 ~ 67.0	67.1 ~ 69.6	≥ 69.7
170.0 ~ 170.9	< 50.1	50.1 ~ 60.0	60.1 ~ 67.8	67.9 ~ 70.4	≥ 70.5
171.0 ~ 171.9	< 50.7	50.7 ~ 60.6	60.7 ~ 68.8	68.9 ~ 71.2	≥ 71.3
172.0 ~ 172.9	< 51.4	51.4 ~ 61.5	61.6 ~ 69.5	69.6 ~ 72.1	≥ 72.2
173.0 ~ 173.9	< 52.1	52.1 ~ 62.2	62.3 ~ 70.3	70.4 ~ 73.0	≥ 73.1
174.0 ~ 174.9	< 52.9	52.9 ~ 63.0	63.1 ~ 71.3	71.4 ~ 74.0	≥ 74.1
175.0 ~ 175.9	< 53.7	53.7 ~ 63.8	63.9 ~ 72.2	72.3 ~ 75.0	≥ 75.1
176.0 ~ 176.9	< 54.4	54.4 ~ 64.5	64.6 ~ 73.1	73.2 ~ 75.9	≥ 76.0
177.0 ~ 177.9	< 55.2	55.2 ~ 65.2	65.3 ~ 73.9	74.0 ~ 76.8	≥ 76.9
178.0 ~ 178.9	< 55.7	55.7 ~ 66.0	66.1 ~ 74.9	75.0 ~ 77.8	≥ 77.9
179.0 ~ 179.9	< 56.4	56.4 ~ 66.7	66.8 ~ 75.7	75.8 ~ 78.7	≥ 78.8
180.0 ~ 180.9	< 57.1	57.1 ~ 67.4	67.5 ~ 76.4	76.5 ~ 79.4	≥ 79.5
181.0 ~ 181.9	< 57.7	57.7 ~ 68.1	68.2 ~ 77.4	77.5 ~ 80.6	≥ 80.7
182.0 ~ 182.9	< 58.5	58.5 ~ 68.9	69.0 ~ 78.5	78.6 ~ 81.7	≥ 81.8
183.0 ~ 183.9	< 59.2	59.2 ~ 69.6	69.7 ~ 79.4	79.5 ~ 82.6	≥ 82.7
184.0 ~ 184.9	< 60.0	60.0 ~ 70.4	70.5 ~ 80.3	80.4 ~ 83.6	≥ 83.7
185.0 ~ 185.9	< 60.8	60.8 ~ 71.2	71.3 ~ 81.3	81.4 ~ 84.6	≥ 84.7
186.0 ~ 186.9	< 61.5	61.5 ~ 72.0	72.1 ~ 82.2	82.3 ~ 85.6	≥ 85.7
187.0 ~ 187.9	< 62.3	62.3 ~ 72.9	73.0 ~ 83.3	83.4 ~ 86.7	≥ 86.8
188.0 ~ 188.9	< 63.0	63.0 ~ 73.7	73.8 ~ 84.2	84.3 ~ 87.7	≥ 87.8
189.0 ~ 189.9	< 63.9	63.9 ~ 74.5	74.6 ~ 85.0	85.1 ~ 88.5	≥ 88.6
190.0 ~ 190.9	< 64.6	64.6 ~ 75.4	75.5 ~ 86.2	86.3 ~ 89.8	≥ 89.9

注：身高低于表中所列出的最低身高段的下限值时，身高每低 1cm，实测体重需加上 0.05kg，实测身高需加上 1cm，再查表确定分值。

身高高于表中所列出的最高身高段上限值时，身高每高 1cm，实测体重需减去 0.9kg，实测身高需减去 1cm，再查表确定分值。

高中女生身高标准体重

kg

身高段 /cm	营养不良 7 分	较低体重 9 分	正常体重 15 分	超　重 9 分	肥　胖 7 分
140.0 ~ 140.9	< 33.8	33.8 ~ 40.3	40.4 ~ 48.0	48.1 ~ 50.5	≥ 50.6
141.0 ~ 141.9	< 34.3	34.3 ~ 40.9	41.0 ~ 48.7	48.8 ~ 51.3	≥ 51.4
142.0 ~ 142.9	< 34.6	34.6 ~ 41.4	41.5 ~ 49.2	49.3 ~ 51.8	≥ 51.9
143.0 ~ 143.9	< 35.0	35.0 ~ 41.8	41.9 ~ 49.9	50.5 ~ 52.6	≥ 52.7
144.0 ~ 144.9	< 35.3	35.3 ~ 42.2	42.3 ~ 50.3	50.4 ~ 53.0	≥ 53.1
145.0 ~ 145.9	< 35.6	35.6 ~ 42.7	42.8 ~ 51.0	51.1 ~ 53.7	≥ 53.8
146.0 ~ 146.9	< 36.1	36.1 ~ 43.2	43.3 ~ 51.6	51.7 ~ 54.4	≥ 54.5
147.0 ~ 147.9	< 36.7	36.7 ~ 43.8	43.9 ~ 52.4	52.5 ~ 55.2	≥ 55.3
148.0 ~ 148.9	< 37.0	37.0 ~ 44.3	44.4 ~ 52.9	53.0 ~ 55.7	≥ 55.8
149.0 ~ 149.9	< 37.4	37.4 ~ 44.8	44.9 ~ 53.4	53.5 ~ 56.2	≥ 56.3
150.0 ~ 150.9	< 37.9	37.9 ~ 45.3	45.4 ~ 54.0	54.1 ~ 56.9	≥ 57.0
151.0 ~ 151.9	< 38.4	38.4 ~ 45.8	45.9 ~ 54.5	54.6 ~ 57.4	≥ 57.5
152.0 ~ 152.9	< 38.9	38.9 ~ 46.3	46.4 ~ 55.2	55.3 ~ 57.9	≥ 58.0
153.0 ~ 153.9	< 39.4	39.4 ~ 46.8	46.9 ~ 55.7	55.8 ~ 58.6	≥ 58.7
154.0 ~ 154.9	< 40.0	40.0 ~ 47.4	47.5 ~ 56.4	56.5 ~ 59.4	≥ 59.5
155.0 ~ 155.9	< 40.5	40.5 ~ 47.9	48.0 ~ 56.9	57.0 ~ 59.9	≥ 60.0
156.0 ~ 156.9	< 41.1	41.1 ~ 48.5	48.6 ~ 57.5	57.6 ~ 60.5	≥ 60.6
157.0 ~ 157.9	< 41.6	41.6 ~ 49.1	49.2 ~ 58.1	58.2 ~ 61.1	≥ 61.2
158.0 ~ 158.9	< 42.0	42.0 ~ 49.6	49.7 ~ 58.8	58.9 ~ 61.8	≥ 61.9
159.0 ~ 159.9	< 42.5	42.5 ~ 50.2	50.3 ~ 59.5	59.6 ~ 62.6	≥ 62.7
160.0 ~ 160.9	< 43.0	43.0 ~ 50.7	50.8 ~ 60.0	60.1 ~ 63.1	≥ 63.2
161.0 ~ 161.9	< 43.5	43.5 ~ 51.2	51.3 ~ 60.7	60.8 ~ 63.8	≥ 63.9
162.0 ~ 162.9	< 44.0	44.0 ~ 51.7	51.8 ~ 61.2	61.3 ~ 64.3	≥ 64.4
163.0 ~ 163.9	< 44.4	44.4 ~ 52.2	52.3 ~ 61.8	61.9 ~ 65.0	≥ 65.1
164.0 ~ 164.9	< 44.8	44.8 ~ 52.7	52.8 ~ 62.3	62.4 ~ 65.5	≥ 65.6
165.0 ~ 165.9	< 45.2	45.2 ~ 53.1	53.2 ~ 62.7	62.8 ~ 65.9	≥ 66.0
166.0 ~ 166.9	< 45.6	45.6 ~ 53.6	53.7 ~ 63.4	63.5 ~ 66.6	≥ 66.7
167.0 ~ 167.9	< 46.1	46.1 ~ 54.1	54.2 ~ 64.1	64.2 ~ 67.1	≥ 67.2
168.0 ~ 168.9	< 46.6	46.6 ~ 54.6	54.7 ~ 64.9	65.0 ~ 67.6	≥ 67.7
169.0 ~ 169.9	< 47.1	47.1 ~ 55.2	55.3 ~ 65.3	65.4 ~ 68.4	≥ 68.5
170.0 ~ 170.9	< 47.6	47.6 ~ 55.7	55.8 ~ 65.8	65.9 ~ 68.9	≥ 69.0
171.0 ~ 171.9	< 48.1	48.1 ~ 56.4	56.5 ~ 66.3	66.4 ~ 69.6	≥ 69.7
172.0 ~ 172.9	< 48.7	48.7 ~ 57.0	57.1 ~ 67.1	67.2 ~ 70.4	≥ 70.5

续表

身高段 /cm	营养不良 7分	较低体重 9分	正常体重 15分	超 重 9分	肥 胖 7分
173.0 ~ 173.9	< 49.3	49.3 ~ 57.6	57.7 ~ 67.7	67.8 ~ 71.0	≥ 71.1
174.0 ~ 174.9	< 49.9	49.9 ~ 58.2	58.3 ~ 68.3	68.4 ~ 71.6	≥ 71.7
175.0 ~ 175.9	< 50.5	50.5 ~ 58.9	59.0 ~ 69.1	69.2 ~ 72.5	≥ 72.6
176.0 ~ 176.9	< 50.9	50.9 ~ 59.5	59.6 ~ 69.9	70.0 ~ 73.3	≥ 73.4
177.0 ~ 177.9	< 51.6	51.6 ~ 60.2	60.3 ~ 70.6	70.6 ~ 74.0	≥ 74.1
178.0 ~ 178.9	< 52.1	52.1 ~ 60.9	61.0 ~ 71.4	71.5 ~ 74.9	≥ 75.0
179.0 ~ 179.9	< 52.6	52.6 ~ 61.5	61.6 ~ 72.0	72.1 ~ 75.5	≥ 75.6
180.0 ~ 180.9	< 53.3	53.3 ~ 62.2	62.3 ~ 72.7	72.8 ~ 76.2	≥ 76.3
181.0 ~ 181.9	< 53.8	57.8 ~ 62.8	62.9 ~ 73.3	73.4 ~ 76.8	≥ 76.9
182.0 ~ 182.9	< 54.4	54.4 ~ 63.4	63.5 ~ 73.9	74.0 ~ 77.4	≥ 77.5
183.0 ~ 183.9	< 55.0	55.0 ~ 64.0	64.1 ~ 74.7	74.8 ~ 78.2	≥ 78.3
184.0 ~ 184.9	< 55.4	55.4 ~ 64.6	64.7 ~ 75.3	75.4 ~ 78.8	≥ 78.9
185.0 ~ 185.9	< 55.8	55.8 ~ 65.3	65.4 ~ 76.1	76.2 ~ 79.7	≥ 79.8

高中一年级男生评分标准

项目 \ 分值	优秀 成绩	分值	优秀 成绩	分值	良好 成绩	分值	良好 成绩	分值	及格 成绩	分值	及格 成绩	分值	不及格 成绩	分值
台阶试验/指数	≥64	20	63 ~ 59	17	58 ~ 53	16	552 ~ 49	15	48 ~ 47	13	46 ~ 41	12	≤40	10
1 000m 跑	≤3′42″	20	3′43″ ~ 3′50″	17	3′51″ ~ 4′06″	16	4′07″ ~ 4′25″	15	4′26″ ~ 4′39″	13	4′40″	12	≥5′15″	10
肺活量 /mL	≥73	15	72 ~ 68	13	67 ~ 61	12	60 ~ 53	11	52 ~ 48	10	47 ~ 38	9	≤37	8
50m 跑 /s	≤6.8	30	6.9 ~ 7.0	26	7.1 ~ 7.3	25	7.4 ~ 7.6	23	7.7 ~ 7.8	20	7.9 ~ 8.4	18	≥8.5	15
立定跳远 /cm	≥254	30	253 ~ 248	26	247 ~ 235	25	234 ~ 220	23	219 ~ 215	20	214 ~ 198	18	≤197	15
座位体前屈 /cm	≥17.1	20	17.0 ~ 15.0	17	14.9 ~ 11.2	16	11.1 ~ 7.2	15	7.1 ~ 5.0	13	4.9 ~ −1.0	12	≤−1.1	10
握力 / kg	≥77	20	76 ~ 71	17	70 ~ 61	16	60 ~ 53	15	52 ~ 50	13	49 ~ 40	12	≤39	10

高中一年级女生评分标准

项目 \ 分值	优秀 成绩	分值	成绩	分值	良好 成绩	分值	成绩	分值	及格 成绩	分值	成绩	分值	不及格 成绩	分值
台阶试验/指数	≥59	20	58~55	17	54~50	16	49~46	15	45~44	13	43~40	12	≤39	10
300m跑	≤3'39"	20	3'40"~4'04"	17	3'49"~4'04"	16	4'05"~4'24"	15	4'25"~4'37"	13	4'38"~5'10"	12	≥5'11"	10
肺活量/mL	≥60	15	59~56	13	55~49	12	48~42	11	41~39	10	38~27	9	≤26	8
50m跑/s	≤8.2	30	8.3~8.5	26	8.6~8.9	25	9.0~9.4	23	9.5~9.6	20	9.7~10.6	18	≥10.7	15
立定跳远/cm	≥196	30	195~190	26	189~179	25	178~169	23	168~162	20	161~145	18	≤144	15
座位体前屈/cm	≥18.1	20	18.0~16.0	17	15.9~12.6	16	12.5~8.6	15	8.5~6.5	13	6.4~0.0	12	≤−0.1	10
握力/kg	≥61	20	60~55	17	54~48	16	47~40	15	39~38	13	37~29	12	≤28	10
仰卧起坐/(次·min^{-1})	≥44	20	43~40	17	39~35	16	34~28	15	27~25	13	24~16	12	≤15	10

高中二年级男生评分标准

项目 \ 分值	优秀 成绩	分值	成绩	分值	良好 成绩	分值	成绩	分值	及格 成绩	分值	成绩	分值	不及格 成绩	分值
台阶试验/指数	≥63	20	62~59	17	58~53	16	52~49	15	48~46	13	45~41	12	≤40	10
1 000m跑	≤3'41"	20	3'42"~3'50"	17	3'51"~4'06"	16	4'05"~4'23"	15	4'24"~4'34"	13	4'35"~5'08"	12	≥5'09"	10
肺活量/mL	≥73	15	72~69	13	68~61	12	60~54	11	53~49	10	48~36	9	≤35	8
50m跑/s	≤6.6	30	6.7~6.9	26	7.0~7.2	25	7.3~7.4	23	7.5~7.6	20	7.7~8.2	18	≥8.3	15
立定跳远/cm	≥257	30	255~250	26	249~235	25	234~221	23	220~215	20	214~190	18	≤189	15
座位体前屈/cm	≥17.1	20	17.0~15.0	17	14.9~11.5	16	11.4~7.2	15	7.1~5.0	13	4.9~−2.0	12	≤−2.1	10
握力/kg	≥81	20	80~76	17	75~67	16	66~58	15	57~52	13	51~41	12	≤40	10

第四章 健 与 美

高中二年级女生评分标准

项目 \ 分值	优秀 成绩	分值	成绩	分值	良好 成绩	分值	成绩	分值	及格 成绩	分值	成绩	分值	不及格 成绩	分值
台阶试验/指数	≥58	20	57~54	17	53~49	16	48~45	15	44~42	13	41~39	12	≤38	10
300m跑	≤3'40"	20	3'41"~3'49"	17	3'50"~4'05"	16	4'06"~4'25"	15	4'26"~4'37"	13	4'38"~5'12"	12	≥5'13	10
肺活量/mL	≥60	15	59~55	13	54~48	12	47~41	11	40~38	10	37~26	9	≤25	8
50m跑/s	≤8.1	30	8.2~8.4	26	8.5~8.8	25	8.9~9.2	23	9.3~9.4	20	9.5~10.3	18	≥10.4	15
立定跳远/cm	≥194	30	193~186	26	185~175	25	174~165	23	164~160	20	159~140	18	≤139	15
座位体前屈/cm	≥17.7	20	17.6~15.8	17	15.7~12.2	16	12.1~8.8	15	8.7~6.3	13	6.2~0.0	12	≤-0.1	10
握力/kg	≥62	20	61~56	17	55~50	16	49~42	15	41~40	13	39~30	12	≤29	10
仰卧起坐/(次·min^{-1})	≥45	20	44~41	17	40~35	16	34~30	15	29~26	13	25~17	12	≤16	10

高中三年级男生评分标准

项目 \ 分值	优秀 成绩	分值	成绩	分值	良好 成绩	分值	成绩	分值	及格 成绩	分值	成绩	分值	不及格 成绩	分值
台阶试验/指数	≥63	20	60~57	17	56~51	16	50~47	15	46~45	13	44~41	12	≤40	10
1 000m跑	≤3'39"	20	3'40"~3'48"	17	3'49"~4'03"	16	4'04"~4'22"	15	4'23"~4'34"	13	4'35"~5'11"	12	≥5'12	10
肺活量/mL	≥71	15	70~66	13	65~58	12	57~50	11	44~46	10	45~36	9	≤35	8
50m跑/s	≤6.6	30	6.7~6.8	26	6.9~7.1	25	7.2~7.4	23	7.5~7.6	20	7.7~8.1	18	≥8.5	15
立定跳远/cm	≥260	30	259~252	26	251~240	25	239~226	23	225~220	20	219~201	18	≤200	15
座位体前屈/cm	≥18.8	20	18.7~16.0	17	15.9~12.0	16	11.9~8.0	15	7.9~6.0	13	5.9~0.0	12	≤-0.1	10
握力/kg	≥81	20	80~74	17	73~66	16	65~58	15	57~54	13	53~41	12	≤40	10

高中三年级女生评分标准

项目 \ 分值	优秀 成绩	分值	成绩	分值	良好 成绩	分值	成绩	分值	及格 成绩	分值	成绩	分值	不及格 成绩	分值
台阶试验/指数	≥57	20	56~54	17	53~49	16	48~45	15	44~43	13	42~39	12	≤38	10
800m跑	≤3′40″	20	3′41″~3′50″	17	3′51″~4′07″	16	4′08″~4′25″	15	4′26″~4′38″	13	4′39″~5′10″	12	≥5′11″	10
肺活量/mL	≥59	15	58~54	13	53~48	12	47~41	11	40~37	10	36~26	9	≤25	8
50m跑/s	≤8.1	30	8.2~8.4	26	8.5~8.8	25	8.9~9.2	23	9.3~9.5	20	9.6~10.0	18	≥10.1	15
立定跳远/cm	≥198	30	197~190	26	189~180	25	179~170	23	169~160	20	159~135	18	≤134	15
座位体前屈/cm	≥19.1	20	19.0~16.5	17	16.4~13.0	16	12.9~10.0	15	9.9~7.8	13	7.7~0.0	12	≤−0.1	10
握力/kg	≥59	20	58~56	17	54~49	16	48~45	15	42~40	13	39~30	12	≤29	10
仰卧起坐/(次·min⁻¹)	≥44	20	43~41	17	40~35	16	34~29	15	28~25	13	24~18	12	≤17	10

你知道吗

《学生体质健康标准（试行方案）》实施办法

一、《标准》的实施工作在教育部、国家体育总局的领导下，由各级教育行政部门管理，体育行政部门指导。《标准》由学校负责组织实施。各学校、各地教育行政部门应按照教育部、国家体育总局的统一部署和要求，采集、汇总、上报《标准》的有关数据。

二、本《标准》应在校长领导下，由教务处（科）、体育教研部（体育组）、校医院（医务室）、学生工作部、辅导员（班主任）协同配合，共同组织实施。《标准》的测试应与学生的健康体检有机结合，避免重复测试。各测试项目的成绩，由体育教研室（体育组）汇总，并按照《标准》的要求评定成绩、确定等级，记入《学生体质健康标准登记卡》，在毕业时放入学生档案。

三、学生达到《标准》良好等级及以上者，方可评为三好学生、获奖学金（高等学校）；达到优秀成绩者，方可获奖学分（高等学校或实验新高中课程标准的学校）。对《标准》测试成绩不及格者，在本学年度准予补考一次，补考仍不及格，则学年评定成绩不及格。学生毕业时《标准》成绩达到60分为及格，准予毕业；《标准》成绩不及格者，高等学校按肄业处理。

四、奖励与降低分数的办法

（一）属下列情况之一者，奖励5分，不同项可累计加分：

1. 早操、课间操和课外体育锻炼出勤率达到98%以上，并认真锻炼者。
2. 获等级运动员称号者。
3. 参加校运动会及以上体育比赛获名次者。
4. 学生体育干部在组织各项体育活动中，工作认真负责者。

（二）对体育课、早操、课间操、课外体育锻炼无故缺勤，一年累计超过应出勤次数1/10或因病、事假缺勤，一学年累计超过1/3者，其《标准》成绩应记为不及格，该学年《标准》成绩最高记为59分。

五、因病或残疾学生，可向学校提交免予执行《标准》的申请，经医生证明，体育教研室（体育组）核准后，可以免予执行《标准》，所填表格（见附表7，略）存入学生档案。

六、各地教育、体育行政部门对本地各级各类学校实施《标准》的情况，要认真检查监督，定期抽查，并进行通报，对弄虚作假、徇私舞弊者，给予批评教育，情节严重者，给予行政处分。

七、为使《标准》的实施更加科学、准确、简便易行，各学校选用的测试器材必须是经国家质量监督部门检测达到测试要求的合格产品，同时应积极创造条件使用计算机，努力做到管理的科学化、现代化。

八、各级各类学校在试行本《标准》时，《大学生体育合格标准》《中学生体育合格标准》《小学生体育合格标准》即不再施行，与此同时，《标准》成绩即作为《国家体育锻炼标准》达标成绩。

九、各省、自治区、直辖市教育行政部门，可以根据本办法，制订具体实施意见。

十、本办法由教育部负责解释。

1. 简述健身运动的种类。

2. 什么是健美运动？

3. 健美运动的方法有哪些？

4. 简述健康体质测定的内容及方法。

第五章 田径运动

◀ **教学目标**

通过本章的学习，使学生了解田径运动的基础知识，并结合自身特点及兴趣，提高锻炼效果。

◀ **教学要求**

认知：熟悉田径运动的相关基础知识。
理解：1.了解田径运动的起源、发展、特点及项目分类.
　　　　2.熟悉跑类运动的比赛场地、器材、比赛规则和基本技术。
　　　　3.熟悉跳跃类运动的比赛场地、器材、比赛规则和基本技术。
　　　　4.熟悉投掷类运动的比赛场地、器材、比赛规则和基本技术。

知识点 1 田径运动概述

一、田径运动的起源与发展

"田径运动"一词来源于英国。大约在 19 世纪初,英国人把在运动场的跑道上进行的赛跑和在运动场中间进行的跳跃、投掷类比赛称为"track and field"。Track 的原意是"小路",field 的原意是"田地"。19 世纪末,欧美体育传入中国时,我们把 track and field 译为"田径赛",后称之为"田径运动"。

虽然当时英国人把在运动场的跑道上进行的赛跑和在运动场中间进行的跳跃、投掷类比赛称为 track and field,但是对于非竞赛的(锻炼身体的)走、跑、跳跃、投掷等身体练习并没有另定名称,也统称为 track and field,因此,田径运动具有两重性,拥有竞技和锻炼身体的属性。

人们通常把田径运动的内容概括为走、跑、跳和投 4 种运动形式,这恰是人类维持正常生活的基本活动能力,也是人类赖以健康生存的基本条件或基本生活能力。人类进入发达社会后,生产力高度发展,已经从原始社会时依靠基本技能获取生活资料中解脱出来,但人类永远也不会从依靠基本运动能力去提高生存质量、提高生存效率、改善生存条件中摆脱出来。正因为田径运动能有效地发展速度、力量、耐力及灵敏性、协调性等身体素质,增强体质,帮助人们获得运动技能,提高运动能力,培养意志品质,所以,高度发达的社会才十分重视田径运动的健身价值,田径运动已经成为人类文化中的重要组成部分。

二、田径运动的特点

(1)田径运动设备简单,容易开展,运动量可大可小,参加者不受年龄、性别等限制。

(2)田径运动具有激烈的竞争性,田径运动员们需要相互竞争,不断刷新纪录,创造好的成绩。

(3)田径运动具有严格的技术性,运动中只有采用科学的技术方法,协调各运动器官,发挥最大潜能,才能达到最佳的运动效果。

三、田径运动的项目分类

田径运动的项目分类如表 5-1 所示。

表 5-1 田径运动的项目分类

项目类别		男子项目	女子项目
径赛项目	短跑	100 米、200 米、400 米	100 米、200 米、400 米

续表

项目类别		男子项目	女子项目
	中长跑	800米、1 500米、5 000米、10 000米	800米、1 500米、5 000米、10 000米
	接力跑	4×100米、4×400米	4×100米、4×400米
	跨栏跑	110米栏、400米栏	110米栏、400米栏
	障碍跑	3 000米障碍	3 000米障碍
	马拉松	42.195千米	42.195千米
	竞走	20千米、50千米	20千米
田赛项目	跳跃	跳高、撑杆跳高、跳远、三级跳远	跳高、撑杆跳高、跳远、三级跳远
	投掷	铅球、铁饼、标枪、链球	铅球、铁饼、标枪、链球
全能项目		十项全能：（100米、跳远、铅球、跳高、400米、110米栏、铁饼、撑杆跳高、标枪、1 500米）	七项全能：（100米栏、跳高、铅球、200米、跳远、标枪、800米）

知识点 2 跑类运动

跑是人体水平位移的一种基本运动形式，是单脚支撑与腾空相互交替、蹬与摆相互配合的周期性运动。

一、比赛场地及器材

（一）比赛场地

（1）田径场。国际标准的比赛场地为400米半圆式田径场，其跑道由两段相等并平行的直段和两段半圆弯道组成，半圆的外沿直径为36.5米。

（2）跑道。每条跑道宽1.22米（包含右侧分道线），分道线宽5厘米。

（3）分道编号。从左手最内侧分道开始，从内向外依次为第1～8号跑道。

（4）接力区。接力跑中，各跑段分界线的前后各10米为接力区，未到达接力区前有10米的预跑区。

（5）比赛场地及各项目起点如图5-1所示。

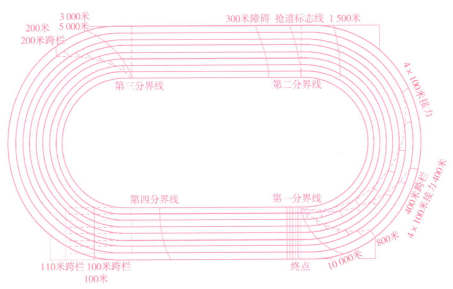

图 5-1　比赛场地及各项目起点

（二）器材

径赛主要用到的器材为起跑器。起跑器主要包括两块倾斜的抵脚板，供运动员起跑时蹬踏，如图 5-2 所示。两抵脚板中轴之间的距离为 10～15 厘米；前后抵脚板与地面的夹角分别为 40～45 度和 70～80 度；前后抵脚板的距离可以调整，通常为一脚半长。

图 5-2　起跑器

二、比赛规则

1. 名次判定

参赛运动员的名次取决于其身体躯干（不包括头、颈、臂、腿、手或足）抵达终点线后沿垂直面为止时的顺序，以先到达者名次列前。

2. 起跑

400米及400米以下（包括4×100米、4×400米接力的第一棒）各比赛项目，必须采用蹲踞式起跑方式及使用起跑器。400米以上径赛项目采用站立式起跑方式。

3. 起跑犯规

（1）在枪声响起前有任何起跑动作，均属起跑犯规。除此之外，在"各就位"口令发出后，以声音或动作扰乱他人，也应判为起跑犯规。

（2）起跑时犯规的运动员将被取消该项目的比赛资格（除全能项目之外）。

4. 分道跑

（1）在分道跑和部分分道跑径赛项目中，参赛者越出跑道，获得实际利益或冲撞、阻碍其他参赛者，将被取消比赛资格。

（2）在800米和4×400米接力赛中，运动员通过抢道标志线以后才能离开自己的跑道，切入里道。

5. 接力跑

（1）运动员必须手持接力棒跑完全程，如发生掉棒，必须由掉棒运动员捡起。

（2）接力棒的传递必须在接力区内进行。

（3）运动员在接棒之前和传棒之后，应留在各自分道或接力区内，直到跑道畅通，如果运动员跑离所在位置或跑出分道、故意阻碍其他接力队员，则取消该接力队的比赛资格。

三、基本技术

（一）短跑

短跑可分为起跑、起跑后加速跑、途中跑和终点跑4个阶段。

1. 起跑

起跑必须采用蹲踞式起跑方式，并使用起跑器。蹲踞式起跑方式包括"各就位""预备"和"鸣枪"3个阶段，如图5-3所示。

（1）"各就位"。运动员在听到"各就位"口令后，走到起跑线前，屈体下蹲，两脚依次踏在起跑器抵脚板上，有力腿在前，后膝跪地；两手四指并拢，与拇指成八字形张开，虎口向前，支撑于起跑线后沿处；两手间距离比肩稍宽，两臂伸直，颈部放松，目视前下方40～50厘米处，如图5-3（a）所示。

（2）"预备"。运动员在听到"预备"口令后，臀部平稳抬起，与肩同高或略高于肩，肩部略超出起跑线，重心置于两臂和前腿上，两脚紧贴起跑器抵脚板，集中注意力，如图5-3（b）所示。

（3）"鸣枪"。运动员在听到枪声后，两手迅速推离地面，两臂屈肘有力做前后摆动，两脚用力蹬离起跑器，后腿迅速屈膝向前上方摆出，前腿快速有力地蹬伸髋、膝、踝三个关节，以较大的前倾姿势把身体向前推进，如图5-3（c）所示。

第五章　田径运动

图 5-3　蹲踞式起跑方式

知识链接

弯道蹲踞式起跑：在某些径赛项目中，起跑线需设在弯道上，为了便于弯道起跑后有一段直线距离进行加速跑，起跑器应安装在跑道的右侧沿，起跑器中心线正对弯道切点方向。运动员的左手撑在起跑线后沿 5～10 厘米处，身体正对弯道的切点。

2. 起跑后加速跑

起跑后加速跑是从后腿蹬离起跑器到途中跑之间的一个跑段，距离一般约为 25～30 米。

（1）两臂用力加速摆动，摆幅加大；摆动腿用力上抬向前摆动，支撑腿用力向后下方蹬伸，上体保持较大幅度前倾。

（2）步长逐渐加大，步频加快，上体逐渐抬起过渡到途中跑姿势。

3. 途中跑

途中跑是短跑全程中距离最长、速度最快的一个跑段。途中跑的动作要领如图 5-4 所示。

图 5-4　途中跑的动作要领

（1）头和上身保持正直或稍前倾，两臂屈肘，以肩为轴前后协调摆动。

（2）摆动腿大腿高抬，积极前摆，带动同侧髋向前转动。

（3）当身体重心前移超过垂直位置后，支撑腿快速有力蹬伸髋、膝、踝关节，推动身体向前，当支撑腿蹬离地面时，身体进入腾空状态。

（4）支撑腿小腿随蹬地后惯性向大腿靠拢，大小腿成折叠姿势，原支撑腿转为摆动腿，用力前摆。

（5）摆动腿大腿积极下压，小腿自然前伸，以前脚掌向后扒地，此时摆动腿转为支撑腿。

知识链接

在途中跑经过弯道时，应采用弯道跑技术：经过弯道时，身体应有意识地向圆心倾斜，加大右侧腿、臂的摆动力量和幅度。两腿摆动时，右腿膝关节稍向内扣，以脚掌内侧蹬地；左腿膝关节稍向外展，以脚掌外侧蹬地。两臂摆动时，右臂前摆稍偏向左前方，后摆时肘关节稍偏向右后方；左臂摆动稍离开躯干。

4. 终点跑

终点跑是全程跑的最后一个跑段，短跑的终点跑距离一般为终点线前 15～20 米。

在进行终点跑时，运动员上体前倾，两臂用力加速摆动，大腿抬高向前迈步，频率加快；距终点线约一步时，上体急速前倾，用胸部或肩部触压终点线，跑过终点。

（二）中长跑

中长跑的技术动作与短跑基本相同，下面仅介绍中长跑中需注意的技术要点。

1. 起跑

中长跑采用站立式起跑方式，分为"各就位"和"鸣枪"两个阶段，如图 5-5 所示。

（1）"各就位"。两腿前后开立，有力脚在前，全脚掌着地，脚尖紧靠起跑线后沿，后脚脚尖着地；上体前倾，两膝弯曲；有力脚异侧臂置于体前，同侧臂放于体侧；身体重心落于前脚，目视前下方 3～5 米处，保持稳定姿势，如图 5-5（a）所示。

（2）"鸣枪"。听到枪声后，两腿用力蹬离地面，后腿蹬地后迅速前摆，前腿蹬直，两臂用力加速摆动，使身体快速向前冲出，如图 5-5（b）所示。

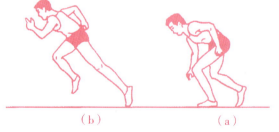

图 5-5　站立式起跑方式

2. 起跑后加速跑

中长跑的起跑后加速跑与短跑技术基本相同，不同的是上体前倾幅度和蹬摆力度稍小。加速跑的距离需根据项目、参加人数、个人训练水平和战术要求等情况而定。

3. 途中跑

中长跑的途中跑与短跑技术相比，动作幅度略小，脚着地时柔软而有弹性，一般由脚跟着地过渡到脚尖着地，跑步过程中保持匀速而有节奏。

4. 终点跑

终点跑的距离需根据自己的体力、战术要求和临场情况而定，一般为到达终点前的 100~200 米。

5. 中长跑的呼吸

中长跑体力消耗大，对氧气的需求量较大，因此呼吸时要有一定的频率和深度，并与跑步的节奏相配合，一般为 2~3 步一呼，2~3 步一吸。

随着疲劳的出现，呼吸的频率会有所增快，此时应注意深呼气，以充分呼出二氧化碳，吸进大量新鲜氧气。

（三）接力跑

接力跑是由短跑和传接棒组成的集体项目。

1. 起跑

（1）**持棒起跑**。第一棒运动员起跑时，需一手持棒，采用蹲踞式起跑方式。常用的持棒方法是用右手的中指、无名指和小指握住棒的末端，拇指和食指分开撑地，如图 5-6 所示。

（2）**接棒起跑**。接棒人采用站立式起跑方式。接棒人站在预跑区内或接力区后端，头转向侧后方，注视传棒人和标志线，当传棒人到达标志线时，迅速起跑。

图 5-6　接力起跑持棒方法

> **知识链接**
>
> 标志线：接力跑各棒次的标志线是接棒人起跑的参照标记。标志线距接棒人起跑处的距离，需根据传棒人和接棒人的跑速和传接棒技术来确定。

2. 传接棒的方法

传接棒的方法一般有上挑式和下压式两种。

（1）**上挑式传接棒**。接棒人手臂自然向后伸出，掌心向后，四指并拢，虎口张开朝下。传棒人将棒由下向上挑，送入接棒人手中，如图 5-7 所示。

（2）**下压式传接棒**。接棒人的手臂后伸，掌心向上，拇指向内，其余四指并拢向外，虎口张开朝后。传棒人将棒的前端由上向前下压，放入接棒人手中，如图 5-8 所示。

图 5-7　上挑式传接棒　　　　图 5-8　下压式传接棒

3. 传接棒的位置

接棒人起跑后,与传棒人先后跑进接力区,传棒人距接棒人约 1.5 米时,发出接棒信号,将棒迅速传给接棒人。

知识点 3 跳跃类运动

田径运动中的跳跃项目,是运用人体自身的能力(或同时借助一定的器材,如撑杆等),通过一定的运动形式,使人体跳过尽可能高的高度或尽可能远的距离的运动。

一、比赛场地及器材

(一)跳高场地及器材

(1)助跑道。助跑道呈扇形,长度不限,最少为 15 米。

(2)落地区。落地区至少长 5 米,宽 3 米。

(3)跳高架。跳高架要有足够的高度,须配有稳定放置横杆的横杆托,两立柱之间距离为 4～4.04 米。

(4)横杆。跳高横杆全长为 4 米(±2 厘米),最大重量为 2 千克。

(二)跳远场地及器材

(1)助跑道。助跑道的长度至少为 40 米,宽度为 1.22 米。

(2)起跳板。起跳板为起跳的标志,长度为 1.22 米,宽度 0.2 米,一般用木料制成,漆成白色。

(3)起跳线。起跳线为起跳板靠近落地区一侧的边沿。

(4)落地区。落地区的宽度为 2.75～3 米,起跳线至落地区远端的距离至少为 10 米,落地区内应填充湿沙,沙面与起跳板齐平。

(5)橡皮泥显示板。橡皮泥显示板位于起跳板前,用来帮助裁判员判断运动员是否犯规。

二、比赛规则

(一)跳高比赛规则

跳高比赛中,有下列情况之一,即被判为犯规:

（1）使用双脚起跳。

（2）由于运动员的试跳动作致使横杆未能停留在横杆托上。

（3）在越过横杆之前，身体触及立柱前沿垂直面以外的地面或落地区。但如果裁判员认为运动员并没有受益，则不应由此而判该次试跳失败。

（4）试跳时，运动员有意用手或手指把即将从横杆托上掉下的横杆放回。

（二）跳远比赛规则

跳远比赛中，有下列情况之一，即被判为犯规：

（1）运动员以身体任何部位触及起跳线之前的地面。

（2）从起跳板两端之外起跳，无论是否超过起跳线的延长线。

（3）触及起跳线和落地区之间的地面。

（4）在落地过程中触及落地区以外的地面，而落地区以外的触地点较落地区内的最近触地点更靠近起跳线。

（5）在助跑或跳跃中采用任何空翻姿势。

（6）运动员在试跳通知发出前进行试跳，不论成功与否，都被判为试跳失败。

三、基本技术

（一）跳高

跳高技术种类较多，目前较为常用的是背越式跳高技术。背越式跳高可分为助跑、起跳、过杆和落地4个阶段。

1. 助跑

背越式跳高的助跑分直线助跑和弧线助跑两个阶段，助跑路线如图5-9所示。

（1）直线助跑一般为4～5步加速跑，两腿后蹬和前摆的幅度较大，身体重心较高，动作轻松、自然、有弹性。

（2）弧线助跑一般为4～5步，助跑时身体略向圆心倾斜，脚落地时由脚跟过渡到前脚掌，摆臂与弯道途中跑相似。倒数第2步，步幅稍大，用全脚掌着地；最后1步稍小，速度较快，准备起跳。

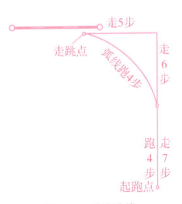

图5-9 助跑路线

知识链接

起跳点距近侧跳高架立柱约1米，距横杆垂直向下投影50～80厘米。

2. 起跳

（1）背越式跳高以远离横杆的腿为起跳腿，向身体对侧迈出，踏上起跳点，以脚跟外侧着地，迅速过渡到全脚掌，屈膝缓冲，身体向起跳腿一侧倾斜，如图 5-10（a）~（d）所示。

（2）摆动腿大腿积极向前上方摆至水平位置，小腿自然下垂，身体转为正直，如图 5-10（e）所示。

（3）摆动腿屈膝内扣，向异侧肩上方摆动，并带动髋部向内转动，起跳腿迅速蹬伸髋、膝、踝关节，完成起跳动作，如图 5-10（f）~（g）所示。

3. 过杆和落地

（1）保持起跳腿蹬伸，躯干充分伸展；上体转动成背对横杆，起跳腿自然下垂，如图 5-10（h）~（j）所示。

（2）当头和肩越过横杆后，迅速沉肩，两臂置于体侧，髋关节向上挺起，形成"背弓"，两膝自然弯曲，小腿自然下垂，如图 5-10（k）~（n）所示。

（3）当髋关节过杆后，大腿向上摆动，小腿上踢，使整个身体过杆，如图 5-10（o）~（r）所示。

（4）两肩继续下潜，含胸收腹，自然下落，以肩部领先着垫。

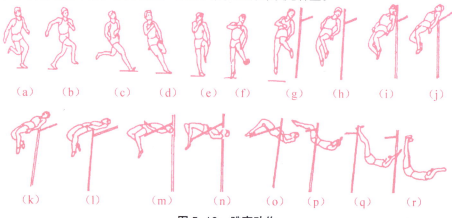

图 5-10　跳高动作

（二）跳远

跳远可分为助跑、起跳、腾空和落地 4 个阶段。

1. 助跑

助跑距离一般为男子 35~45 米，女子 30~35 米。

（1）原地站立或行进中起动开始助跑，上体前倾、大腿积极摆动，后蹬充分，摆臂有力。

（2）助跑途中上体逐渐抬起，腿和手臂加速用力摆动，加快助跑速度，重心较高，身体平稳，节奏性强。

（3）助跑几步后步频加快，保持较高的身体重心和较快的助跑速度，准备起跳。

2. 起跳

起跳动作从助跑最后一步摆动腿后蹬开始，至起跳腿蹬离地面结束，如图 5-11 所示。

（1）助跑最后一步，摆动腿用力蹬地，使身体尽快向起跳板方向运动。起跳腿快速前摆，大腿积极下压，踏上起跳板，由脚跟着地过渡到全脚掌着地。

（2）起跳腿着地瞬间，髋、膝、踝关节被迫弯曲缓冲；同时，身体重心前移，起跳腿快速用力蹬伸，摆动腿大腿积极向前上方摆至水平位置，小腿自然下垂。

（3）起跳腿同侧臂屈肘向身体前上方摆动，异侧臂屈肘向体侧摆动，提肩、拔腰、向上顶头。

3. 腾空

（1）起跳腿蹬离地面后，上体正直，摆动腿保持起跳时的水平姿势，小腿自然下垂，起跳腿自然弯曲留在体后，形成空中的跨步飞行，如图 5-12 所示。

图 5-11　起跳动作　　　　图 5-12　腾空动作知识链接

空中跨步飞行的姿势称为腾空步，其作用是维持身体在腾空阶段的平衡。它是完成任何一种空中技术的基础动作。

（2）腾空的姿势分为蹲踞式和挺身式。

①蹲踞式。接近腾空最高点时，起跳腿屈膝上提，与摆动腿并拢；双腿屈膝，大腿靠近胸部，上体稍前倾；两臂由前向下、向后摆动；落地前，两小腿向前伸出，准备落地，如图 5-13 所示。

图 5-13　蹲踞式腾空

②挺身式。腾空后，摆动腿自然放下，小腿向后下方做弧形摆动；两臂向下、经体侧向后上方摆动；摆动腿与起跳腿并拢，髋部向前，胸、腰前挺，头、肩后展，成挺身体姿势；落地前，两臂由后上方经体前向后摆动；同时两大腿上抬，收腹举腿，上体前倾，小腿前伸，准

备落地，如图 5-14 所示。

图 5-14　挺身式腾空

4. 落地

落地动作如图 5-15 所示。

（1）小腿尽力前伸，脚跟首先触地，前脚掌下压，两腿迅速屈膝缓冲。

（2）两臂屈肘前摆，身体向前或向侧方倒。

投掷是人体运用自身的能力，通过一定的运动形式，将手持的规定器械掷出尽可能远的距离的体育运动项目。下面主要介绍投掷铅球和标枪。

图 5-15　落地动作第四节投掷类运动

一、比赛场地及器材

（一）铅球场地及器材

铅球场地如图 5-16 所示。

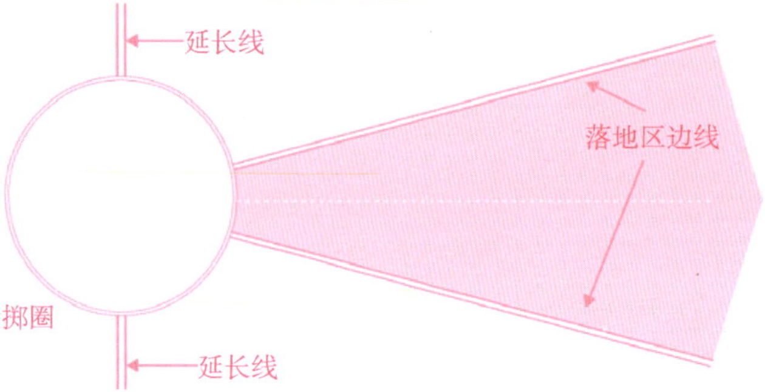

图 5-16　铅球场地

（1）投掷圈。投掷圈直径为2.135米，投掷圈外围用金属镶边，厚度为6毫米，顶端涂白。

（2）落地区。落地区为34.92度的扇形区域。

（3）抵趾板。投掷圈正前方木质挡板，长1.21~1.23米，用来防止运动员滑出圈外。

（4）铅球。用实心的铁、铜或者其他任何硬度不低于铜的金属制成，表面必须光滑。男子比赛用的铅球重量为7.26千克，女子比赛用的铅球重量为4千克。

（二）标枪场地及器材

标枪场地如图5-17所示。

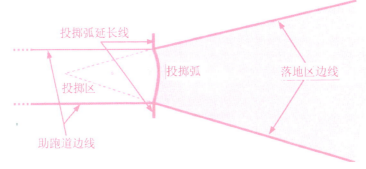

图5-17　标枪场地

（1）投掷区。投掷区是一条宽4米，长约30~36.5米的助跑道。

（2）助跑道边线。助跑道两边两条宽5厘米的边界线。

（3）投掷弧。助跑道前端半径为8米的弧线。投掷弧可以画出，也可用木料或金属制成，弧宽7厘米，涂成白色，与地面齐平。

（4）落地区。落地区为29度的扇形区域。

（5）标枪。标枪分枪身、枪头和缠绳把手。枪身是光滑的金属杆，两端逐渐变细；枪头是固定在枪身前端的锋利金属尖；缠绳把手包绕枪的重心。男子比赛用的标枪重量为0.8千克，女子比赛用的标枪重量为0.6千克。

二、比赛规则

在投掷铅球和标枪的比赛过程中，运动员违反下列规则，则被判为犯规，成绩无效。

（1）投掷铅球和标枪的技术不符合规定（规定要求铅球和标枪必须由单手从肩上投掷出）。

（2）在投掷铅球的过程中，身体和器械的任何一部分不得触及投掷圈上沿、圈外地面及抵趾板的上面，否则即为投掷失败。

（3）在投掷标枪的过程中，身体和器械的任何一部分不得触及投掷弧、投掷弧延长线及线以外地面任何一部分，否则即为投掷失败。

（4）只有当器械落地以后，运动员才允许离开投掷圈或助跑道。标枪运动员在投掷出的标枪落地前,不能在投掷后转身完全背对其投掷出的标枪。

(5)完成投掷后,铅球运动员必须从投掷圈后半圈的延长线后面退出;标枪运动员必须从投掷弧以及投掷弧延长线以后退出。

(6)在没有犯规的情况下,运动员可以中止已开始的试掷动作,将器材放下以后暂时离开投掷区,并重新开始,但是必须在规定的时限内完成投掷。

三、基本技术

(一)投掷铅球

投掷铅球的技术有侧向滑步、背向滑步和旋转式 3 种,下面我们仅介绍运用最普遍的背向滑步投掷铅球的技术。背向滑步投掷铅球可分为握球和持球、预备姿势、滑步、最后用力和维持身体平衡 4 个阶段。

1. 握球和持球(以右手为例,下同)

(1)五指自然分开,手腕背屈,将铅球放在食指、中指和无名指的指根处,拇指与小指自然扶于球的两侧,如图 5-18 所示。

(2)球握好后,屈肘,手持球放在肩上锁骨窝处,将球贴于颈部,右肘外展略低于肩,掌心向前,右臂自然上举,如图 5-19 所示。

图 5-18　握球　　　　　　　　　图 5-19　持球

2. 预备姿势

(1)持球后,背对投掷方向,两脚前后开立,相距 20～30 厘米。

(2)右脚脚尖贴近投掷圈后沿,脚跟正对投掷方向;左脚以前脚掌着地,自然弯曲;上体正直、放松。

(3)左臂自然上举,身体重心落于右腿上,如图 5-20 所示。

3. 滑步

(1)滑步前需先做 1～2 次预摆。预摆时,左腿向投掷方向摆出,

图 5-20　预备姿势

右腿协调配合向下蹬伸，上体前俯，左臂前伸；左腿收回靠近右腿，右腿屈曲，重心下降，预摆结束，如图5-21（a）~（e）所示。

（2）左腿用力向投掷方向摆出，右腿用力蹬伸，如图5-21（f）~（g）所示。

（3）当右脚蹬离地面后，身体向投掷方向快速平稳移动，此时迅速收拉右小腿，右脚脚尖向内转扣，以右脚前脚掌落于投掷圈中心附近；左脚迅速在抵趾板偏右侧位置以前脚掌内侧蹬踩着地，准备最后用力，如图5-21（h）~（j）所示。

4.最后用力和维持身体平衡

（1）右脚用力向投掷方向蹬转，同时带动右髋向投掷方向转动，左臂向左侧摆动，上体逐渐抬起，如图5-21（k）~（m）所示。

（2）随髋部扭转，身体重心逐渐移至左腿，上体向投掷方向转动，挺胸抬头，如图5-21（n）所示。

（3）当左臂摆至体侧时制动，两脚积极蹬伸，右臂迅速用力将铅球向前投掷。当铅球快离手时，手腕推送、手指拨球，将球投掷出，如图5-21（o）~（q）所示。

（4）铅球离手后，两腿迅速换位，降低身体，以维持身体平衡，如图5-21（r）~（s）所示。

图5-21 背向滑步投掷铅球动作

（二）投掷标枪

投掷标枪可分为握枪和持枪、助跑、最后用力和维持身体平衡3个阶段。

1. 握枪和持枪（以右手为例，下同）

（1）握枪的方法有现代式握枪和普通式握枪两种。现代式握枪（拇指和中指握法）的方法是：将标枪斜放在掌心上，拇指和中指握在缠绳把手的末端边缘，食指自然弯曲斜放在枪杆上，无名指和小指自然握在把手上。普通式握枪（拇指和食指握法）的方法是：拇指和食指握在缠绳把手的末端边缘，其余手指顺着食指握在缠绳把手上面。

（2）持枪的方法有头上持枪和肩上持枪两种。头上持枪的方法是：握手点稍高于头部，枪尖略低于枪尾。肩上持枪的方法是：握手点在肩上耳旁，肘稍外展，枪身与地面平行。

2. 助跑

助跑距离一般为25～35米，可分为预跑阶段和投掷步阶段。

（1）预跑阶段。从第一标志线开始起跑至第二标志线为预跑阶段，距离一般为15～20米，用8～10步完成。在预跑阶段，上体微前倾，逐渐加速，用前脚掌着地，充分后蹬，持枪臂随助跑节奏自然前后摆动。

（2）投掷步阶段。从第二标志线至投掷弧为投掷步阶段。

第一步：左脚踏上第二标志线，右腿积极向前迈步，同时右肩右转，右臂开始向后引枪，左肩向标枪靠近，左臂在胸前自然摆动，目视前方，如图5-22（a）～（f）所示。

第二步：右脚落地后，左腿向前迈步，带动髋轴向右转动，右肩继续右转，上体侧对投掷方向，右臂接近伸直，右手摆至与肩齐平，枪尖与眉齐高，完成引枪动作，如图5-22（g）～（l）所示。

第三步：第二步中左脚落地后，右腿积极前摆，当右腿靠近左腿时，左腿快速有力向后蹬伸，双腿成交叉步，使下肢迅速超越上体，躯干和右腿成一条向后倾斜的直线；投掷臂伸直，左臂自然摆至胸前，如图5-22（m）～（p）所示。

第四步：第三步中右脚落地后，左腿迅速前迈，以脚掌内侧在投掷中线左侧约30厘米处着地，如图5-22（q）～（r）所示。

3. 最后用力和维持身体平衡

（1）第四步中左脚落地瞬间，右腿用力蹬地，向投掷方向转髋，带动肩轴向投掷方向转动，投掷臂向上翻转，如图5-22（s）～（t）所示。

（2）当上体转到正对投掷方向时，投掷臂置于体后，约与肩同高，胸、髋前挺，身体形成"满弓"姿势，如图5-22（u）所示。

（3）双腿做有力支撑，投掷臂向前做爆发式"鞭打"动作，在标枪出手瞬间，甩腕拨指，使标枪沿纵轴按顺时针方向转动，如图5-22（v）～（w）所示。

（4）标枪出手后，随着向前的惯性，右腿向前跨一步，身体稍向左转，降低身体，维持身体平衡，如图 5-22（x）所示。

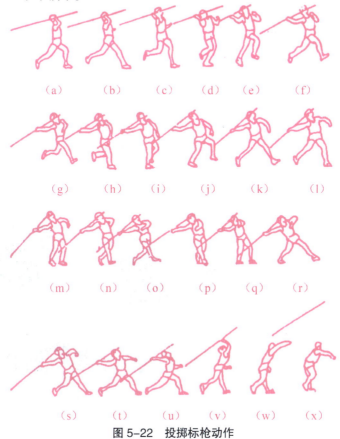

图 5-22 投掷标枪动作

在运动场进行接力赛、跳高、投掷的基本训练，分解各项动作。

1. 跳高及跳远的比赛场地及器材有哪些要求？
2. 投掷类运动的比赛规则有哪些？

第六章 三大球和三小球

◀ 教学目标

通过本章的学习，使学生了解"三大球"和"三小球"的相关知识，并结合自身在以往锻炼过程中的心得更好地体会。

◀ 教学要求

认知： 熟悉"三大球"和"三小球"的相关基础知识。
理解： 在认知的基础之上，掌握进行相关练习的基础技术，有利于更好地锻炼身体和领会体育精神对自身气质的陶冶。
运用： 在掌握理论的基础上要积极在实践中进行运用，理论结合实践，使自己的体育锻炼技巧更加娴熟。

第六章　三大球和三小球

知识点 1　气势磅礴的大球世界

一、足球

足球运动是以脚支配球为主，两个队在同一场地内进行攻守的体育运动项目。足球运动是世界上最受人们喜爱、开展最广泛、影响最大的体育运动项目，被誉为"世界第一运动"。

1863年10月26日，英国足球协会在伦敦召开了现代足球史上十分重要的会议，来自伦敦11个俱乐部和学院的代表们在这里制定规则并创立权威的足球组织，因此，这一天被公认为现代足球的诞生日。

足球运动对抗性强，运动员在比赛中采用规则所允许的各种动作包括奔跑、急停、转身、倒地、跳跃、冲撞等，同对手进行激烈的争夺。比赛时间长、观众多、竞赛场地大，是其他任何运动项目所不及的。

经常参加足球运动不仅能有效地锻炼身体、增强体质、提高人体各器官系统的生理机能，还有助于培养勇敢顽强、机智果断、勇于拼搏和团结互助、热爱集体的优良品质。

1. 足球运动的基本技术

（1）运球和运球过人。运球是为战术配合和个人突破服务的。运球只是手段不是目的，如果无目的地盘带，就会延缓进攻的推进速度，使对方能及时回防，从而影响进攻。运球过人是指运动员运用合理的运球动作越过对手。方法有拨球过人、拉球过人、扣球过人和挑球过人等。

运球也称为带球，一般常用外脚背、脚弓和正脚背部位带球。

❶ **外脚背带球**

外脚背带球时，身体转动不大，对跑的速度影响较小，多用于直线快速带球。这种带球方法容易改变方向，隐蔽性强，便于传球或射门。

动作要领：脚触球的部位和外脚背踢球相同。带球时，上体要稍前倾，带球脚的脚尖和髋关节稍向里转，膝微屈，脚腕放松。在向前迈步将要落地前，用外脚背推拨球的后下部。

❷ **正脚背带球**

动作要领与外脚背带球基本相同，只是用正脚背带球。这种带球适用于直线快速突破。

❸ **脚弓带球**

脚弓带球，由于球和脚接触面积较大，因此容易控制，并便于做转变方向的曲线带球，也便于用身体掩护球。

动作要领：脚接触球的部位同脚弓踢球。带球时，支持脚向前跨出一步，落在球的侧前方，膝稍屈，重心放在支持脚上，同时上体向带球方向前倾，带球脚提起后用脚弓推拨球的后中部。

（2）**接球**。接球是指有意识地将球停接下来，控制在自己的活动范围以内，以便更好地处理球。

接球的方法，以身体部位划分为7类：脚掌接球、脚弓接球、外脚背接球、正脚背接球、大腿接球、胸部接球和头部接球。根据球的活动状态，可分为接地滚球、接反弹球和接空中球。

> **讨论**
>
> 请列举几个你喜欢的足球明星，且说出你喜欢的原因。

❶ 胸部接球

用胸部接球时，由于胸部面积大，接球稳当，便于接空中高球。胸部接球有挺胸和收胸两种方式。挺胸接球适用于接弧度较大的来球。

动作要领：身体正对来球，两脚前后开立，两膝弯曲，上体稍后仰。当球到头部前上方时，两臂自然向两侧张开。在球触及胸部时，要挺胸憋气，使球触胸后向前上方弹起，然后用头或用脚将球控制好。

❷ 收胸接球

多用于接速度快、力量较大的平球和反弹球。

动作要领：身体正对来球，两脚前后开立。接球时，胸部对准来球，并稍前挺迎球。球一接触胸部，两肩前引，迅速收胸、收腹缓冲来球力量，将来球接在身前。

❸ 脚掌接球

这种接球方法比较容易掌握，接球稳，便于控制，一般用于接正面地滚球和反弹球。

动作要领：接地滚球时，身体正对来球的方向，支撑腿稍屈，上体稍前倾，保持身体平衡，接球脚提起（不超过球的高度），屈膝，脚尖跷起高过脚跟。当球滚到脚前侧时，脚掌轻轻下压，以脚前掌将球接在脚下。

❹ 脚弓接球

这种动作较容易掌握，球与脚的接触面积大，易接稳，并便于改善方向和结合下一个动作，可以用来接地滚球、反弹性和空中球。

动作要领：接地滚球时，支撑脚正对来球方向，膝稍屈，当接触时，接球脚向前下轻压，将球接于身前。如来球力量大时，接球脚可稍后撤，以缓冲来球力量将球接在脚下。

❺ 正脚背接球

这种接球方法适用于接空中下落的球。

动作要领：身体正对来球，接球腿屈膝提起，以脚背对准来球。当球与脚接触的一刹那，小腿和脚腕放松下撤，缓和来球力量，使球落在身前。另外一种接法是：接球腿稍抬起，在球接近地面时，用正脚背触球，随球下撤落地。如要改变方向时，可在球下落刚触及脚背时，接球脚轻往后撤，同时向左（右）转身，用右（左）脚接球。

第六章　三大球和三小球

> ❻ **外脚背接球**
>
> 外脚背接球常与假动作结合运用。这种接球具有隐蔽性，但因重心移动较大，较难掌握。
>
> `动作要领`：接地滚球时，身体重心先放在支撑脚上，支撑腿稍屈，同时接球脚提起，膝稍屈，放在支撑脚的侧前方，脚背外侧对准来球的方向。在球与脚接触时，接球脚轻轻下压，将球接于身前。如欲将球接向体侧时，脚尖和髋部外展，将球接于身旁。

（3）**射门**。比赛中运用技术、战术的最终目的是为了射门得分，所以能否在最后临门一脚或用头顶将球射进对方球门，是比赛胜负的关键。

❶ 里脚背射门	里脚背射门力量大，多用于转身射门。当球在身体侧前方或离身体稍远时，都可用里脚背射门。它可以突然改变射门角度，如斜线插入时，守门员必然会移动位置，以封住近角，此时进行半转身射门，易使球射入远角。	
❷ 外脚背射门	外脚背射门威胁力大，突然性强，具有隐蔽性，能射各种方向来球，如射正面、小角度、横侧、前后斜侧、凌空球等，并能射出直线球和弧线球。	
❸ 脚弓射门	脚弓射门准确性高，但力量小，宜做各种近距离射门和罚球点球等。	
❹ 正脚背射门	正脚背射门力量大、准确性高，运用最广，是射门脚法的基础脚法。如射正面、斜侧、转身等地滚球；又如横扫、摆、弹、抽、倒勾等射凌空球。	
❺ 脚尖射门	脚尖射门快速、突然，在门前争夺激烈时，没有起脚摆腿的时间，用脚尖"捅球"射门能出奇制胜。但有时准确性差。	

（4）**头顶球**。头顶球是指运动员有目的地用前额将球击向预定的目标的动作。当遇到胸以下部位不能触及或规则不允许触及的一些球时，就需要用头部来处理，因为头是人体最高的一个部位，额骨的前面较为平坦，只要掌握顶球技术，顶出的球就会有力。现代足球比赛中对时间与空间的争夺异常激烈，头顶球技术的使用不仅使运动员占据空间，又能争取时间，所以头顶球是处理高空球的最重要手段。

头顶球技术的动作结构是由移动选位、身体的摆动、头触球、触球后的身体平衡 4 个环节组成。

（5）**掷界外球**。当足球越过边线时，应由最后触球队员的对方球员在球出界的位置掷界外球。掷界外球的球员必须双足站立在边线上或边线外，双手持球从头后经头顶掷出。

（6）**抢球和断球**。抢球是指截获对方队员脚下控制的球，通常可以从正面、侧面进行抢截。做抢球动作时，重心应适当降低、上体稍前倾，多采用脚内侧或脚尖触球。

断球是指截获将被对方队员控制的球,预先要判断对方传球的路线、时间、力量与落点,动作要做得迅速果断。

（7）假动作。假动作就是指攻守双方为了隐蔽自己的真正动作意图,迷惑或调动对手所做的一些虚假动作。假动作具有较强的战术因素,可渗透在传球、停球、顶球、运球、运球过人、抢截、射门、跑位和穿插等技术、战术配合中。

做假动作要在接近对手时灵活运用,给对手逼真的感觉,与真动作的衔接要快,要注意身体平衡和动作协调。

2. 足球比赛简单规则

（1）比赛场地

❶ 场地面积	比赛场地应为长方形,其长度不得多于120m或少于90m,宽度不得多于90m或少于45m（国际比赛的场地长度不得多于110m或少于100m,宽度不得多于75m或少于64m）。在任何情况下,长度必须超过宽度。
❷ 画线	比赛场地应按照平面图画出清晰的线条,线宽不得超过12cm,不得做成V形凹槽。较长的两条线叫边线,较短的叫球门线。场地中间画一条横穿球场的线,叫中线。场地中央应当做一个明显的标记,并以此点为圆心,以9.15m为半径画一个圆圈,叫中圈。场地每个角上应各竖一面不低于1.50m高的平顶旗杆,上系小旗一面;相似的旗和旗杆可以各竖一面在场地两侧正对中线的边线外至少1m处。
❸ 球门区	在比赛场地两端距球门柱内侧5.50m处的球门线上,向场内各画一条长5.50m与球门线垂直的线,一端与球门线相接,另一端画一条连接线与球门线平行,这3条线与球门线范围内的区域叫球门区。
❹ 罚球区	在比赛场地两端距球门柱内侧16.50m处的球门线上,向场内各画一条长16.50m与球门线垂直的线,一端与球门线相接,另一端画一条连接线与球门线平行,这3条线与球门线范围内的区域叫罚球区,在两球门线中点垂直向场内量11m处各做一个清晰的标记,叫罚球点。以罚球点为圆心,以9.15m为半径,在罚球区外画一段弧线,叫罚球弧。
❺ 角球区	以边线和球门线交叉点为圆心,以1m为半径,向场内各画一段四分之一的圆弧,这个弧内区域叫角球区。
❻ 球门	球门应设在每条球门线的中央,由两根相距7.32m、与两面角旗点相等距离、直立门柱与一根下沿离地面2.44m的水平横木连接组成,为确保安全,无论是固定球门还是可移动球门都必须稳定地固定在场地上。门柱及横木的宽度与厚度,均应对称相等,不得超过12cm。球网附加在球门后面的门柱及横木和地上。球网应适当撑起,使守门员有充分活动的空间。球网允许用大麻、黄麻或尼龙制成。尼龙绳可以用,但不得比大麻或黄麻绳细。

第六章　三大球和三小球

（2）**球**。比赛用球应为圆形，它的外壳应用皮革或其他许可的材料制成，在它的结构中不得使用可能伤害运动员的材料。球的圆周不得大于71cm或小于68cm。球的重量，在比赛开始时不得多于453g或少于396g。充气后其压力应相当于0.6～1.1个大气压力（海平面上），即相当于600～1 100g/cm^2。在比赛进行中，未经裁判员许可，不得更换比赛用球。

（3）**队员人数**。上场比赛的两个队每队队员人数不得超过11人。每队必须有一名守门员。每队在比赛时可有1～2名替补队员，如果是"友谊比赛"，可以有5名以下的替补队员。在经裁判员同意后，在比赛暂停时，替补队员可替换场上队员。只有在被替补队员下场后，替补队员才能上场。未经裁判员同意，任何队员不得上场或下场。

（4）**比赛时间**。比赛时间应分为两个相等的半场，每半场45min（特殊情况双方同意另定除外），并按下列规定执行：

- 在每半场中由于替补、处理伤员、延误时间及其他原因损失的时间均应补足，这段时间的多少由裁判员决定。
- 在每半场时间终了时或全场比赛结束后，如执行罚球点球，则应延长时间至罚完为止。除经裁判员同意外，上下半场之间的休息时间不得超过5min。

（5）**场地选择**。通过掷币，猜中的队决定上半场比赛的进攻方向，另一队开球开始比赛，猜中的队在下半场开球开始比赛，下半场比赛两队交换比赛场地。

（6）**计胜方法**。除规则另有规定外，凡球的整体从门柱间及横木下越过球门线，而并非攻方队员用手掷入、带入、故意用手或臂推入球门（守门员在本方罚球区内除外），均为攻方胜一球。

在比赛中，胜球较多的一队为得胜队，如双方均未胜球或胜球数目相等，则这场比赛应为"平局"。

金球制胜法：即在规定时间内未分出胜负而又必须分出胜负，采取的上下半场各15min的比赛。上下半场间没休息时间，交换场地后继续比赛。在该加时比赛中，任何一方先进球就为胜方，即为金球制胜法。

点球制胜法：即在规定时间和加时赛后仍未分出胜负后采取的互罚点球，先由每队各派5人依次罚完点球，如还未分出胜负，每队各派一人罚，依次进行，直至分出胜负的方法（任何场上队员不得在本方队员未罚点球前连续罚第二次）。

（7）**越位**。凡进攻队员较球更接近于对方球门线者，即为处于越位位置。

不存在越位的3种情况：球门球（当球的整体不论从地面或空中越过球门柱以外的球门线，而最后触球者为攻方队员）；掷界外球；角球。

（8）**任意球**。

任意球分两种：直接任意球（这个球可以直接射入犯规队球门得分）及间接任意球（踢球队员不得直接射门得分，除非球在进入球门以前曾被其他队员踢或触及）。

队员在本方罚球区内踢直接或间接任意球时，在球被踢出罚球区前，所有对方队员都应站在该罚球区外，并须至少距球9.15m。当球滚至球的圆周距离，并出罚球区后比赛即恢复。守门员不得将球接入手中后再踢出进入比赛，如球未被直接踢出罚球区，则应令重踢。

队员在本方罚球区外直接或间接任意球时，所有对方队员在球被踢出前应至少距球9.15m，除非他们已站在自己的球门线上，当球滚动至球的圆周距离时，比赛即为恢复。如果对方队员在任意球踢出前，进入罚球区或距球少于9.15m，裁判员应令其退到规定的位置后，方可执行罚球。

（9）**罚球点球**。罚球点球应从罚球点上踢出，必须明确主罚队员。踢球时除主罚队员和对方守门员外，其他队员均应在该罚球区外及比赛场内，并至少距罚球点 9.15m 处。对方守门员在球被踢出前，必须站在两门柱间的球门线上（两脚不得移动）。主罚队员必须将球向前踢出；在其他队员踢或触及前不得再次触球。当球滚动至球的圆周距离时，比赛即为恢复。罚球点球可直接射门得分。当比赛进行中执行罚球点球，以及在上半场或全场比赛终了而延长时间执行或重踢罚球点球时，如踢出的球触及任何一个门柱或两个门柱；或触及横木；或触及守门员；或连续触及门柱、横木或守门员而进入球门，只要没有犯规现象发生，均应判为胜一球。

（10）**掷界外球**。当球的整体不论在地面或空中越出边线时，应由出界前最后触球队员的对方队员，在球出界处将球掷向场内任何方向。掷球时，掷球队员必须面向球场，两脚均应有一部分站立在边线上或边线外，不得全部离地，用双手将球从头后经头顶掷入场内。球一进场内比赛立即恢复。掷球队员在球被其他队员踢或触及前，不得再次触球。掷界外球不得直接掷入球门得分。

（11）**球门球**。当球的整体不论在空中或地面从球门外越出球门线，而最后踢或触球者为攻方队员时，由守方队员在球门区内任何地点将球直接踢出罚球区恢复比赛。守门员不得将球接入手中后再踢出进入比赛。如球未被直接踢出罚球区，即未进入比赛，应令重踢。踢球门球的队员在球被其他队员踢或触及前，不得再次触球。踢球门球不得直接射门得分，踢球门球时，对方队员在球被踢出罚球区前都应站在罚球区外。

（12）**角球**。当球的整体不论在空中或地面从球门外越出球门线，而最后踢或触球者为守方队员时，由攻方队员将球的整体放在离球出界处较近的角球区内踢角球。

踢角球时，不得移动角旗杆。角球可直接胜一球。踢角球的队员的对方队员在球未进入比赛时，即球未滚动至球的圆周距离时，不得进入距球 9.15m 以内。踢角球的队员在球被其他队员踢或触及前，不得再次触球。

（13）**犯规与不正当行为**。

判罚直接任意球的 9 种情况：踢或企图踢对方队员；绊摔对方队员，即在对方身后或身前，伸腿或屈体绊摔或企图绊摔对方；跳向对方队员；猛烈地或带有危险性地冲撞对方队员；除对方正在阻挡外，从背后冲撞对方队员；打或企图打对方队员，或向对方吐唾沫；拉扯对方队员；推对方队员；用手触球，例如：用手或臂部携带、推击球（守门员在本方罚球区内除外）。

判罚间接任意球的 8 种情况：守门员用手控制球后，在发出球之前持球超过 6s；守门员在发出球之后未经其他队员触及，再次用手触及球；守门员用手触及同队队员故意踢给他的球；守门员用手触及同队队员直接掷入的界外球；队员动作具有危险性；队员阻挡对方队员；队员阻挡对方守门员从其手中发球；违反以前未提及的任何其他犯规，而停止比赛被警告或罚令出场。

被警告并出示黄牌的 7 种情况：持续违反规则；延误比赛重新开始；以语言或行动表示异议；犯有非体育精神行为；未得到裁判员许可进入或重新进入比赛场地；未得到裁判员许可故意离开比赛场地；当以角球或任意球重新开始比赛时，不退出规定的距离。

被罚令出场并出示红牌的 7 种情况：向对方或其他任何人吐唾沫；使用无礼的、侮辱的或辱骂的语言及动作；用故意手球破坏对方的进球或明显的进球机会（不包括守门员在本方罚球区内）；用可判为任意球或点球的犯规破坏对方向本方球门移动着的明显的进球得分机会；在同一场比赛中得到第二张黄牌；暴力行为；严重犯规。

第六章　三大球和三小球

你知道吗

蹴鞠的故事

公元前307年，也就是战国时期，赵武灵王实行改革，推行"胡服骑射"，赵国人学会了骑马射箭。赵王经常带着其亲信骑着马出城闲逛，好不威风。一日，来到一树林，看到林中有野兔数只，国王金口一开，"抓活的"，遂兵分四路，合而逮之，不想惊吓之中，野兔横冲直撞，从马群的缝中纷纷逃去，一无所获，众人摇头叹气。一谋士突然眼前一亮，上前献计："大王，这围围猎很有趣，我们不妨用球代替兔子，不出宫门便可天天玩之。""好主意！"赵王大加赞赏，"这件事就交给你全权负责。"于是，足球运动便在中国诞生了。但当时还属于骑在马上的运动，称之为"蹴鞠"。

"蹴鞠"一词，最早载于《史记·苏秦列传》，苏秦游说齐宣王时形容临淄："临淄甚富而实，其民无不吹竽、鼓瑟、蹋鞠者。""蹋"即"蹴"，踢的意思。"鞠"，球，即古代的足球。汉代的《西京杂记》《盐铁论》《蹴鞠新书》中都有关于蹴鞠的记载。三国两晋南北朝时，蹴鞠之习依旧流行未衰。唐代时，蹴鞠是一项很普遍的运动，杜甫有诗曰："十年蹴鞠将雏远，万里秋千风俗同。"唐代蹴鞠比赛得到了一定程度上的完善，有了充气的球，设立了球门，踢法也更加多样。

"蹴鞠"后来经阿拉伯人传到欧洲，在英国发展成现代足球。2004年初，国际足联确认足球起源于中国，"蹴鞠"是有史料记载的最早的足球活动。

二、篮球

篮球是以投篮为中心的对抗性体育运动之一，是1892年1月（另一种说法是1891年12月），由美国马萨诸塞州菲尔德基督教青年会训练学校教师詹姆士·奈斯密斯博士所创立的。他的初衷是给国际基督教青年会训练学院的学生们发明一种适合室内进行的运动。最初，他将两个装桃子的篮子，钉在学校健身房楼上看台的两端，以橄榄球作为比赛用具，向篮内投掷，后来改为铁制的圆圈，挂上线网。再后来剪开线网下口，成为今天篮筐的样子。为了完善篮球游戏，他在1892年制定了13条规则，后逐步修改和增加条款，出场人数也逐渐减少，直至规定每队5人，这才成为现代的篮球运动。1936年在第11届奥运会上，男子篮球被列为正式比赛项目。1976年，女子篮球被列为奥运会正式比赛项目。1946年，美国出现职业篮球联赛，并发展为目前的NBA。

篮球运动竞争激烈、对抗性强、技术复杂，具有很强的观赏性和强身健体的功能。经常参加篮球运动，能显著提高速度、灵敏、力量、耐力、柔韧等身体素质和中枢神经系统的灵活性，有助于骨骼的生长和肌肉的发育，增强心血管、呼吸、消化系统的机能，促进身体得到全面的发展。篮球运动也有助于培养协作精神和竞争意识，对人的精神健康有积极意义。

1. 篮球运动的基本技术

（1）**移动技术**。移动技术是通过各种快速、突然的脚步动作，达到进攻时摆脱防守，防守时防住对手，以争取攻守主动的一种手段。

❶ 基本站立姿势

基本站立姿势是攻守技术的基础，也是各种技术动作的基本环节。保持正确的基本姿势，能使身体各部位处于适宜的工作状态，便于各技术动作的开始和运用。

> 动作方法：站立时，两脚平行或斜开立同肩宽，脚跟微微提起，两腿微屈，上体稍前倾，重心在两腿中间，两臂微屈置于体侧或腹前，眼平视。

> 动作要点：两腿微屈，上体稍前倾，重心在两脚之间。避免重心高、上体过于前倾、全脚着地。

❷ 滑步

滑步主要用于抢占和堵截进攻队员的路线和位置。滑步是防守移动的一种主要方法，它易于保持身体平衡，可向任何方向移动，滑步可分为侧滑步（横滑步），前滑步和后滑步。

> 动作方法：（以侧滑步为例）两脚左右开立约与肩宽，膝微屈，上体稍前倾，两臂侧伸，目平视盯住对手。向左滑步时，右脚前脚掌内侧用力蹬地，同时左脚向左跨出，在落地的同时，右脚迅速随同滑行，然后依次重复上述动作，滑步时身体要保持平稳。

> 动作要点：重心平稳。移动时做到异侧脚先蹬，同侧脚同时跨出，异侧脚再跟，保持原来姿势。避免重心高、身体上下起伏和上体过于前倾、动作不连贯不协调。

❸ 交叉步

交叉步是为了及时起步，抢占有利的防守位置，所采用的移动步伐。

> 动作方法：向右移动时，左脚用力蹬地后迅速向从右脚前向右迈出，上体稍向右转，左脚落地，右脚迅速地向右跨步。两脚交叉动作要快，身体不要上下起伏。交叉步的重心落在两脚之间，交叉步实质上是面对对手的侧身快跑动作。

> 动作要点：两脚蹬转起动（脚尖要指向跑的方向），速度快，降重心，身体保持平稳。要避免出现腾空现象，使身体重心落在两脚之间，以免影响下一个动作的衔接。

❹ 撤步

撤步是变前脚为后脚的一种起步方法，防守队员为了保持有利位置，特别是当进攻队员从自己前脚外侧持球突破或摆脱时，常用撤步，并与滑步、跑等结合运用。

> 动作方法：撤步时前脚掌内侧用力蹬地，同时腰部用力向后转胯，前脚后撤，后脚的前脚掌碾地。当前脚后撤着地后，紧接着滑步，保持身体平衡与防守姿势。后撤步时撤步角度不易过大。

> 动作要点：前脚用力蹬地，利用腰部力量带动转胯，后脚的前脚掌要积极碾转蹬地。避免方向过于向后。

第六章 三大球和三小球

❺ 起动

起动是进攻摆脱防守，防守者堵截对手、抢占有利的防守位置的有效手段。

动作方法：从基本站立姿势开始，起动时跑动方向的异侧脚的前脚掌内侧（向前跑时则用前脚掌）用力蹬地，同时向跑的方向移动重心，两臂用力摆动，迅速跑出。起动后的前两三步要短促、快速。

动作要点：移重心，起动后的前两三步前脚掌蹬地要短促有力。避免起动前身体重心过高，起动后步幅大、频率慢。

❻ 变速跑

变速跑是队员在跑动中利用速度变化完成攻守任务的一种方法。

动作方法：由慢跑变快跑时，上体前倾，用前脚掌短促有力地向后蹬地，同时迅速摆臂，前两三步要小，加快跑的频率。由快变慢时，上体抬起，步幅加大，用前脚掌抵地，减缓冲力，从而降低跑速。

动作要点：由慢跑变快跑，步频加快；由快跑变慢跑，步幅变大。在变速跑时，要保持明显的快慢节奏。

讨论

国际上几支比较有名的篮球队是哪几支？

❼ 变向跑

变向跑是队员在跑动中利用方向的变化完成攻守任务的一种方法。

动作方法：从右向左变向时，最后一步用右脚前脚掌内侧用力蹬地，同时脚尖稍加内扣，迅速屈膝降重心，腰部随之左转，上体向左前倾，移动重心，左脚向左前方跨出，加速前进。

动作要点：变方向的瞬间屈膝降重心、移重心、异侧脚前、脚掌内侧迅速蹬地，同侧方向的脚迅速跨出，蹬地脚及时跟上。注意保持动作连贯。

❽ 侧身跑

侧身跑是队员在向前的跑动中，为观察场上的情况，侧转上体进行攻守行动的一种方法。

动作方法：队员在向前跑动时，头部与上体侧转向球的方向，脚尖朝向跑动的前进方向，内侧腿深屈，外侧脚用力蹬地，内侧肩在前。

动作要点：面向球转体，切入方向的内侧腿深屈，外侧脚用力蹬地，重心内倾。跑动过程中要避免上体紧张。

❾ 后退跑

后退跑是队员为了观察球场上攻守情况，背对前进方向的一种跑动方法，常与撤步、交叉步等结合运用。

动作方法：后退跑时，用两脚的前脚掌交替蹬地向后跑动，同时上体放松挺直，两臂屈肘配合摆动，保持身体平衡，两眼平视，观察场上情况。

动作要点：前脚掌蹬地，向后跑动，上体放松。避免缺乏向后移动感觉，造成全脚掌跑、回头看，或有恐惧心理，因怕摔跤而两腿不敢抬起等现象。

（2）**进攻技术**。进攻技术是进攻时，为了创造、寻求攻击机会所运用的一切动作和方法。主要包括运球、传球、接球、投篮和突破。

> **❶ 运球**
>
> **a. 高、低运球**
>
> 高运球用于无防守快速运球，反弹的高度在腰腹之间，按拍球的后上部，球的落点在身体侧前方。低运球用于防守者逼近时慢速运球，降重心，抬头前看，用上体和腿保护球，球反弹的高度在膝髋之间。
>
> `动作要点`：手脚协调配合，控制好反弹高度，注意球的落点。要避免低头看球，运球时身体不放松，掌心触球，手脚协调配合不好。
>
> **b. 急起急停运球**
>
> 在对手防守较紧的情况下，运球向前推进时，可利用急停急起的变化来摆脱对手。
>
> `动作方法`：在快速运球中，突然急停时，手拍按球的前上方。运球疾起时，要迅速起动拍接球的后上方，要注意用身体和腿保护球。
>
> `动作要点`：运球急停急起时，要停得稳、起得快。应避免脚步动作与球的速度配合不协调一致，停不稳、起不快。
>
> **c. 体前换手运球**
>
> 当对手堵截运球前进的路线时，突然向左或向右改变运球方向，借以摆脱防守的一种运球方法。
>
> `动作方法`：（以右手为例）运球向右侧前进，遇到对手堵截前进路线时，右手拍球右上方使球从体前弹向左侧，同时右脚向前方跨，上体向左转用肩挡住对手，然后换左手拍按球的后上方，左脚跨出，从对手的右侧继续运球前进。
>
> `动作要点`：换手运球时，手脚配合要合理，变向要及时。避免运球变向不及时、不明显，变向时没能保护球。
>
> **d. 转身运球**
>
> 当对手逼近，不能用直线运球、体前变向运球突破时，所采用的一种运球方法。
>
> `动作方法`：变向时，左脚在前为轴，做后转身的同时，右手将球拉至身体的左侧前方，然后换手运球，加速前进。
>
> `动作要点`：运球转身时要降重心，拉球动作和转身动作连贯，手臂紧贴躯干，蹬地、转身，拉引球、拍按球。动作协调。避免运球转身前没有将球控制在身体侧面，球仍在身体的侧前方；运球转身过程中，不能做一次拍球完成，身体重心上下起伏；运球转身时，球离身体太远。
>
> **e. 背后运球**
>
> 运球前进中，当对手堵截一侧，而且距离较近无法用体前变向运球时，采用的一种运球方法。
>
> `动作方法`：以右手运球，向左侧变向为例。变向时，右脚在前，右手将球拉到右侧身后，迅速转腕拍接球的右后方，将球从身后拍按至身体的左侧前方，然后按左手运球，左脚向前，加速前进。
>
> `动作要点`：右手将球拉至右侧身后时要以肩关节为轴，并迅速转腕拍按球的右后方。避免运球的位置离身体太远，球的反弹高度太高；背后变方向时出现挺腹动作，手脚配合不好，手按拍球的部位不对。

第六章 三大球和三小球

f. 胯下运球
当防守队员迎面堵截时，用这种运球摆脱防守方法。

- 动作方法：当防守队员迎面堵截，贴得很近时，以右手运球为例，变向时，左脚在前，右手拍按球的右侧上方，将球从两腿之间运至身体左侧然后上右脚，换手运球，加速前进。
- 动作要点：拍按球的右侧上方，球从两腿之间穿过，上步、换手要协调。避免胯下运球击地点偏前或偏后，手与脚的配合不协调。

❷ 传球、接球

a. 持球
双手自然分开，拇指相对成"八"字形用指根以上部位握住球的两侧后下方，手心空出，两臂弯曲，肘关节下垂，持球与胸前。

b. 双手胸前传球
双手胸前传球是一种最基本、最常用的传球方法，这种传球方法便于控制，适合于不同方向、不同距离。也便于同投篮、运球、突破等动作结合运用。

- 动作方法：双手持球于胸前，身体基本姿势站立。传球时双脚蹬地，双手迅速向传球方向伸臂发力，同时拇指下压、手腕翻转、抖动，最后通过拇指、食指和中指用力拨球将球传出。出球后，手心和拇指向下，其余四指向传球方向，身体重心随球前移、上下肢协调配合。避免双手伸臂发力，手腕由内向外翻转，拇指下压，食指、中指拨球。

c. 双手头上传球
这是一种持球部位较高的传球方法。

- 动作方法：持球手法与双手胸前传球相同，两手举球于头上，两手心向前。近距离传球时，小臂前摆，手腕前扣外翻的同时，拇、食、中指用力向前拨球。传球距离远时，要加大蹬地力量，摆动腰腹以带动小臂发力和前摆，腕和指用力前扣，将球传出。
- 动作要点：小臂前摆，急促向前扣腕，带动手指用力拨球。避免传球时手腕翻转不够，两肘外张。

d. 双手反弹传球
双手反弹传球是通过地面的反弹传给同伴的一种传球方法，具有不被对方抢断的优点，常用于防守队员距离较近时或向内线传球。

- 动作方法：双手反弹传球的击地点一般应在传球人距离接球人三分之二处，球向后旋转击地反弹后，球减速向斜上方弹起，便于接球，传球手法与双手胸前传球相同但腕指用力要大，如用力不够，反弹高度就低，不利于接球。
- 动作要点：腕指急促抖动用力，出球快，击地点适当。避免持球太高，手臂紧张，两肘外展，击地点掌握不好。

e. 单手肩上传球
单手肩上传球传球力量大，速度快；常用于中、远距离传球。

105

> 动作方法：以右手传球为例，双手持球于胸前，双脚平行站立。传球时左脚向传球方向迈出半步，左肩对着传球方向，同时将球引到右肩上方，手腕后屈，重心落在右脚上。右脚蹬地、转体，上臂随之向前摆，手腕迅速前屈，通过食指、中指拨球，将球传出。
>
> 动作要点：蹬地、转体、挥臂和扣腕动作连贯、协调，手指用力方向与传球方向一致。

f. 单手胸前传球

单手胸前传球是一种动作幅度小，出手快，容易和其他技术结合的传球方法。多用于近距离传球。

> 动作方法：双手持球于胸前，身体基本姿势站立。传球时，上体稍右转，右脚蹬地，重心前移，左手离球，同时用力伸臂、屈腕，食指、中指、无名指用力拨球，将球传出。
>
> 动作要点：手腕后屈，用力伸臂、扣腕；食指、中指、无名指用力拨球。避免直臂推球，出球动作幅度过大，持球与传球的动作衔接不紧密。

g. 单手体侧传球

这种传球方法在外围队员传给内线队员时经常运用。

> 动作方法：双手胸前持球，右手传球时，左脚向左跨出步，右手引球至身体右侧。出球前的一刹那，持球手的拇指向上，手心向前，手腕后屈，小臂稍向前摆，急促用力向前扣腕，手指用力拨球，将球传出。
>
> 动作要点：跨步与传球的配合要协调、迅速，腕指急促用力拨动，小臂摆动幅度要小。避免引球至身体侧时有停顿动作，传球时没有急促扣腕、拨球，成直臂前挥传球。

h. 单手反弹传球

是一种隐蔽的传球方法，在原地或行进间，当进攻队员贴近防守队员时常用这种传球方法。

> 动作方法：原地背后传球时，脚向侧前方跨出一步，上体前倾，侧对传球方向。同时双手持球摆至体侧，扶球的左手离开，右手引球继续向背后摆，前臂摆球至臀部的一刹那，向传球方向急促扣腕，食指、中指、无名指用力拨球。球离手越早，传球的高度越低；球离手越晚，则传球的高度越高。
>
> 动作要点：持球手摆至臀部，急促扣腕，手心要对准接球人，手指用力拨球，摆臂与脚步动作的配合要协调。避免传球时挺腹，屈腕手指拨球的时间掌握不好，手腕上挑，手臂的摆动与出球动作衔接不好、有停顿。

❸ 投篮

投篮是篮球运动的主要进攻技术，是唯一的得分手段。进攻队运用各种进攻技术、战术的目的，都是为了创造更多更好的投篮机会，力求投中得分。投篮得分的多少决定一场比赛的胜负。

a. 单手肩上投篮

它是比赛中应用比较广泛的投篮方法，是行进间单手高手投篮、跳起单手肩上投篮等技术动作的基础。它具有出手点高，便于结合和转换其他进攻技术动作，在不同距离和位置均可应用。

> 动作方法：五指分开，手心空出，手腕后屈，屈肘持球于肩上（或高些），肩与身体、小臂与大臂、手与小臂之间的角度约90°，上体稍前倾，两膝微屈，目视投篮目标。投篮时，用力蹬地，伸展腰腹，抬肘，手臂上伸、手腕、手指前屈，指端拨球，用中指食指将球投出，手臂向前自然伸直。

第六章　三大球和三小球

动作要点：投篮时要自下而上发力，抬肘，手臂上伸，接近垂直时，屈腕拨球，将球投出，全身动作协调，用力一致。避免持球时肘关节外展，手心触球，出球时成推球动作，手腕向里撇，无名指和小指拨球。

b. 双手胸前投篮

动作要点：跨右腿接球，跨左腿起跳、引球。手脚配合协调。用扣腕和手指拨球，柔和地将球投出。应避免起跳时身体前冲，控制不好身体平衡，以致投篮用力过大。

动作方法：双手持球于胸前，肘关节自然下垂（不要外展），上体稍前倾，两膝微屈，身体重心放在两脚之间，目视投篮目标。投篮时，两脚蹬地，腰腹伸展，两臂上伸，拇指向前压送，两手腕同时外翻，指端拨球，用拇指、食指、中指投出，腿、腰、臂自然伸直。

动作要点：动作的关键在于掌握好屈膝蹬地、腰腹伸展。手臂上伸和球出手时手腕、手指用力动作的连贯性、协调性和用力的一致性。避免持球手法不正确，肘外张，手臂僵硬；投篮时两手用力不一致，伸臂不够充分。

c. 行进间单手高手投篮

行进间投篮是比赛中广泛运用的一种投篮方法。一般多在快攻或切入篮下时运用。

动作方法：在跑动的过程中右脚向前跨出一大步，双手迎前接球，左脚接着上一步，脚跟先着地迅速过渡到前脚掌起跳，同时双手持球上举，右脚屈膝向上抬配合左脚起跳。当身体腾空到最高点时，手臂上伸掌心向上，用扣腕和手指拨球，柔和地将球投出。此时右腿与左腿并拢落地。

动作要点：跨右腿接球，跨左腿起跳、引球。手脚配合协调。用扣腕和手指拨球，柔和地将球投出。避免起跳时身体前冲，控制不好身体平衡，以致投篮用力过大。

d. 行进间单手低手投篮

动作方法：以右手投篮为例。在跑动的过程中右脚向前跨出一大步，双手迎前接球，左脚接着上一步，脚跟先着地迅速过渡到前脚掌起跳，同时双手持球上举，右脚屈膝向上抬配合左脚起跳。当身体腾空到最高点时，左手离球，右手五指分开，手心向上，托球下部，手臂继续向球篮上方伸展，并以手腕为轴，手指向上挑球，使球从食指、中指滚出。

动作要点：助跑、接球、起跳举球动作连贯协调。以手腕为轴，手指向上挑球，使球从食指、中指滚出。避免投篮时大臂由下向上撩球。

e. 原地跳起单手肩上投篮

跳投具有突然性强，出手点高，不易防守的特点，是当前常见的投篮动作之一，经常与移动、传接球、运球突破等技术动作结合运用。

动作方法：双手持球于胸前，两脚前后或左右分开自然站立。上体略前倾，在两脚用力蹬地向上起跳的同时，上体向上伸展，双手举球至肩上方，右手持（托）球，左手扶球的侧方，当身体接近最高时，右臂抬肘向上伸直，最后用手腕、手指的力量将球投出。落地时，双腿屈膝缓冲，准备下一个动作。

动作要点：跳投的关键是向上举球和起跳动作协调一致，利用身体在空中最高点刹那间的稳定迅速出手。全身用力协调一致。避免投篮出手时间（过早、过晚）掌握不好，影响动作的协调性；起跳时的蹬地时间与摆球、举球时间不一致，球飞行弧度过低。

f. 运球急停跳起投篮

动作方法：在快速运球中，用跨步或跳步急停，突然向上起跳，两手持球迅速上举，当身体接近最高点时前臂向前上方伸直，手腕前屈，食中指拨球，通过指端将球投出。

动作要点：运球急停跳起投篮技术的关键是在快速运球中急停的步子要稳，连接起跳技术要协调，身体腾空和投篮出手协调一致。避免急停动作与起跳动作衔接不好；急停起跳时身体重心不稳，不能垂直向上起跳。

❹ 突破

持球突破是以运球和脚步动作作为基础的快速超越对手的一项具有强攻击性的进攻技术，是完成个人攻击的主要手段，也是破坏和打乱防守的有效方法。

a. 交叉步突破

动作方法：以右脚做中枢脚为例。准备姿势呈两脚左右开立，两膝微屈，持球于胸前。突破时左脚先向左跨出一小步（假动作），而后，左脚前脚掌内侧用力蹬地，同时上体向左侧转，左肩下压，使身体向由前方跨出，将球引向右侧并运球，使球落于左脚侧前方。此时，中枢脚蹬地上步继续运球前进超越对手。

动作要点：蹬跨积极，转探肩保护球，第二次加速蹬地积极。避免第一步跨步太小，不能摆脱对手，突破时没有转探，并绕开防守者，重心过高，中枢脚移动。

b. 顺步突破

动作方法：准备姿势和突破前的动作要求与交叉步相同。突破时，右脚向右前方跨出一步，向右转体探肩，重心前移，右手运球，左脚前脚掌迅速蹬地，向右前方跨出，继续运球前进，突破防守。

动作要点：同交叉步突破。

（3）**防守技术**。防守技术是防守队员合理地运用防守动作，积极抢占有利位置，限制对手的活动和制造对手失误时所运用的一些动作方法。

❶ 防有球队员

防守有球队员，主要任务是尽力干扰和封盖对手投篮，堵截其运球突破，封锁助攻传球。并积极地运用抢、打球等技术，以达到获得控制球权的目的。

防守位置的选择：应站在位于对手与篮之间的位置上。一般对手离篮近则应靠对手近些，离篮远则靠对手远些。特别要根据对手的技术特点（或善投、善传或善突）以及防守战术的需要，调整防守位置。

动作方法：平步防守时，两脚平行站立，两手臂侧伸不停地挥摆，适合于防运球和突破。采用斜步防守时，两脚前后站立，前脚同侧手臂向前上方伸出，另一手臂侧伸，适合于防守投篮。

动作要点：要及时抢占对手与球篮之间有利的防守位置。
基本要求：要及时抢占对手与球篮之间有利的防守位置；要观察、判断对手的进攻意图，合理地运用防投篮、防突破、防传球的技术，不要轻易被对手的假动作所迷惑而失去重心；要及时发现对手的进攻特点，采取有针对性的防守行动；当对手运球停止时，要立即上前封堵；尽可能不犯规或减少犯规。

❷ 防无球队员

防守无球队员主要是为了不让或者少让对手在有效的攻击区内接球；即使对手勉强接到球后，也能使他处于不利的位置。

防守位置的选择：防守队员为了做到人球兼顾，应与球和对手保持一定的角度和距离，站位于对手与球篮之间偏向球一侧的位置上。与对手的距离要看对手与持球人距离而定，一般离球近则近，离球远则远。如对手离球近又在篮下，要贴近对手防守，还可采用绕前防守。

防守姿势的选择：防强侧时，如果防守距离球较近的对手，经常采用面向对手侧向球的斜前站立姿势，靠近球侧的脚在前，屈膝，重心在两脚之间，随时起动，堵截对手摆脱移动的接球路线。防守时伸右侧手臂，拇指朝下，掌心向球，封锁传球路线。特殊情况下，为了不让对手接球，在弱侧防守时也可采用这种防守姿势。防弱侧时若防守距离较远的对手，为了便于人球兼顾和协防。经常采用面向球，侧向对手的站立姿势。两脚开立，两腿稍屈，两臂伸于体侧，掌心朝上，密切观察球和人的动向。

动作方法：防守时，防守队员要根据球和人的移动，合理地运用上步、撤步、滑步、交叉步、碎步和快跑等脚步动作，并配合身体动作抢占有利防守位置，堵截其摆脱移动路线。在与对手发生对抗时，重心下降，双腿用力，两臂屈肘外展、扩大站位面积、上体保持适宜紧张度，在发生身体接触瞬间提前发力、主动对抗。合理使用手臂动作不仅能扩大防守空间，干扰对手视线，还能辅助保持身体平衡，快速移动，抢占有利位置。

动作要点：要抢占"人球兼顾"的有利位置。防守时要做到"内紧外松，近球紧，运球松，松紧结合"。防止对手摆脱空切，随时准备协防补防。

基本要求：防守队员在思想上必须高度重视，行动上必须全力以赴；对无球队员的防守必须随时抢占"人球兼顾"的有利位置，做到"内紧外松，近球紧，远球松，松紧结合"；对无球队员的摆脱空切，必须及时堵截并随时准备协防补防。

❸ 抢球

抢球是从进攻队员手中夺取球的方法。抢球时，首先要判断好时机，在持球队员思想松懈或没有保护好球而使球暴露比较明显时，迅速接近对手，以快速敏捷有力的动作，把球抢夺过来。

动作方法：抢球动作可分两种：一种是拉抢，防守队员看准对手的持球空隙部位，迅速用两手抓住球后突然猛拉，将球抢过来；另一种是转抢，防守队员抓住球的同时，迅速利用手臂后拉和两手转动的力量，将球从对方手中抢过来。

动作要点：要看准对方持球转身、跳起接球下落、运球停止时的瞬间机会果断快速地抢球。避免抢球时机判断不准确；抢球动作幅度大，抢球突然性不够。

❹ 断球

断球是截获对方传接球的方法。根据传球方向和防守队员断球前所处的位置，分为横断球、纵断球和封断球。

动作方法

横断球：横断球时，屈膝身体重心下降，当球刚由传球队员手中传出的一瞬间突然起动，单脚或双脚用力蹬地跃出，身体伸展，两臂前伸，将球截获。如距离较远，可加助跑起跳。

纵断球：纵断球时，当防守队员从接球队员的右侧向前断球时，右脚先向右侧前方跨出半步，然后侧身跨左脚绕到接球队员的前方，左脚或双脚用力蹬地向前跃出，身体伸展，两臂前伸，将球截获。

封断球：封断球时，是当持球队员暴露了自己的传球意图，或传球动作较大或慢，防守者可在对方球出手的一瞬间，突然起动，伸臂封盖或将球截获。

动作要点：掌握好断球时机，动作突然快速。

讨 论

什么叫三步投篮？
什么叫盖帽？

（4）**抢篮板球**。抢篮板球是攻守转换的重要手段；是获控制球权的重要方式；对比赛胜负有直接的影响。

❶ 抢占位置

要设法抢占在对手与球篮之间的有利位置。抢进攻篮板球时要判断球的落点，利用各种假动作冲抢；抢防守篮板球时要注意用转身挡人的动作先挡人后抢篮板球。不论抢进攻还是防守篮板球，都要抢占在对手与球篮之间的位置上。

❷ 起跳动作

起跳前两腿微屈，重心降低，上体稍前倾，两臂屈肘举于体侧，重心置于两脚之间，注意观察判断球的反弹方向，及时起跳。起跳时两脚用力蹬地，同时两臂上摆，手臂上伸，腰腹协调用力，充分伸展身体，并控制身体平衡。

❸ 抢球动作

分双手、单手和点拨球。双手抢篮板球时，指端触球瞬间，双手用力握球，腰腹用力，迅速将球拉入胸腹部位，同时两肘外展，以保护球。单手抢篮板球，跳起达到最高点时，指端触球后，迅速屈指、屈腕、屈肘收臂，将球下拉，另一只手扶球护球于胸腹部位。点拨球是在跳起到最高点时，用指端点拨球的侧方、侧下方或下方。

❹ 得球后的动作

进攻抢到篮板球时或补篮或投篮，或迅速传球给同伴重新组织进攻；防守抢到篮板球，或在空中将球传出或落地后迅速传出或运球突破后及时传给同伴。

第六章 三大球和三小球

❺ 动作要点

抢篮板球的关键是抢占位置,要设法抢占在对手与球篮之间的位置上。进攻要强调"冲抢";防守要强调"挡抢"。

2. 篮球运动的基本战术

篮球战术是篮球比赛中队员之间相互协同行动的方法。其目的是更好地发挥本方队员的技术与特长,制约对方,力争掌握比赛的主动权,争取比赛的胜利。

(1)进攻战术

❶ 传切配合

传切配合是同队队员之间,利用传球和切入所组成的简单战术配合,常在进攻中采用。

◆ **一传一切**
持球队员传球给同伴后,徒手摆脱对方向篮下切入,再接回传球投篮或突破。

◆ **空切配合**
这是指无球队员突然摆脱对手,切向防守空隙区域接球投篮,或做其他进攻动作。

练习要求

◆ 要利用假动作摆脱防守,做到动作突然。
◆ 传球要隐蔽,预先用进攻假动作迷惑对手,把握传球时机。

❷ 掩护配合

掩护配合是进攻队员用合理的身体动作,挡住防守者的移动路线,为同伴摆脱防守、创造进攻机会的一种配合方法。

◆ **前掩护**。掩护队员传球给同伴后,跑至防守者身前为同伴创造摆脱对手的机会。
◆ **运球掩护**。掩护队员利用运球接近防守者,为同伴摆脱防守创造机会。

练习要求

◆ 掩护队员应站在防守队员必经的路上约半步距离,不得有任何犯规动作。
◆ 切入队员要提前做吸引对手动作,及时借助同伴的掩护摆脱防守。

(2)防守战术

❶ "关门"配合练习方法

这是两名防守队员靠拢共同防守突破的配合方法。当一队员运球突破时,防守队员和邻近的同伴移动靠拢,堵住突破者的去路,形成"关门",将突破者堵在"门"外。一般是对方突破能力较强,防守采用联防的情况下运用"关门"配合,成功地"关门"配合,往往会造成对方的失误和违例等。

❷ 交换防守配合练习方法

这种配合又叫"换防"配合,是防守中最常用的配合,是为了破坏进攻队员的掩护配合而采用的防守方法,是防守队员之间及时相互呼应,交换自己所防守的对手的一种配合方法。

❸ 半场人盯人防守

半场人盯人防守是篮球比赛中运用最广泛的防守战术。半场人盯人防守战术是在每名防守队员分别防守一名进攻队员的基础上，相互协作的一种全队防守战术。

❹ 区域联防

区域联防是指每名防守队员负责防守一定的区域，严密防守进入该区域的球和进攻队员，并以一定的形式把每个防守区域的同伴有机地联系起来的全队防守战术。

3. 篮球比赛规则

（1）篮球比赛基本规则一

❶ 比赛方法

一队5人，其中1人为队长，候补球员最多7人，但可依主办单位而增加人数。比赛分前、后半场，每半场各20min，中场休息10min。比赛结束两队积分相同时，则举行延长赛5min，若5min后比数仍相同，则再次进行5min延长赛，直至比出胜负为止。

❷ 得分种类

球投进篮筐经裁判认可，便算得分。3分线内侧投入可得2分；3分线外侧投入可得3分，罚球投进得1分。

❸ 进行方式

比赛开始由两队各推出1名跳球员至中央跳球区，由主审裁判抛球，双方跳球，开始比赛。掷界外球。

❹ 选手替换

每次替换选手要在20s内完成，替换次数则不限定。交换选手选在有人犯规、争球、叫暂停等时机。裁判可暂时中止球赛的计时。

❺ 罚球

每名球员各有4次被允许犯规的机会，第5次即犯满退场，且不能在同一场比赛中再度上场。罚球是在谁都不能阻挡、防守的情况下投篮，是作为对犯规队伍的处罚，给予另一队的机会。罚球要站在罚球线后，从裁判手中接过球后5s内要投篮。在投篮后，球触到篮筐前均不能踩或越过罚球线。

❻ 违例

既不属于侵人犯规，也不属于技术犯规的违反规则的行为。主要的违例行为是：非法运球；带球走；3s违例；使球出界。

（2）篮球比赛基本规则二

❶ 30s 规则

进攻球队在场上控球时必须在 30s 内投篮出手（NBA 比赛为 24s，全美大学体育联合会比赛为 35s）。

❷ 10s 规则

球队从后场控制球开始，必须在 10s 内使球进入前场（对方的半场）。

❸ 5s 规则

持球后，球员必须在 5s 之内掷界外球出手。FIBA 规则规定罚球也必须在 5s 内出手（NBA 规则中为 10s）。

❹ 3s 规则

某队控球时，该队队员在对方的限制区内停留不得超过持续的 3s。

❺ 侵人犯规

与对方发生身体接触而产生的犯规行为。

❻ 技术犯规

队员或教练员因表现恶劣而被判犯规，比如与裁判发生争执等情况。

❼ 取消比赛资格的犯规

球员做出的不体现运动员精神的犯规动作，比如打人。发生此类情况后，球员应立即被罚出场外。

❽ 队员 5 次犯规

无论是侵人犯规，还是技术犯规，一名球员犯规共 5 次（NBA 规定为 6 次）必须离开球场，不得再进行比赛。

❾ 队员出界

球员带球或球本身触及界线或界线以外区域，即属球出界，在球触线或线外区域之前，球在空中不算出界。

❿ 干扰球

投篮的球向篮下落时，双方队员都不得触球，当球在球篮里的时候，防守队员不得触球。

⓫ 被紧密盯防的选手

被防守队员紧密盯防的球员必须在 5s 之内传球，运球或投篮，否则其队将失去控球权（NBA 规则中无此规定）。

⓬ 球回后场

球队如已将球从后场移至前场，该球队球员便不能再将球传回中线，运回后场。

三、排球

排球运动1895年起源于美国，创始人是威廉·摩根，迄今已有100多年的历史。排球从开始仅是少数人的一种游戏、娱乐的手段，发展到今天已成为遍及世界五大洲，为广大群众所喜闻乐见的体育运动项目之一。在1964年东京举行的第十八届奥运会上，首次进行了排球比赛。目前世界性的比赛有：世界排球锦标赛、世界杯排球赛、奥运会排球赛和世界排球联赛。

经常参加排球运动，有助于改善体形及姿态，促进身体机能，提升心肺功能和肌肉力量，增强耐力，加速新陈代谢，降低血压和增进体力；还能培养积极主动、果断沉着、勇猛顽强的意志品质，使人的身心得到协调发展。

1. 排球运动的基本技术

排球基本技术包括：准备姿势和移动、传球、垫球、发球、扣球、拦球、拦网。对于初学者来说，应首先学习准备姿势和移动，熟练掌握各种移动步法。然后学习传球、垫球技术，再学习发球技术，学习了传、垫、发球技术后，就可以进行简单的比赛。在此基础上学习扣球、拦网技术，便可组织简单的攻击和防守战术。

（1）准备姿势和移动技术。 准备姿势和移动是排球基本技术之一，是完成发球、垫球、扣球和封网等各项击球技术的前提和基础。准备姿势的作用是为及时地移动和完成击球动作做好准备。移动的作用是为了及时接近球，调整人与球的位置关系，便于完成击球动作。

动作要领：（以半蹲准备姿势为例）两脚左右开立稍比肩宽，一脚在前，两脚尖稍内收，两膝弯曲成半蹲。脚跟稍提起，身体重心稍前倾，两臂放松，自然弯曲，双手置于腹前。身体适当放松，两眼注视来球，两脚始终保持微动，如图6-1。

请列举几名我国女排名将。

图6-1 接球准备姿势

排球比赛中使用最多的是短距离移动。常用的移动步法有：

❶ 滑步

当来球距离身体较近、弧线较高时，可采用滑步。其动作方法是向右滑步时，右脚先向右迈出一步，左脚迅速并上，落在右脚的左面。连续做并步即为滑步。向前滑步时，前脚先向前迈出一步，后脚迅速跟上落在前脚之后，如此连续做。滑步主要用于完成传球、垫球、拦网等。

❷ 交叉步

当来球距身体 2m 左右时，可采用交叉步移动。其动作方法是向右移动时，上体稍向右转，左脚从右脚前面向右迈出一步，右脚再迅速向右迈出一步落在左脚的右边，同时身体向来球方向转动，做好击球前的准备姿势。交叉步主要用于完成防守、一传、拦网等。

❸ 跨步

当来球较低且距身体较近时，可采用跨步。首先向移动方向跨出一大步，同时屈膝，上体前倾，身体重心移至跨出腿上。跨步可向前、向侧或向侧前方。

❹ 跑步

采用跑步移动时，两臂要配合摆动，应根据来球的方向，边跑边转身。

❺ 综合步法

将以上各种步法结合起来综合运用。如跑步之后再滑步，滑步之后再交叉步或跨步等。

（2）**发球**。发球是比赛的开始，也是进攻的开始，准确而有攻击性的发球可以直接得分或破坏敌方的战术组织。排球发球技术分为下手发球、上手大力发球、上手飘球、侧面下手发球、勾手大力发球、勾手飘球、高吊球、跳发球等。无论哪种发球技术，动作都包括准备姿势、抛球、挥臂、击球这 4 个环节。

❶ 下手发球

下手发球球速慢、威胁小，比赛中很少使用，但比较简单。下手发球分为正面下手发球和侧面下手发球。正面下手发球最为简单，一只手将球向上抛起，另一只手摆臂向上将球击出。侧面下手发球相对较复杂些，球向侧面抛出，转体击球（如图 6-2）。

由于下手发球威胁较小，实战中运用较少，所以在训练时，重点是上手飘球、勾手飘球和上手发球。

图 6-2 下手发球

❷ 上手飘球

上手飘球易于控制方向，准确性高。发球时两脚自然开立，左脚向前（如果左手发球则方向相反），左手托球于体右前方。用抬臂和手掌的平托上送动作，将球平缓地垂直抛向右肩上侧，高度在头上方半米以内。在左手抛球同时，右臂屈肘后引，肘高于肩，上体稍向右转，挺胸、展腹。击球时利用蹬地、向左旋转和收腹的力量，带动手臂向前直线加速挥动，身体重心随之从右脚过渡到左脚。挥臂至头前上方时用手掌击球中后部，击球时手掌、手腕保持紧张，五指并拢，不要用手指击球。击球主要靠挥臂力量，用力突然短促，击球应通过球重心，使球不旋转。击球后手臂有突停动作，然后随球前移，迅速进场。

❸ 勾手飘球

勾手飘球比上手飘球省力，但动作较复杂。左肩对球网，左手持球于体前。左手将球平稳向上托起在左肩前上方约一臂高度。在抛球同时，上体顺势向右转动，重心向右移，右臂向右侧摆动。挥臂击球时，右脚蹬地，上体向左转动从腰部开始发力，身体重心向右脚移动，带动伸直的手臂向上方挥动，触球前直线加速。在头前上方用掌跟击球中后部。击球短促、突然，并通过球重心，使球不旋转而可能飘动。击球后手臂有突停动作，上体迅速前移，迅速进场。

❹ 上手发球

这种球发球准确性大、易于控制落点，能充分利用转体、收腹动作，带动手臂加速摆动。运用手腕推压作用，使发出的球呈上旋，不易出界，故适于大力发球。身高、臂部力量好的队员，适合这种发球方式。

上手发球动作要领：面对球网，两脚自然开立，左脚在前，左手托球于身前。用抬臂和手掌的平托上送，将球平稳地垂直抛向右肩的前上方，高度适中。在左手抛球同时，右臂抬起，屈肘后引与肩平，上体稍向右侧转动。在右肩前上方伸直手臂最高点，用整个手掌击球中后部。击球时，手指自然张开与球吻合，手腕迅速做出推压动作，使球呈上旋飞行。击球后，随着重心前移，迅速回到场内（如图6-3）。

图 6-3　上手发球

（3）**接球**。接球是排球技术中最简单易学的一项基本技术。接球技术在比赛中主要用于接发球、接扣球、接拦回球等。接发球和接扣球是组成进攻的基础，是比赛中争取多得分、少失分、由被动转为主动的重要技术。

❶ 正面接球

正面对正来球方向，两脚开立宽于肩，一脚在前，两脚跟提起，前脚掌着地，两膝变屈微内收，重心稍前倾，双臂自然弯曲置于腹前。当球接近腹前时，两手重叠，掌根靠拢，合掌互握，两拇指平行朝前，手臂伸直，手腕下压，用前臂外旋形成的面靠近手腕的部分击球后下方。击球点在腹前一臂左右距离，这便于控制用力大小，并可根据接球的方向调整手臂的角度。两臂靠拢前伸插入球下，靠手臂上抬力量增加球的力，同时配合腰的动作，使身体重心向前上方移动。击球时，两臂要形成一个平面，身体和两臂要有自然的随球伴送动作，以便控制球的落点和方向。接球时，还应根据来球的力量控制手臂的动作，接轻球时采用上述动作。接中等力量的来球时，由于来球有一定速度，因此，接球时的手臂动作要小，速度要慢，主要靠来球本身所造成的反弹力将球接起。接重球时，应采用收腹含胸的动作，手随来球屈肘，缓冲来球力量，控制接球的距离。球距离身体稍远、击球点较低时，手臂在缓冲用力过程中，要采用屈肘翘腕的动作把球接在手腕部位的虎口处。

❷ 侧面双手接球

在身体两侧用双臂接球的动作称侧面接球。当来球速度较快、距离体侧较远、来不及移动对正球时采用。体侧接球可以扩大防守范围，但不易控制接球方向，因此，在来得及移动的情况下，最好采用正面接球。当球从右侧飞来，左脚前脚掌内侧蹬地，右脚向右跨出一步，右膝弯曲，重心随即移至右脚上，两臂夹紧向右伸出，左肩微向下倾斜，用向左转腰和提右肩的动作，使两臂击球面截住球的飞行路线，接击球的后下部。侧接时，不要随球伸臂，这样会造成球触臂后向侧方飞出。应使两臂先伸向侧方截击来球，还应注意两臂不要弯曲，以保持手臂击球，避免因手臂动作影响接球效果。

❸ 背接球

背接球就是背向接出球方向，从体前向背后的接球。当球飞出较远而又无法进行正面调整传球时，或第三次被动击球过网时采用。背接时，判断好球的飞行方向，先要迅速移动到球的落点处，背对出球方向，两臂夹紧伸直，插在球下。击球时，蹬地时抬头挺胸，展腹后仰，直臂向后上方摆动。在背接低球时，也可以有屈肘、翘腕动作，以虎口处将球向后上方接起。

❹ 跨步接球

队员向前或向体侧跨一步的接球称跨步接球。跨步接球主要运用在接发球和防守中。

前跨接球： 当来球低而远时，看准来球落点，向前跨出一大步，屈膝深蹲，重心落在跨出腿上，上体前倾，臀部下降，两臂前伸插入球下，用前臂接击球的后下方。

侧跨接球： 当来球至右侧时，右脚向右侧跨出一大步，屈膝制动，重心移至跨出腿上，上体前倾，臀部下降，两臂插入球下，用前臂接击球的后下部。

❺ 单手接球

当来球低、速度快、距离远、来不及用双手接球时，可采用单手接球。这种接球动作快，手臂伸得远，可扩大控制范围，但由于手臂击球面积小，不容易控制球。

当球在右侧向右跨出一大步，上体向右倾斜，重心移至右腿上，右臂伸直，自右后方向前摆动。用前臂内侧、掌根或虎口处接击球后下部。

❻ 挡球

当来球较高、力量较大、不便于传球时，可采用挡球。

双手挡球的手形有抱拳式挡球和并掌式挡球两种。

抱拳式挡球的手法是： 两肘弯曲，一手半握拳，另一手外抱，两掌外侧朝前。

并掌式挡球的手法是： 两肘弯曲，两虎口交叉，两掌外侧朝前，合并成勺形。

挡球时，前臂放松，两肘朝前，手腕后仰以掌外侧和掌根组成的平面挡击球的下部。击球瞬间，手腕要用力适度，击球点在额前或两侧肩上。

❼ 接大力发球

大力发球的特点是力量大、速度快、球旋转力强，但球运行轨道较固定，容易判断。接这种球时，要对准来球，迅速降低身体重心，手臂插入球下保持不动，让球自己弹起。如击球点低时，也可用翘腕动作击球。

❽ 接飘球

飘球的特点是飞行速度快、不旋转、飞行轨迹飘忽不定，接发球时很难判断球的落点。接这种球时，首先要判断好来球落点，快速移动取位，对准来球，主动伸臂插入球下击球。击球时，要配合蹬地、提肩、送臂的全身协调力量将球击出。

❾ 接侧旋球

侧旋球的特点是球的飞行轨道呈弧线，落点偏向旋转方向一侧。接这种球时，要快速移动，对正来球，重心要靠向球旋转飞行的一侧，用前臂控制球的旋转方向。如接左侧旋球，要靠向右侧，以便截住球向右侧的飞行路线，控制球的反弹方向。

❿ 接高吊球

高吊球的特点是弧线高，球从空中垂直下落，速度快。接这种球时，首先要判断好球的落点，两臂要向前平伸，等球下落到胸腹间再接击，击球点不要太低。击球时，挥臂动作要适当，主要靠球自己的反弹力量将球击出。

⓫ 接重扣球

采用半蹲或低蹲准备姿势，两手臂放在腹前，手形和正面接球相同，只是击球时的动作有所不同。要利用含胸收腹动作，帮助手臂随球屈肘，并适当放松以缓冲来球力量，以手臂和手腕动作控制接球的方向和角度。如击球点稍高并靠近身体时，同样可用前臂接击；如击球点较低、又距离身体较远时，可利用屈肘翘腕的动作把球接在手腕部位的虎口处。

⓬ 接轻扣和吊球

已做好接重扣球的准备姿势，当对方突然改用轻扣或吊球时，往往来不及向前移动，这时可采用原地前扑接球或鱼跃接球。

⓭ 接快球

快球因速度快、线路短，一般落点靠前。取位应当靠前，重心要降低，手臂不要太低，要做好高球挡、低球接的准备。

⓮ 接拦网触手的球

拦网触手的球，由于改变了原来的扣球路线、方向，落点变化不定。接这种球时，要做好向各个方向移动的准备，根据来球的高低、远近，采用不同的击球手法。

⑮ 接拦回球

接拦回球也叫"保护"。拦回球的落点多数在扣球人附近,因此,取位应适当靠前场区,采用低蹲姿势,手臂插入球下,接球的动作要小,以翘腕或屈肘的手臂动作将球接起。

(4) 传球

传球主要用于二传,具有准确性高和变化灵活的特点。传球主要分为正面双手上手传球、背传球、跳传球、侧传球、调整二传球几类。

❶ 正面双手传球

a. 传球前的准备姿势

两脚左右开立,约与肩同宽,一脚稍前,后脚跟略提起,两膝微屈,重心落于两脚之间略偏前脚。上体稍前倾或接近直立(但不能后仰),两肩放松,抬头注视来球。两臂屈肘举起,手的高度在脸前。两肘自然下垂,手腕稍后仰,十指张开成半球形。

b. 击球前手型和击球时手指触球的部位

击球之前,手掌应略相对,置于额前,手指自然弯曲,手腕稍后仰,以稍大于球体的半球形手型去迎击来球。当手指触球时,应在击球前手型的基础上,以手指的不同部位触及球体。

c. 传球动作和用力方法

正确的迎球动作是从下肢发力开始的。首先以伸膝、伸髋使身体重心上升,接着是屈踝、伸肘使两手迎向来球并在正确的击球位置击球。依靠全脚蹬地和手指手腕的用力将球传出。击球后,手腕由于用力后的惯性动作而适当随球前屈。击球点位于两手前额的正前上方约一个球的位置。在这一位置上触球时,肘关节尚有一定弯曲度,便于继续伸臂用力。

❷ 背传球

传球技术中,背对传球目标的传球叫背传。

动作方法:传球前身体背面要对正传球目标,上体保持正直或稍后仰,击球点比正面传球要稍高。迎球时,微微仰头挺胸,在下肢蹬地的同时,上体向后上方伸展。击球时,手腕适当后仰,使掌心向后上方,手指击球的底部,利用抬臂、送肘的动作使手指、手腕主动向上方用力以及两拇指主动上挑的力量将球向后上方传出(见图6-4)。

图6-4 背传球

❸ 跳传

运动员利用助跑或原地起跳，在空中进行单手、双手的传球叫跳传。跳起后，在身体上升快要接近最高点时开始做迎球动作，用抬大臂和伸肘的动作去迎击球，当身体上升到最高点时恰好触及球，这样可以借助身体最后的上升力量来加大传球力量。击球的手形、击球点手指、手腕动作与原地正面传相同（见图6-5）。

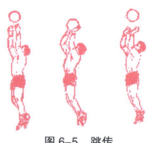

图6-5　跳传

（5）**拦网**。拦网是防反的第一道防线，是得分的重要手段。拦网有助于后排布防，是主动与被动组合的技术。拦网可分为单人拦网和集体拦网两种。

❶ 准备姿势

面对球网，密切注视着对方动向，两脚平行开立，约同肩宽，两膝稍屈，两手自然弯曲置于胸前，距中线20~30cm。

❷ 移动

常用的拦网移动步伐有并步移动、左右滑步移动、交叉步移动、跑步移动、转身与网平行做大跨步移动，随即侧身起跳，在空中转身对球网。

❸ 起跳

原地起跳：两脚用力蹬地，两臂在体侧划小弧用力上摆，开动身体向上垂直起跳。

移动起跳：移动起跳要注意移动后的制动，使身体正对球网，或在起跳过程中在空中使身体转向球网，争取扩大阻拦面。

起跳时机是拦网的难点，但必须掌握好。拦一般高球时要根据二传球的高低、远近、扣球人的起跳时间和动作特点，来确定拦网的起跳时间。一般应比扣球人晚起，因扣球人起跳后空中还有一个挥臂过程，要在对方击球瞬间，正好跳到最高点伸臂拦网。拦快球的起跳时间要根据二传球的速度和弧度，扣球人的起跳快慢、动作幅度大小、挥臂节奏的快慢以及扣球人的特点来定，可以和扣球人同时起跳，或稍提前。

讨论

请查一查自2008年以来中国男排和女排在国际上一些重大赛事的战况。

❹ 空中击球

起跳的同时，两手从额前贴近并平行与球网向网上沿前上方伸出，两臂伸直，两肩尽量上提，两手自然张开呈勺形，当手触球时，用力捂盖球的前上方。

❺ 落地

如球被拦回，可面向对方落地，屈膝缓冲，如未拦着，落地后要立即转身向着球飞出的方向，准备接应救球。

2. 排球比赛简单规则

（1）场地与器材。

❶ 场地
排球场地为长 18m、宽 9m 的长方形。
❷ 球网
球网为黑色，长 9.50m，宽 1m，网孔 10cm^2，男子网高 2.43m，女子网高 2.24m。
❸ 标志杆
长 1.80m，直径 10mm，高出球网 80cm。高出部分每 10cm 应涂有不同颜色，一般为红、白相间。
❹ 球
正式比赛用球应为一色浅色或国际排联批准的花色球，圆周 65～67cm，重 260～280g。

（2）比赛方法与站位。

❶ 比赛
每队上场队员各 6 人，比赛开始先由后排 1 号位队员在发球区发球。采用每球得分制。球在规定的网区上空飞过时触网并落在对方场区内，对方失误，则本方得分，并继续发球。如发球失误，或被对方将球击落在本方场区内，则算失分并由对方得发球权。取得发球权一方应按顺时针方向依次轮转一个位置发球，比赛继续进行。
❷ 站位
场上队员站位是否正确，是在发球队员击球瞬间，以场内队员脚着地的部分来确定。每一名前排队员一只脚的某部位必须比同列后排队员双脚距中线更近；每一名右边或左边队员一只脚的某部位必须比同排队员的双脚离边线近。待发球结束后，队员可在本场内任何一个位置上。

（3）**暂停与换人**。

当每局比赛到 8 分、16 分时为技术暂停，而在决胜局的比赛中没有技术暂停，但每队有 2 次 30s 的暂停机会。比赛成死球时，教练员或队长可向裁判员请求暂停 2 次，并有 2 次技术暂停，所有的暂停时间为 60s。每队每局比赛只能换 6 人次，每局开赛队员只能退出比赛一次，再上场时，只准换下替换他的队员。

（4）**触球和击球**

每队在本场区内，最多击球 3 次（拦网除外），应将球击入对方场内。比赛中队员身体任何部位都可触球，但接触时要短促地将球清晰击出，不得有捞、捧、携带等较长时间停留现象。一人不得连续两次触球，否则判连击犯规（拦网除外）。

（5）"**自由人**"。规定最多有 2 名自由防守队员（12 名队员之中），**比赛时场上只能有 1 名自由防守队员，服装必须有明显标志**，可以自由上场、下场，不限制次数，也无须经裁判员同意，但必须成"死球"时。自由防守队员不能列为正式上场队员，如想要开始上场，应把上场位置表上交后,再请求换人,然后才能上场。规定只能在后排 1、6、5 号位接球,不能参加发球或到进攻区进行专职传球、拦网,并不得在球场任何地区将高于球网上沿的球直接击入对方。自由防守队员在进攻区内用上手传出高于球网上沿的球,本方任何队员不得直接将球击入对方场内,传垫可以。

(6)比分。正式比赛,一般采用五局三胜制(新规则采用每球得分制,即攻防任何一方失误均由双方得分并发球),每局比赛某队满 25 分并比对方至少多得 2 分为胜一局。当双方比分 25 平时,应继续比赛至一队多领先 2 分为止,某队先胜三局即取得该场比赛胜利。

你知道吗

世界杯之父

国际足联成立之初,只有 7 个成员(法国、比利时、丹麦、荷兰、西班牙、瑞典、瑞士),1910 年南非作为第一个非欧洲成员国加入,开始逐渐发展。谈到国际足联真正的壮大,不得不提一个人:儒勒斯·雷米特(Jules Rimet)。这个法国人开创了国际足联历史上伟大的"雷米特时代"。

1921 年 3 月 1 日,48 岁的雷米特当选为国际足联第三任主席,他在任期内做了两件事,创立了一个时代。其一,雷米特凭借出众的外交能力,壮大了国际足联的规模,1954 年他卸任时,FIFA 的成员协会已从 20 个发展为 85 个;特别是 1946 年,雷米特争取到了英伦三岛 4 个足协(英格兰、苏格兰、威尔士、北爱尔兰)的加入,作为现代足球的发源地,这 4 个足协至今仍拥有独立参加世界杯的资格。其二,雷米特创立了世界杯大赛,1930 年 7 月 18 日,首届世界杯赛在乌拉圭揭幕,世界足球发展进入了新的阶段,为此,雷米特也得到了"世界杯之父"的称号,最初的世界杯赛奖杯也以他的名字命名。1956 年 10 月 16 日,雷米特在巴黎去世,享年 83 岁。

知识点 2 惊心动魄的小球天地

一、乒乓球

乒乓球最初只是一种活动性游戏,球是用轻而富有弹性的材料制成,拍子是雪茄烟盒盖之类的木质板,像打网球一样,但在桌上打,故称之为"桌上网球"。1900 年前后,由于轻工业的发展,球才改成用赛璐珞制成的空心球。此后,乒乓球运动便逐步发展起来。1900 年 12 月,第一次大型乒乓球比赛在英国伦敦举行。1926 年,国际乒乓球联合会正式成立,并决定举行第一届世界乒乓球锦标赛。1959 年,容国团获得了第二十五届世界乒乓球锦标赛男子单打冠军后,中国运

动员开始登上了国际乒坛,多次在世界大赛上取得好成绩。乒乓球被称为中国的"国球"。

乒乓球运动的特点是球小、速度快、变化多。经常参加乒乓球运动可以发展人的灵敏性和协调性,提高动作的速度和上下肢活动能力,同时具有改善心血管系统机能、增强体质的作用。乒乓球还有助于培养沉着冷静、机智果断的精神。

1. 乒乓球运动的基本技术

(1) 握拍法(见图6-6)。

❶ 直拍握法	以食指第二指节和拇指第一指节在拍柄的前面构成一个钳形,两指间距离1~2cm,拍柄贴住虎口,拍后三指自然弯曲贴于拍三分之一的上端。
❷ 横拍握法	横拍的一般握法如同人们见面时握手一样,中指、无名指、小指握拍柄,虎口贴住拍肩,拇指略弯曲紧捏拍或斜伸向拍面,食指斜伸在拍的另一面。

直拍握法　　　　　　　　　横拍握法

图6-6　握拍法

(2) 站位与步法。

站位主要有以下3种:

❶ **弧圈球**:以弧圈球为主的打法,基本站位是离球台50cm左右,偏左(左手选手偏右)。

❷ **快攻型**:左推右攻打法的基本站位是离台30~40cm,偏左(左手选手偏右)。两面攻打法的基本站位是离台30~40cm,中间略偏左(左手选手为中间略偏右)。

❸ **削球型**:横拍攻削结合打法的基本站位是在台中间。以削球为主的打法是站在中远台。

步法可以分为单步、换步、跳步和交叉步4种。

❶ **单步**:击球时以一脚前脚掌向前后或左右移动一步,以取得合理的击球位置。一般在来球较近身体时采用这种步法。

❸ **换步**:击球时以来球同方向的脚先跨一步,另一脚跟着移动一步,以取得合理的击球位置。一般在来球离站位较远的情况下使用这种步法。

❷ **跳步**:击球时以来球反方向的脚先起动用力蹬地,两脚同时离地向左侧或右侧移动,蹬地脚先着地,另一只脚也跟着落地站稳,以取得合理的击球位置。这种步法照顾范围大,重心稳健。

❹ **交叉步**:击球时先以来球反方向的脚向来球方向移动,并超过另一只脚,接着另一只脚再向来球方向移动,以取得合理的击球位置。一般在来球角度大的情况下采用这种步法。

（3）发球与接发球。

❶ 反手发急球	右脚稍前，左脚掌心托球置于腹前左侧，右手持拍于身体左侧。抛球后，持球下落时前臂迅速由后向前挥动，拍面朝前倾，击球的中上部。击球后，前臂和手腕向前挥动。	
❷ 反手发急下旋球	与反手发急球相似，区别在于拍同球接触瞬间拍面略为后仰，击球的中下部。击球点比网稍低，前臂在向前挥动时手腕向下压摩擦球，第一落点应在本方球台的端线附近。	
❸ 反手发右侧上（下）旋球	右脚在前，持拍手向上方引拍，拍柄略向下。当球下落与网同高时，前臂和手腕同时发力，触球瞬间手腕向右上方转动，使拍从球的中部向右上方摩擦。发右侧下旋球时，手腕向右下方转动，使拍从球的中部向右下方摩擦。	
❹ 发短球	准备姿势与发急球相似，不同的是击球时拍形稍向后仰，前臂和手腕轻轻击球的中下部。击球点与球网同高，第一落点应在本方球台的中段。	
❺ 高抛发球	站位偏左台，右脚稍后，两膝微屈，身体侧对球台约成90°，持球手一侧身体与球台距离约20cm。抛球时，持球手肘部要略高于体侧，手托球略高于台面，手腕固定，以前臂发力为主，配合膝关节伸展向上抛球。当球抛起后，持拍手臂立即向后侧上方引拍，手腕也随之外展，腰腹向右侧稍微提起，待球落至比网稍高时开始挥臂击球。拍与球接触的一瞬间，动作和正手左侧上（下）旋球相同。	
❻ 正手发急球	两脚平行站位，左手掌心托球置于腹前右侧，右手持拍于身体右侧。抛球后，待球下落时前臂迅速由后向前挥动，拍面稍前倾，击球的中上部。击球后，前臂和手腕随势向前挥动。	
❼ 正手发转与不转球	右脚在后，前臂向后上方引拍，拍面略向后仰。当球下落与网同高时，前臂迅速向前下方挥动，手腕用力转动，摩擦球的中下部。发不转球时，主要是拍与球接触的一瞬间，用球拍向前撞击，减少向下的摩擦力。	
❽ 正手发左侧上（下）旋球	右脚在后，抛球时，持球手向上方引拍，手腕外展。当球下落与网同高时，手臂迅速向下方挥动，触球瞬间手腕快速向左上方转动，使球拍从球的中部向上方摩擦。发左侧下旋球时，手腕快速向左下方摩擦。	

（4）推挡球。

❶ 挡球	（以右手为例）两脚单行或左脚稍前，身体离台面约50cm。击球前，前臂与台面平行伸向来球，触球前，前臂和手腕稍向前移动，借助于来球的反弹力将球挡回，在球上升期击球中部，拍形与台面接近垂直。

第六章　三大球和三小球

❷ 快推	站位和挡球相同。持拍手上臂和肘关节内收，前臂略向外旋，击球时，前臂开始向前推击，同时手腕旋转，食指压拍，拇指放松，使拍面前倾。在上升期，击球中上部，将球快推过去，击球后，手臂继续前送，手腕配合旋转，使球拍下压。	**讨论** 请列举出我国乒乓球名将，且说说他们的战绩。
❸ 加力推	击球前，前臂后收，球拍稍提高，并及时根据来球弹起的高度，调整好拍形角度，在来球的上升后期或高点期，以前倾拍形推击球的中上部。击球瞬间，上臂、前臂和手腕向前下方发力推压，腰、髋亦协助用力。	
❹ 推下旋	击球时，手腕不要外转，拇指压拍，拍面保持一定后仰，在上升期后段，击球中下部。推击时，适当增大向前和向下的力量，以压低回球弧线。	

（5）削球。

削球是一项独特的技术，以球速度慢、球路飘忽不定为特点。削球以防守为主，通过线路的变化，迫使对方回球质量不高，或者失误，抓住机会进行反击。

❶ 反手削球	两脚开立，右脚在前，两膝微屈，上体略向左旋转，重心支撑点在左脚上，引拍至左肩侧。击球时，上臂带动下臂挥动，拍面后仰，手腕跟着前臂用力方向转动，在来球下降期摩擦球的中下部，将球削出，重心支撑脚移到右脚。击球后，迅速还原，准备下次击球。
❷ 反手近削	两脚开立，右脚稍前，两膝微屈，身体离台稍近并略向左转。手臂自然弯曲，向左上方引拍约与肩平，拍面稍后仰。击球时，手臂迅速向右前下方挥动，以前臂和手腕用力为主，在来球高点期摩擦球的中部或中下部，将球削出。
❸ 接短球	离台较远时，上前接短球时要使用交叉步，一般以右脚在前、上体略前倾移近球台，手臂伸进台内将球击回。如来球稍高，要迅速上前反攻。
❹ 削弧圈球	削加转弧圈球时，拍面近乎垂直，向下的力量要大于向前的力量。对方来球旋转越强，越要用力把球压低。一般在下降期击球。削前冲弧圈球时，上臂动作较小，前臂发力，手腕固定，拍面稍向后仰，从后上方向前下方削出，动作短促有力。一般在下降期击球。在向下用力削球以抵消来球的冲击力的同时，还应适当增加前送的力量。
❺ 削追身球	来球在身体中间偏右时，要迅速向左让位，用正手回接。右脚后撤一步，身体立即右转并收腹，重心支撑点放在右脚，手臂靠近身体，前臂向后上提起。击球时，前臂和手腕向前下方用力，并配合外旋动作使拍面后仰，将球削出。
❻ 正手近削	两脚几乎与台平行站立，身体离台稍近。击球时，稍向右转，右脚拉后半步，手臂自然弯曲，引拍约与肩平，拍面稍向后仰，前臂用力向前下方切削，手腕配合下压，一般在来球高点期摩擦球的中部或中下部。

125

❼ 正手远削	两脚开立，右脚在后，身体离台 1m 以外，两膝弯曲，上体稍向右转，重心支撑点在右脚上。手臂自然弯曲，引拍至右肩侧。击球时，手臂向左前下方挥动，拍面后仰，手腕在拍与球接触的一瞬间转动，在来球下降期摩擦球的中下部。击球后，迅速还原，准备下次击球。

（6）搓球。

❶ 快搓	击球时，上臂迅速前伸，前臂跟随向前，拍形稍后仰，利用上臂前送的力量在上升期击球中上部。正手搓球时，身体稍后转，手臂向右前上方引拍，前臂手腕向前下方用力；反手搓球时，身体向前或略向左转，手臂向左上方引拍，前臂手腕向右前下方摩擦球，要注意来球的反弹力。
❷ 慢搓	反手慢搓的站位是右脚稍前，身体离球台约 50cm，保持手臂向左上引拍。击球时，前臂和手腕向前下方用力，同时配合内旋转腕的动作，拍面后仰，在下降期（一般在下降前期）击球中下部。

（7）弧圈球。

弧圈球有力量大、旋转强的特点，威胁比较大。弧圈球是直拍选手的主要技术之一，横拍选手也有的采用弧圈球的技术，提高回球的威胁性。弧圈球在中远台攻防中有积极的意义。

❶ 反手弧圈球	两脚平行或右脚稍后站立，两膝微屈。击球前，引拍至腹部下方，含胸收腹，肘部略向前出，手腕后屈，拍面前倾。当来球从台面弹起时，以肘关节为轴，前臂迅速向上方挥动，结合手腕向上转动的力量，在下降期摩擦球的中部或中上部。在击球过程中两膝逐渐伸直，重心上提。
❷ 正手加转弧圈球	两脚开立，右脚稍后，身体略向右转，两膝微屈，重心支撑点放在右脚上。准备击球时，持拍手臂自然下垂并向后下方引拍，使球拍靠近臀部挥至身后，右肩略低于左肩，拇指压拍使拍面略为前倾，并使拍面固定。当来球从台面弹起时，手臂向前上方挥动。前臂在上臂带动下很快收缩，拍面与台面约成 80°角，在下降期用拍摩擦球的中部或中上部。摩擦球时，要注意配合腰部向上方转动和右脚蹬地的力量。击球后，手臂随势将拍挥至额前，重心支撑移至左脚。
❸ 正手侧旋弧圈球	动作与加转弧圈球相似，击球时，除向上摩擦外，还要摩擦球的右侧部，使球产生强烈的侧上旋。
❹ 正手前冲弧圈球	两脚开立，右脚稍后，身体略向右转，重心支撑点放在右脚上。自然引拍至右下方约与台面齐高处，拍面保持前倾。当来球从台面弹起时，腰部由右向左转动，前臂在上臂带动下向前发力，手腕略微转动，拍面与台面成 50°角，在高点击摩擦球的中上部。击球后，重心支撑点移至左脚。

第六章　三大球和三小球

2. 乒乓球基本战术

（1）推攻战术。

- 特　　点：主要运用正手攻球和反手推挡的速度和力量，并结合落点变化和节奏变化来压制和调动对方，以争取主动或得分。推攻战术是左推右攻打法对付攻击型打法的主要战术，有反手推挡能力的两面攻运动员、攻削结合运动员等也常使用它。
- 方　　法：左推右攻；推挡侧身攻；推挡、侧身攻后扑正手；左推结合反手攻；左推、反手攻、侧身攻后扑正手。
- 注意事项：◆ 推、攻都要有线路变化、落点变化和节奏变化，这是推攻战术争取主动和创造扣杀机会的主要方法。

◆ 推挡一般以压对方反手为主，然后突然变正手，以创造进攻机会。如果对方正手较差，才可以推对方正手为主。

◆ 在推挡中突然加力推对方中路，使对方难于用力回击，然后用正手或侧身扣杀。

◆ 遇到机会球时要果断扣杀，这是推攻战术得分的主要手段。

◆ 推攻战术要坚持近台，又不能死守近台，要学会近台和中台的位置转换，掌握对手节奏。

◆ 推攻战术对付弧圈类打法应坚持近台为主，用快力推挡和加、减力推挡控制落点，伺机采用近台反拉或中等力量扣杀弧圈球，然后进入正手连续进攻。

（2）两面攻战术。

- 特　　点：主要利用正、反手攻球技术的速度和力量压制对方，争取主动和创造扣杀机会。两面攻技术是两面攻打法对付攻击型打法的主要战术。
- 方　　法：攻左扣右；攻打两角，猛扣中路。
- 注意事项：◆ 正、反手攻球都要有线路变化和落点变化，以便创造扣杀机会。

◆ 要以压对方反手为主，然后攻击对方正手或中路，以创造扣杀机会。

◆ 遇到机会球时要大胆扣杀。

◆ 两面攻战术在主动进攻情况下要坚持近台，被动情况下可适当后退，在中近台或中台进行反攻。

◆ 两面攻战术对付弧圈球打法应坚持近台，用快带顶住对方的弧圈球，伺机采用近台反拉或中等力量扣杀弧圈球，然后转入连续进攻。

（3）拉攻战术。

- 特　　点：连续运用正手快拉创造进攻机会，然后采用突击和扣杀来作为得分手段。拉攻战术是快攻打法对付削球类打法的主要战术。
- 方　　法：正手拉后扣杀；反手拉后扣杀。
- 注意事项：◆ 拉、扣的力量要悬殊，以使对方措手不及。

◆ 拉球要有线路和落点变化以调动对方，争取主动和创造进攻机会。

◆ 遇到机会球时要大胆扣杀或突击。

◆ 采用拉攻战术要有耐心，不要急于求成，对没有把握的机会球不要过凶。

（4）拉、扣、吊结合战术。

- 特　　点：由拉攻与放短球相结合而成，是快攻型打法对付削球打法的常用战术。
- 方　　法：在拉攻战术的扣杀或突击后放短球；在拉攻战术中放短球后，结合扣杀或突击。

注意事项：◆ 拉攻中放短球，要在对方站位较远并且来球比较接近网时进行，这样，放短球的落点容易靠近球网，可增加对方向前移动的距离和难度。

◆ 放短球后扣杀时，如果对方靠台极近，可对准对方身体方向扣杀，这样，往往能使对方难以让位还击。

（5）搓攻战术。

特　　点：主要运用"转、低、快、变"的搓球控制对方，以寻找战机，然后采用低突、快点或拉攻等技术展开攻势并进行连续进攻；在搓球中遇到机会球时进行扣杀，常常带有突然性，往往可以直接得分。搓攻战术是乒乓球各种打法都不可缺少的辅助战术。

讨　论

请说说这几种战术分别在什么情况下使用才易将对手杀死。

方　　法：正、反手搓球结合正手快拉、快点、突击或扣杀；正、反手搓球结合反手快拉、快点、突击或扣杀。

注意事项：◆ 搓攻战术既要尽可能早起板，以争取主动，又不能有急躁情绪，否则，起板容易失误。

◆ 在搓球中遇到机会球时要大胆扣杀，这是搓攻战术的主要得分手段。

◆ 在搓球中摆短，可使对方不易抢先进攻，故有利于创造进攻机会，以便伺机用正、反手或侧身进攻。

（6）削中反攻战术。

特　　点：由削球和攻球结合而成，常以逼角加转削球为主，伺机反攻；或以转、低、稳、变的削球，迫使对手在走动中拉攻，以从中寻找机会，予以反攻。这种战术有"逼、变、凶、攻"的特点，是攻、削结合打法的主要技术。

方　　法：正、反手削球逼角，结合正手攻或侧身攻对方右侧空当；正、反手削两大角长球，结合正、反手反攻。

注意事项：◆ 正、反手削球都要注意旋转强度的变化。在削加转后用削加转球相似的手法削不转球，是使对方拉出高球，以进行反攻的有效方法。

◆ 削球时要尽可能压低弧线、以避免对方扣杀或突击。

◆ 削球逼角时要适当配合削另一角，以使对方在走动中击球。

（7）发球抢攻战术。

特　　点：发球抢攻战术是以旋转、线路、落点以及速度不同的发球来增加对方回击的难度，使其出现机会球或降低回球质量，然后抢先进攻，以争取主动或直接得分，这是乒乓球所有打法特别是进攻型打法的主要战术和得分手段。

方　　法：发下旋转与"不转"抢攻；发正、反手奔球抢攻；发正、反手侧上、下旋球抢攻。

注意事项：◆ 发球要有线路和落点变化，以使对方前、后、左、右走动中接发球。

◆ 发球后要有抢攻准备，以不失抢攻的机会。

◆ 自己发什么球，对方可能以什么技术回击，要做到发球前心中有数。这样，才能较好地做好抢攻的准备。

◆ 抢攻要尽可能凶，又不能过凶，否则，会影响命中率。

第六章　三大球和三小球

（8）接发球抢攻战术。

<u>特　　点</u>：由某一单项攻球技术所形成，进攻性强，可变接发球的被动地位为主动地位，也可直接得分，是乒乓球运动各种打法特别是进攻型打法的主要战术。

<u>方　　法</u>：用快点、快攻或中等力量突击进行接发球抢攻。

<u>注意事项</u>：
- ◆ 由于接发球抢攻是在对方发球、自己处于被动的接发球地位时所采取的进攻型打法，所以难度较大。接发球抢攻一般不可过凶，要看准来球的旋转方向、旋转强度和高度，采用适当的方法进攻。例如对方发加转下旋球，接发球抢攻时要采用提拉手法，以免下网。同时，攻球的力量不可过大。
- ◆ 接发球抢攻动作结束后，要立即做好对攻或连续攻的准备，以便继续处于主动地位。
- ◆ 接发球抢攻、抢冲的力量越小，应越注意球的路线或落点，一般应多打在对方反手；若对方反手强而正手弱，则可多打在对方正手。

3. 乒乓球比赛基本规则

- ◆ 发球时将球置于手心，垂直抛起 16cm，球从最高点下落时方可击球。
- ◆ 发球时，发球人应在台面以上和端线左边延长线以内。
- ◆ 发球时，每人轮换发两个球。11 分为一局，五局三胜制或七局四胜制。
- ◆ 双打比赛发球时应从右半台发到对方右半台，轮换发球时要换人接发球。一局中首先发球的一方，在该场下一局应先接发球，在决胜局的比赛中，当一方先得 5 分时，双方应交换方位。
- ◆ 团体赛采用的比赛顺序为第一场 A—X，第二场 B—Y，第三场 C—Z，第四场 A—Y，第五场 B—X，先胜 3 场者为胜方。

4. 乒乓球比赛规则最新变化

（1）**小球改大球**。1996 年 5 月，国际乒联开始改换大球的试验，但是直到 2000 年 2 月 23 日，国际乒联特别人会和代表人会才在吉隆坡通过了 40mm 大球改革方案，悉尼奥运会之后，乒乓球比赛使用直径 40mm、重量 2.7g 的大球，取代 38mm 的小球。

（2）**每局 11 分**。2001 年 9 月 1 日，乒乓球比赛由每局 21 分制改为每局 11 分制。国际乒联采用 11 分赛制的初衷是缩短每局比赛的时间，原来打 3 局的时间，11 分制可以打 5 局，这样比赛就会变得更加激烈精彩。不过，真正使比赛精彩的根本原因是提高了结果的偶然性。

（3）**无遮挡发球**。2002 年 9 月 1 日，国际乒联正式在各国乒协推行无遮挡发球。发球时，尤其是在侧身正手发球时，不能用身体和抛球的手、手臂及衣服遮挡对方球员的视线。国际乒联主席沙拉拉称："实行无遮挡发球，并无意刁难中国队，只是想使比赛更加透明，这样才显得更加公平，使比赛的回合增多，观赏性增强。"

（4）**北京奥运双打改团体**。2005 年 10 月 27 日，国际奥委会执委会在瑞士洛桑宣布了对 2008 年北京奥运会 28 个大项下小项的新增和调整决定，对中国影响最大的是乒乓球项目的男女双打被调整为男女团体。奥运会乒乓球男女团体比赛将取消 1/4 决赛。团体小组赛中，只有 4 个小组的第一名才能出线并入围半决赛，从而争夺最后的冠军。

你知道吗

新中国第一个世界冠军——容国团

容国团，1937年8月10日生于香港。从小喜爱乒乓球运动。15岁时即代表香港工联乒乓球队参加比赛。1957年，20岁时从香港回内地，同年进广州体育学院学习。1958年被选入广东省乒乓球队，同年参加全国乒乓球锦标赛，获男子单打冠军。随后被选为国家集训队队员。他直拍快攻打法，球路广，变化多，尤精于发球、推、拉、削、搓和正反手攻球技术均佳，较好地继承和发展了中国传统的左推右攻打法，并创造了发转与不转球、搓转与不转球的新技术。在比赛中，他运用战术灵活多变，独具特色。中国乒乓球队近台快攻的技术风格，就是在总结了他的技术经验之后，由原来的"快、准、狠"，发展为"快、准、狠、变"。

1959年在第二十五届世界乒乓球锦标赛上，他先后战胜各国乒坛名将，为中国夺得了第一个乒乓球男子单打世界冠军，他是新中国第一个世界冠军获得者。1961年在第二十六届世界乒乓球锦标赛上，他为中国队第一次夺得男子团体冠军做出了重要贡献。1964年后他担任中国乒乓球女队教练，在他和其他教练员的指导下，中国女队在第二十八届世界乒乓球锦标赛上，获得了女子团体冠军。1958年获运动健将称号。1959年、1961年两次获国家体委颁发的体育运动荣誉奖章。1984年被评为中华人民共和国成立35年来杰出运动员之一。

二、羽毛球

现代羽毛球运动起源于1873年。在英国格拉斯哥郡的伯明顿镇有一位叫鲍弗特的公爵，在庄园里进行了一次"蒲那游戏"的表演，因这项活动极富趣味性，很快就风行开来。此后，这种室内游戏迅速传遍英国，"伯明顿"（Badminton）即成为英文羽毛球的名字。

羽毛球运动是比赛双方在一块长13.40m、宽5.18m（单打）或6.10m（双打）的长方形的中间隔着网的特定场地上，用球拍轮流击打一个羽毛球，以把球击落在对方场区内或使对方击球失误为胜的一项球类运动。1992年巴塞罗那奥运会列为正式比赛项目。

羽毛球所需场地较小，器材简单，运动量可大可小，趣味性强，宜于推广。经常参加羽毛球运动有助于增强体质，发展人体灵活性和协调性。

1. 羽毛球运动基本技术

（1）**握拍方法**（见图6-7）。羽毛球握拍法包括正手握拍法和反手握拍法。

第六章　三大球和三小球

❶ 正手握拍法

握拍之前，先用左手拿住球拍，使拍面与地面垂直；再张开右手，使手掌在球拍的握柄底托部位，虎口对着球拍框。小指、无名指、中指自然并拢，食指与中指稍稍分开，自然弯曲贴在球拍握柄上。握拍的时候，不要过于用力，手部肌肉要放松。只是在击球的一刹那，手指突然紧握拍柄发力。

❷ 反手握拍法

反手握拍法有两种，一种是由正手握拍法把球拍向外转，拇指前内侧部位贴在球拍柄的窄面部位，食指向中指方向稍回收。另一种是由正手握拍法将球框向外转，拇指伸直贴在球拍把的宽面，食指、中指、无名指、小指并拢。

正手握拍法

反手握拍法

（2）**步法**。脚步移动方向分为上网步法、后退步法和两侧移动步法等。

图 6-7　握拍方法

❶ 上网步法	上网根据来球的远近，可采用两步、三步或一步上网击球。最后一步时，握拍那只手内侧的脚在前，身体重心落在前脚上。
❷ 后退步法	无论采用哪种后退步法，都要保证最后一步落在右脚，保持重心在右脚上。
❸ 两侧移动步法	两侧移动步法用于接对方击向身体左右两侧的球。向左侧移动时，右脚掌内侧用力起动，左脚同时向左侧转跨步，向右侧移动时则相反。

（3）**发球**。发球是羽毛球比赛的开始，掌握发球技术，对于掌握比赛主动权很重要。主要的发球技术包括正手发高远球、正手发平高球、正手发网前球、反手发平球、反手发网前球。

❶ 正手发高远球	准备发球时，站在离发球线 1m 左右、发球区中线附近，左脚在前，右脚在后，两脚自然分开。身体重心放在右脚上，身体自然微向后仰，右手向右后侧举起，肘部弯曲，左手拿球，左臂自然在胸前弯曲。
❷ 正手发平高球	站在距前发球线 1m 左右、发球区中线附近，左脚在前，右脚在后，两脚自然分开。身体重心放在右脚上，身体自然微向后仰，右手向右后侧举起，肘部弯曲，左手拿球，左臂自然在胸前弯曲。发球时，左手把球举在身体靠右前方并放下，使球下落，右手同时由大臂带动小臂，以小臂加速将球拍从右后方向前，并往左前方挥动。当球落到腰部稍下时，紧握球拍，手腕向前上方、以向前方为主击球，击球动作比高远球要小。

> **讨论**
>
> 根据羽毛球拍的材质羽毛球拍分为哪些种类？

❸ 正手发网前球	发网前球时，站位稍前。网前球飞行线路短、弧度低、用力轻，所以前臂和手腕后伸的程度比发高远球小。球拍触球时，拍面从右向左斜切击球，使球刚好越网而过，落在对方发球线附近。发球的时候，左手把球举在身体的右前方放下，使球下落，右手同时由大臂带动小臂，从右后方向前，往左前上方挥动，大臂开始挥动的时候，身体重心由右脚慢慢移到左脚。当球落到击球人手臂向下自然伸直能够触球的同时，握紧球拍，并利用甩手腕的力量，向前上方用力击球，击出同时，手臂向左上方挥动。
❹ 反手发平球	发球时，球拍的挥动方向与反手发网前球一样，只是在击球一刹那，手腕采用弹击力量方法，拍面角度接近垂直，将球击到双打后发球线以内。
❺ 反手发网前球	站位靠近发球线，左脚或右脚靠前均可，身体重心在前脚，上体前倾后脚跟提起。右手反握在拍柄稍前部位，肘部关节部位提起，手腕稍前屈，球拍低于腰部，斜放在小腹前。左手持球在球拍面前方。发球时，球拍由后向前推送球，使球的最高弧线略高于网顶，通过拍面的切削作用使球落到对方场区发球线附近。

（4）**击球**。羽毛球击球技术，包括前场击球和中后场击球。前场击球主要练习前场正手接网前球技术、正手放网前球、正手推网前球（推直线和推斜线）、正手网前勾对角线、反手放网前球、反手网前搓球、反手网前勾对角线和轻吊球。中场击球主要包括正手挡对角线网前球技术、正手接直线网前球技术、反手勾对角网前球技术、反手挡直线网前球技术。

❶ 击平高球	击平高球与击高远球一样，平高球也可以分别用正手、头顶或反手技术去击打。击球前的准备动作与击打高远球类似，只是击球瞬间，手腕是向前而不是向上方用力。
❷ 反手击高远球	看准对方来球落向左后场区时，迅速把身体转向左后方，移动到适合击球的位置，背对球网，用反手握拍法握拍。最后一步右脚跨向左后方，球拍由身前举到左臂附近，以大臂带动前臂转动，击球时前臂由左肩上方向下绕半弧形，最后一刹那手指紧握球拍，击球点应在右肩上方为好。击球后，转身，手臂回收至胸前。
❸ 头顶击直线高球	基本准备姿势和动作与正手击高球相似，但击球前上体稍弓身体后仰，以便更好地发力。右上臂右后上抬，球拍由后绕过头顶，前臂向前上方经内旋带动手腕突然屈收鞭打发力，击球托的后部，使球沿直线方向飞行。
❹ 正手击直线高球和对角线高球	在右后场区时，左脚在前，右脚在后，稍屈膝，侧身对网，重心在右脚前掌上面，左手自然上举，头抬起时注视来球，右手持拍于身体右侧。击球前重心下降准备起跳。起跳的同时右臂后引，胸部舒展。当球落至额前上方击球点时，上臂往右上方抬起，肘部领前，前臂自然后摆，手腕尽量后伸，前臂急速内旋前上方挥动，手腕向前鞭打发力，紧握球拍，击球托的后部，球即沿直线方向飞行。若手腕控制拍面击球托的后侧下部，则球向对角线方向飞行。击球后，手、手臂随惯性自然收至胸前。

第六章 三大球和三小球

❺ 拦吊（拦截吊）	拦吊通常是将对方的平高球拦截回去，击球时拍面正对来球，当拍面触球时，只要轻轻拦切或点击，球即以较平的弧线、较慢的速度越过球网下落。
❻ 劈吊	劈吊击球前动作和打高球、杀球相似。击球时用力较轻，带有劈切动作（落点一般离球网较远），当球落在右手臂向上自然伸直的高度时，手腕快速做切削动作，使拍面与球托右侧或左侧接触而把球击出，完成劈吊动作。
❼ 轻吊	轻吊击球前动作和打高球相似（落点一般离球网较近）。击球时，球拍正对来球，在接触球的瞬间，突然减速轻点或轻切来球，使球刚一过网就下落。

（5）扣球。又称杀球，是羽毛球比赛得分的主要手段之一，球速快、威胁大。扣球包括正手侧身扣直线球、正手侧身扣对角线、正手腾空突击扣杀、头顶扣对角线球、头顶扣直线球、头顶腾空突击扣杀、反手扣球等技术。

❶ 正手侧身扣直线球	准备姿势与正手击高球相似。不同之处是右脚起跳后，身体后仰成弓形后收腹用力，靠腰腹带动大臂，大臂带动手腕，形成向下鞭打用力，球拍正面击球托后部，无切击，使球直线向下方快速飞行。击球后立即还原成准备动作。
❷ 正手侧身扣对角线	准备姿势同正手扣直线球。不同之处是右脚起跳之后，身体向左前方转动用力，协助手臂向对角线方向击球。
❸ 正手腾空突击扣杀	击球前，右脚稍前，左脚稍后，身体稍向前倾、屈膝，中心落在右脚上，准备起跳。起跳后，身体向后方腾起，上身右后仰成反弓形，右臂右上抬，肩尽量后拉。击球时，前臂快速举起，手腕从后伸到前臂内跟着屈收压腕鞭打高速向前下击球。扣球后，屈膝缓冲，右脚右侧着地，重心在右脚前，左脚左侧先着地，并迅速还原。
❹ 头顶扣对角线球	准备动作同头顶击高球。不同之处是挥拍击球时，靠腰腹带动上臂、前臂、手腕的鞭打动作，全力向对角线下方击球。球拍面和击球方向水平面的夹角小于90°。
❺ 头顶扣直线球	准备姿势同头顶击高球，不同的是挥拍击球时，准备动作同头顶击高球。不同之处是挥拍击球时，靠腰腹带动上臂、前臂、手腕的鞭打动作，全力向直线下方击球。球拍面和击球方向水平面的夹角小于90°。
❻ 头顶腾空突击扣杀	击球前，身体向左侧后方倾斜，重心落在左脚上，屈膝准备起跳，起跳后，身体向左侧后方腾起，上身坐后仰成反弓形，手腕后伸外展。击球时，前臂迅速由头后举起，手腕内旋压腕，在前臂内旋的带动下鞭打向前下击球。
❼ 反手扣球	反手扣球动作与反手击高球相同。不同之处在于击球前挥拍力量大，身体反弓加上手臂、手腕的延伸，外展时鞭打用力，向对方直线或对角线的下方用力，击球瞬间与扣球方向的水平夹角小于90°。

133

2. 羽毛球比赛基本战术

（1）单打战术。

❶ 发球抢攻战术	发球不受对方干扰，发球者可以根据规则，随心所欲地以任何方式将球发到对方接球区的任意一点，利用多变的发球术，先发制人，取得主动。以发平快球和网前球配合，争取创造第三拍的主动进攻机会，组成发球抢攻战术。	
❷ 攻后场战术	采用重复打高远球或平高球的技术，压对方后场两角，迫使对方处于被动状态，一旦其回球质量不高，便伺机杀、吊对方的空当。	
❸ 逼反手战术	一般说来，后场反手击球的进攻性不强，球路也较简单。对于后场反手较差的对手要毫不放松地加以攻击。先拉开对方位置，使对方反手区露出空当。然后把球打到反手区，迫使对方使用反拍击球。例如：先吊对方正手网前，对方挑高球，以平高球攻击对方反手区。在重复攻击对方反手区迫使其远离中心位置时，突然吊对角网前。	
❹ 打四点球突击战术	以快速的平高球、吊球准确地打到对方场区的四个角落，迫使对方前后左右奔跑，当对方来不及回中心位置或失去重心时，抓住空当和弱点进行突击。	
❺ 吊、杀上网战术	先在后场以轻杀配合吊球把球下压，落点要选择在场地两边，使对方被动回球。若对方还击网前球时，便迅速上网搓球或勾对角快速平推球；若对方在网前挑高球，可在其后退途中把球直接杀到他身上。	
❻ 先守后攻战术	这一战术可用来对付那种盲目进攻而体力又差的对手。比赛开始，先以高球诱使对方进攻，在对方只顾进攻疏于防守时，即可突击进攻，或者在对方体力下降、速度减慢时再发动进攻。这是以逸待劳、后发制人的战术。	

（2）双打战术。
双打比赛不仅是比赛双方在技术、战术、体力上的较量，同时也是同伴间默契程度的较量。

❶ 攻人战术	即"二打一"或避强击弱战术。集中力量攻击对方较弱的队员，迫使对方的特长得不到发挥，充分暴露对方的弱点，是此战术的目的。
❷ 攻中路、攻半场战术	当对方队员分边站位时，要尽可能地将球攻到对方两人之间的空隙区，以造成对方争夺回击或相互让球而出现失误。当对方成前后站位时，将球还击到两人之间靠边线的位置上。这是对付配合欠佳、动作不灵活、接半场球技术较差的对手的有效战术。

三、网球

网球与高尔夫球、保龄球、台球并称为世界四大绅士运动。网球的起源可以追溯到 12～13 世纪的法国。1875 年，英国板球俱乐部制定了网球比赛规则。1877 年 7 月全英板球俱乐部在温布尔顿举办了第一届草地网球赛。

网球运动集多种技术于一体，要求参与者反应快速、判断准确，有利于锻炼体魄、增强自信，是促进身心健康和人体机能的全面发展的运动项目。

1. 网球拍的选择

（1）**硬度（Stiff）**。硬的球拍能产生更大的威力、更大的甜区、更稳的方向控制性与更小的振荡（因为硬的球拍击球后振幅小，振动时间短），几乎所有的因素都能减少网球肘的发生。而有弹性的球拍也有一个优点，就是对深度的控制性较佳，适合挥拍速度快或摆动幅度大的球员。

（2）**甜区（Sweet Point）**。简单地说，甜区就是球拍面的有效击球区。甜区能给你足够的威力、控球性与扎实的击球。当你用甜区击球，你就感觉很舒适，振荡与振动很小。

（3）**网球拍的一般选择原则**。一般来说，较重的球拍往往有较大的甜区，产生的力量较大，球拍振动较小。较硬的球拍也会产生较大的力量。同时，无论拍面大小，较硬的拍框回球更精确。大拍面会产生较大的力量，对扭曲的抵抗力也更强，具有较大的甜区。

2. 网球运动的基本技术

（1）**握拍方法**（见图 6-8）。网球拍握拍法分为东方式握拍法、大陆式握拍法和西方式握拍法。下面均以右手习惯进行讲解，左手习惯则方向与之相反。

图 6-8 握拍方法

> **❶ 东方式正手握拍法**
>
> 左手先握住球拍颈部，使球拍与地面垂直，右手如同与拍柄握手一样，使虎口对正拍柄右上侧棱，拇指环绕球拍柄至中指接触，食指应向上一些与中指分开，无名指与小指俯于拍柄上面。

❷ 大陆式握拍法

大陆式握拍法介于东方式握拍法的正手握拍法和反手握拍法之间。由拇指和食指形成 V 形，虎口放在拍柄的上半面与左上斜面的交界线上，手掌根部贴住上平面，与拍底平面对齐，食指与其他三个手指稍微分开，食指下关节紧贴在右上斜面上，正、反手击球时球拍不用转动和换握。

讨 论

请列举一些中国网球名将的名字。

❸ 西方式握拍法

左手持拍，使拍面与地面平行，右手从正上面同拍柄握手，食指和拇指都不前伸，大把握拍，而且正手、反手击球时都采用球拍的同一面。

（2）步法。

◆ 练习接发球准备姿势；膝关节弯曲，脚跟提起，上体稍前倾，两脚不停地跳动。
◆ 反复练习滑步、跑步、跨步、垫步、交叉步等移动步法。
◆ 徒手练习向前、后、左、右移动脚步的动作。
◆ 持拍练习前、后、左、右各种击球的挥拍步法。
◆ 利用跳绳练习单脚跳、双脚跳、移动的单脚交替跳。
◆ 采用多球法进行步法练习。

（3）**发球**。发球是网球比赛的开始，发球技巧也是网球训练的重点技术环节之一。下面均以右手习惯进行讲解，左手习惯则方向与之相反。

❶ 发球的准备姿势

发球时站在底线后 3~5cm 处，两脚自然开立约与肩同宽，身体重心放在两腿之间，用东方式握拍法，左手持球扶住拍头颈部，承担网拍重量。右手轻轻握住拍柄，全身充分放松，两肩下沉，右区发球站在靠近中点处，左脚与底线成 45°角，右脚与底线平行，左肩侧对球网。

❷ 网球发球时的击球动作

右手握拍柄，左手持球，两手扶拍于体前，左手以拇指、食指和中指轻轻握住将要发出的球。然后两手同时动作，左手离开球拍经体前下落，伸直上臂再向前向上将球抛出，手腕领先，将球摆在预定位置上，右臂自然下落经体侧后引，当拍子与肩同高时转肩，同时向右转体 40°~50°，身体重心由前脚移至后脚，左膝向前弓出，右膝顺势弯曲，下颌抬起，此时身体形成最大限度的背弓，借下垂之势迅速蹬地转体、转肩，身体重心移至前脚，肘部抬起，带动臂膊上举球拍，大小臂协调配合，以小臂的内旋动作和强力扣腕将球击出。

❸ 发球的击球点和击球高度

一般来说，发球时，球抛在头的上方或上方稍前，发球力量越大，击球点越向前移。平击发球，往往抛在身体重心投影前 60cm 左右处。抛球的高度原则上是击球的高度，当球上升停止（即到最高点处）的瞬间将球击出。

（4）击球。击球技术是网球技术的基础，分为正手击球和反手击球。

❶ 正手击球技术（见图 6-9）

正手击球的准备姿势：正面对网，两脚自然开立约与肩同宽，两膝微屈，重心放在前脚掌上，上体略向前倾，两手持拍置于腹前，左手扶住拍颈，拍头与手腕平高或略高于手腕，右手采用正手握拍的方法。同时，两脚可不停地轻微跳动，使身体重心随时可以向任何方向起动。

图 6-9　正手击球

正手击球动作：当判断来球是正拍时，重心后移，左脚前踏，左肩对网，左脚与底线约成 45°角，右脚与底线平行。击球时应以肩关节为轴，手腕要关闭（不动），用大臂挥动小臂、手腕及球拍，球拍面在整个击打过程中保持与地面垂直或者略开一点，球拍从后引开始到向前挥击应是一个连贯的动作。

击球点和高度：击球点一般在左脚右侧前 90～120cm 处，这个位置击球是最有力量的。

❷ 反手击球技术（见图 6-10）

反手击球的动作要点：决定反手击球时，侧身，使肩膀几乎和来球飞行路线平行。自动地带着球拍向后，因为没有太多准备时间，打反手击球不要像打落地球那样长的后摆，后摆要早些。转体有助于重心移至后脚，这样击球时能向前转移重心，增加球速。打反手球时，必须使球拍靠近地面击球，这样才能在球刚弹起时立即出击，所以必须弯腰屈膝使重心下降。打反手球时，要绷紧手腕，拍面与地面保持合适的角度，尽力做到前脚之前击球，前挥动作略为向上，使球接触拍的时间尽可能长，时间越长，越容易控制球。

图 6-10　反手击球

（5）截击球（见图 6-11）。网球比赛中，截击球是重要的得分手段，良好的上网截击技术，可以迅速得分，还可以提高士气。

图 6-11　截击球

❶ 网球截击球的准备姿势

两脚自然开立约与肩同宽，重心放在前脚掌上，足跟提起，两手持拍置于胸前，拍头竖起在眼前，两肘离开身体，左肘高于右肘，上体微前倾，两眼注视来球，成为一个可向任何方向移动的待发状态。

❷ 网前截击的动作要领

手腕略竖起，拍头高于手腕。
拍拉动作要小，要用举拍转肩、转体来带动上臂，肘要离开身体，不要夹臂。
击球时看上去以肘为轴，肩关节固定，随身体向前转动，封闭腕关节，使手掌、网拍和球在一条直线上，击球瞬间屏住呼吸。
击球后随挥动作很小，身体重心移动不大。

❸ 截击球击球动作

截击球是一个短暂的撞击动作，网拍后引动作小，不要过肩，大小臂之夹角不要大于90°，后引时要使肘领先小臂和拍子。击球点要处在身前。如果球落在体侧或身后，就变成挡球了，完全失去了控制球的能力；若击球点太靠前，就会去够球，结果是拍子向前下方挥动，造成击球下网或失掉重心。击球点高度应以眼睛高度为佳。

❹ 网前截击球站位

原则上越靠近球网越好，因为这样控制角度大，但是在完成截击动作时还要向前迈步，还要侧身对网并上，一般根据自己的身高和臂长距球网 1～2m 即可，最远不要超过 3m，再远就变成中场截击球了。如果过于近网，还容易造成过网击球或者触网。双打站位也是这个距离，但不在中线上，而是站在自己一侧靠近单打边线的位置上，另半场留给同伴。

（6）挑高球（见图 6-12）。挑高球就是把球向高空挑起，在网球比赛中对手占领了网前、自己又无机会破网的情况下，经常使用挑高球的方法，目的是迫使对方回到后场，进行过渡。

图 6-12　挑高球

正手和反手挑高球与场地击球的技术一样，都需要东方式握拍法。站立位置和姿势也和地面击球相同。挑高球的方法与一般正手和反手的场地击球类似，不同的是球拍拿到球下面去挑打。挑打后球拍的跟踪动作，远远高于普通的地面平击球，同时球拍要与在空中向上飞行的球保持在一条直线上。球拍面接触球的斜角与普通平击球也有差别。根据挑高球的性质，分为防守型挑高球和进攻型挑高球，在不同情况下运用。

挑高球的技术要点：

移动中引拍：处于被动情况下要将球打过网，势必使用防守型挑高球。这时可能没有时间正确做好正拍或反拍准备动作，往往是一边跑一边把拍举起，放到后面像抽球一样充分后摆。如果可能的话，应该一边跑一边引拍，在接近球的最后几步应侧身，肩对来球方向。

注视来球：挑防守型高球时，集中看球不太容易做到。但是还是要集中精力，目视来球。

充分后摆：高而深的防守型挑高球要求一个长而流畅的击球动作，这需要充分引拍后摆和完善的随挥。如果一边跑一边引拍，这样便进入了一个理想的击球姿势。

击球下部：防守性挑高球必须挑得很高，还要能够落到对方场地很深的地方。高球使自己有时间回位，深球使对方难以打出高质量的高压球，挥拍时，让拍面打击球的下部，把球高高打向空中。

手腕绷紧：防守型挑高球不需要手腕的扣击，也不需要加上多余的弹击动作。整个击球动作，包括随挥动作，都要保持手腕绷紧，握紧球拍。

瞄准中后场：挑高球的理想目标是对方场区近端线处。

向上随挥，然后迅速回到有利位置。

（7）**高压球**。又叫扣球，是网球比赛得分的重要技术手段。

高压球动作要点：

侧身举拍：在调整过程中，就应该侧身对球，举起球拍准备击球。

调整位置：跟球移动到了球后，要注意调整自己的位置以利于击球。

移动跟球：当对方挑高球时，应迅速根据来球位置移动，切不可在原地等球。

目视来球：眼睛注视来球，正确判断来球方向和位置。

扣腕击球：选好击球点，一般击球点在身体前方、头的上方。如果准备打反弹球，则球应该落在前脚趾前面，越接近脚趾越好。手腕扣击动作是高压球发力的关键，收腹、转肩、挥臂，使球拍前挥时通过手腕的扣击动作使拍头加速，加大扣球力量。在击球的瞬间，手臂、手腕和球拍在同一条直线上，身体也应略向前倾，击球后扣腕动作仍要继续到身体的另一侧，像发球那样完成随挥动作。在挥拍击球同时，脚向前滑步，使身体重心在击球时跟进，增加击球力量。

（8）**双手反击球**。双手反拍击球是在网球比赛中经常使用的技术动作。

> ❶ **网球双手反拍动作要领**
>
> 注视来球，而不是看对手。
> 迅速移动到击球位置，并正确做好后摆。
> 击球时，前臂保持伸直，手腕要绷紧。重心前移，以产生足够的力量。
> 当球离开球拍时，重心要落在前脚上。
> 挥拍稍向上，球拍随球送出。在身体另一侧的高处结束挥拍动作。

网球球拍与羽毛球球拍的握法有啥不同？

❷ 双手反拍击球技术动作

　　右手按东方式正拍握法握住球拍，左手放在右手前面，大把握住球拍，两个手指的第一关节刚好在一条直线上，食指不必前伸。在击球开始时，首先把球拍后引，拍面要稍开一些，右脚向边线方向迈出一步，使身体形成侧身对网，把身体重心移到左脚，此时两膝微屈，重心略下降，右肩前探，下颌靠近右肩。向右引拍时左手扶住拍柄，开始向前挥拍就要两臂协调一致用力前挥，左手主力，右手控制击球方向。球拍触球后两臂尽量向前伸够，直到球拍和两臂形成一条直线。随挥动作是由转动上体、使后肩向着球飞去的方向绕出而完成的，弧线挥拍向上，把拍带到身体另一侧，在高处结束随挥动作。

3. 网球比赛简单规则

　　（1）**发球前的规定**。发球员在发球前应先站在端线后、中点和边线的假定延长线之间的区域里，用手将球向空中任何方向抛起，在球接触地面以前，用球拍击球（仅能用一只手的运动员，可用球拍将球抛起）。球拍与球接触时，就算完成球的发送。

　　发球员在整个发球动作中，不得通过行走或跑动改变原站的位置，两脚只准站在规定位置，不得触及其他区域。

　　（2）**发球员的位置**。每局开始，先从右区端线后发球，得或失一分后，应换到左区发球。发出的球应从网上越过，落到对角的对方发球区内或其周围的线上。

　　（3）**发球失误**。未击中球；发出的球在落地前触及固定物（球网、中心带和网边白布除外）；违反发球站位规定。发球员第一次发球失误后，应在原发位置上进行第二次发球。

　　（4）**发球无效**。发球触网后，仍然落到对方发球区内，接球员未做好接球准备，均应重发球。

　　（5）**交换发球**。第一局比赛终了，接球员成为发球员，发球员成为接球员。以后每局终了，均依次互相交换，直至比赛结束。

　　（6）**交换场地**。双方应在每盘的第1、3、5等单数局结束后，以及每盘结束双方局数之和为单数时，交换场地。

　　（7）**失分**。发生下列任何一种情况，均判失分。

- 在球第二次着地前，未能还击过网。
- 还击的球触及对方场区界线以外的地面、固定物或其他物件。
- 还击空中球失败。
- 故意用球拍触球超过一次。
- 运动员的身体、球拍，在发球期间触及球网。
- 过网击球。
- 抛拍击球。

　　（8）**双打发球次序**。每盘第一局开始时，由发球方决定由何人首先发球，对方则同样地在第2局开始时，决定由何人首先发球。第3局由第1局发球方的另一球员发球。第4局由第2局发球方的另一球员发球。以下各局均按此次序发球。

（9）**双打接球次序**。先接球的一方，应在第 1 局开始时，决定由何人先接发球，并在这盘单数局，继续先接发球。双方同样应在第 2 局开始时，决定由何人接发球，并在这盘双数局继续先接发球。他们的同伴应在每局中轮流接发球。

（10）**双打还击**。接发球后，双方应轮流由其中任何一名队员还击。如运动员在其同队队员击球后，再以球拍触球，则判对方得分。

4. 网球比赛计分办法

（1）胜 1 局。

- 每胜 1 球得 1 分，先胜 4 分者胜 1 局。
- 双方各得 3 分时为"平分"，平分后，净胜 2 分为胜 1 局。

（2）胜 1 盘。

- 一方先胜 6 局为胜 1 盘。
- 双方各胜 5 局时，一方净胜 2 局为胜 1 盘。

（3）决胜局计分制。

在每盘的局数为 6 平时，有以下两种计分制。

- **长盘制**：一方净胜 2 局为胜 1 盘。
- **短盘制**：决胜盘除外，除非赛前另有规定，一般应按以下办法执行。
A. 先得 7 分者为胜该局及该盘（若分数为 6 平时，一方须净 2 分）。
B. 首先发球员发第 1 分球，对方发第 2、3 分球，然后轮流发 2 分球，直到比赛结束。
C. 第 1 分球在右区发，第 2 分球在左区发，第 3 分球在右区发。
D. 每 6 分球和决胜局结束都要交换场地。

（4）短盘制的计分。

- 第 1 个球（0∶0），发球员 A 发 1 分球，1 分球之后换发球。
- 第 2、3 个球（报 1∶0 或 0∶1，不报 15∶0 或 0∶15），由 B 发球，B 连发 2 分球后换发球，先从左区发球。
- 第 4、5 个球（报 3∶0 或 1∶2、2∶1，不报 40∶0 或 15∶30、30∶15），由 A 发球，A 连发两球后换发球，先从左区发球。
- 第 6、7 个球（报 3∶3 或 2∶4，4∶2 或 1∶5，5∶1 或 6∶0、0∶6），由 B 发 1 分球之后交换场地，若比赛未结束，B 继续发第 7 个球。
- 比分打到 5∶5、6∶6、7∶7、8∶8……时，须连胜 2 分才能决定谁为胜方。但在记分表上则统一写为 7∶6。
- 决胜局打完之后，双方队员交换场地。

你知道吗

选择乒乓球球拍的窍门

简单来说,球拍是由以下3个部分组成:

1. 木拍: 会因木质的不同而产生软硬度不一的质量。木质稍硬的适合快攻型球手使用,稍软的适合弧圈球及削球手使用。

2. 胶皮: 分正贴及反贴两种(长胶属正贴的一种)。

3. 海绵: 有厚薄及软硬之分。厚海绵的速度会较薄海绵快。由于各人的手感不同,在选择海绵的软硬度时,得视个人的感觉而定。一般来说,太硬的海绵使用者较少,而青少年球手则较适合使用稍软的海绵,因为这样可以增强击球时手上的感觉。

在选择乒乓球拍的时候,各人根据自己的打法特点来决定哪一种球拍适合自己。

以下为大家简要介绍3种不同性能胶皮的特点。

1. 正贴海绵胶: 以速度为主的球手会较多使用此类球拍,尤其是以中国式直板快攻型球手最有代表性。此类球拍发力打出的球会略带下旋,但在拉球及制造旋转方面不及反贴胶皮。

2. 反贴海绵胶: 由于反贴胶皮本身带有较大的黏性,兼摩擦力强,容易制造旋转,故以弧圈型选手使用者较多;但也有部分使用反贴打快攻,主要是加强在发球、搓球方面的旋转质量。

3. 长胶: 在一般情况下,这种胶皮不易主动制造旋转,主要是依靠来球的不同旋转而产生相反旋转,使用者以打法多变的球手为主。他们通常会转换不同性能的胶皮来击球,以增加在旋转、速度方面的变化。

1. 三大球包括哪些?

2. 三小球的种类有哪些?

游　泳　第七章

教学目标

通过本章的学习，使学生了解游泳的基础知识以及常用的游泳技术，并且简单了解冬泳的相关知识。

教学要求

认知：了解游泳的基础知识，包括熟悉水性、水中不良反应的处理，基本的游泳技术，以及冬泳需要注意的问题等。

理解：在初步学习的基础上，理解游泳对身心发展有什么重要的作用。

运用：在学习理论的基础上，能够投入实践中去，在水中体会游泳的乐趣。

知识点 1 游泳基础知识

一、熟悉水性

熟悉水性是游泳教学中的第一课，是学习各种游泳姿势前一个重要的过渡性练习，是游泳教学中的一个重要环节和组成部分，也是初学者入门必经的阶段。熟悉水性的目的主要是让学生体会和了解水的特性，逐步适应水的环境，消除怕水心理，掌握游泳中一些最基本的动作，如呼吸、漂浮、滑行、踩水等动作，为以后学习和掌握各种游泳技术打下基础。

1. 水中行走

这是初学者下水后的第一个练习，目的是体会水的阻力、压力和浮力，并初步学会在水中维持身体平衡的方法。

（1）具体步骤。

第一步：两手扶住池边或同伴的手，在水中行走。

第二步：一手扶住池边或同伴的手，一手在体前侧做向外、向后划水，同时在水中行走。

第三步：不借助于任何支撑物，两臂在胸前做向外、向后的对称划水，双脚在水中做向前、向侧、向后的行走。

（2）常见问题及纠正。

问　题：不敢下水。

纠　正：进行教育、鼓励，消除怕水心理。

问　题：腿不敢向前移动。

纠　正：身体向前移动时，腿向后蹬和向前抬腿时都要用力。

问　题：摔倒。

纠　正：开始行走时速度慢些，脚站稳后再迈步。

2. 呼吸练习

呼吸是游泳的关键，也是克服心理恐惧的关键。吸气切忌用鼻子，一定要用口，呼气时可以两者并用。

（1）具体步骤。

第一步：用口吸气后慢慢下蹲，把头全部浸入水中，心里默默地倒计时，等时间到，头出水面呼吸换气。循环练习。

第二步：头浸入水中片刻后，在水中用鼻子慢慢地呼气，一直呼到快完，但不能抬头呼气，然后起立在

> **讨论**
>
> 你会游泳吗？书中所列的呼吸、漂浮、滑行、踩水等动作你都会吗？

水面上用口吸气，吸气之前把最后一点气呼尽。

第三步：吸气后头浸入水中，稍闭气后用口鼻同时呼气，用脸部肌肉感觉头接近水面时用力把气吐尽，并用口在水面上吸气，吸气结束后再次把头浸入水中，但是在水中憋气时间逐渐延长，如此连续。这样有节奏地进行数次，练习水中呼吸动作。

（2）常见问题及纠正。

问　题：用鼻吸气。

纠　正：再次讲解、示范，明确动作要领。

问　题：没有在水下呼气。

纠　正：练习时可用手捏鼻（或用鼻夹夹鼻）强迫用口吸气。

3. 漂浮

漂浮技术能够帮助掌握人体在水中的平衡能力，有助于排除对水的恐惧心理。

（1）具体步骤。

第一步：**抱膝漂浮练习**。

原地站立，深吸气后，下蹲低头抱膝。双膝尽量靠近胸部，前脚掌蹬离池底，低头抱膝团身，身体会自然地慢慢漂浮在水面上。站立时，两手前伸向下按压水抬头，两腿同时伸直，两臂自然放于体侧即可站立。

第二步：**展体漂浮练习**。

两臂向前伸直，两脚开立，深吸气后身体前倾并低头，两脚轻轻蹬离水底，以俯卧姿势漂浮于水面上。全身放松，两臂、两腿自然分开。站立时，收腹、收腿，两臂向下压水，然后抬头，两腿伸直，脚触水底站立。

（2）常见问题及纠正。

问　题：浮不起来。

纠　正：讲解动作及要领，练习时要求两臂向前伸、向下压水，同时抬头，两脚向下伸直触池底站立。

问　题：站立时向前倒。

纠　正：站立后，两手可在体前、体侧拨水，以帮助身体站稳。

问　题：蹬壁无力。

纠　正：蹬壁前，臀部尽量靠近池壁，大小腿尽量收紧，蹬壁要用力。

4. 滑行练习

（1）具体步骤。

第一步：蹬边滑行漂浮练习。背向池壁，一手扶池边，一臂前伸，一脚站立，一脚掌紧贴池壁。深吸气后低头，身体成俯卧姿势后，收站立脚，两脚用力蹬离池壁，两臂夹紧头部后脑，身体笔直向前滑行。

第二步：蹬底滑行漂浮练习。两脚前后开立，两臂前上举。伸吸气后上体前倒，当头、肩浸入水中时，前脚掌用力蹬池底，随后两脚并拢，使身体呈流线型向前滑行。

（2）常见问题及纠正。

问　题：滑行时抬头塌腰。

纠 正：讲解、示范动作，明确要领。滑行时要求低头，头夹于两臂之间，腰腹适当紧张，使身体成流线型滑行。

5. 踩水

踩水时，身体直立于水中，腰部要有所控制，臀部感觉好似固定在一个支撑物上，两腿同时上收，同时向侧下蹬夹水。双手同时做前侧下弧形按压水动作。

（1）具体步骤。

第一步：身体姿势。整个身体稍前倾，几乎垂直于水面，头部始终露在水面，下颌接近水面。

第二步：臂部动作。两臂稍弯曲，在体侧前做向外、向内的摸压水的动作，动作幅度不能太大。向外时，手掌心向外侧下，有分开水的感觉；向内时，手掌心向内侧下，有挤水的感觉。向内摸压至肩宽距离即分开。两手掌摸压水的路线呈摇橹式拨水。

第三步：腿部动作。先屈右膝，小腿和脚向外翻，然后膝向里扣压，用右脚掌和右小腿内侧向侧下方蹬夹水，当腿尚未蹬直时向后上方收小腿，收腿的同时左腿开始做如同右腿的蹬夹水动作，两腿交替进行。

（2）常见问题及纠正。

问 题：身体下沉。
纠 正：手在胸前做向里向外的拨水动作，增加浮力。
问 题：不能持久。
纠 正：双腿同时向外蹬。感觉下沉时用力，不沉时放松。保持体力。

二、水中不良反应的处理方法

游泳中容易出现一些不良反应。掌握一些消除不良反应的方法，不仅有利于不良症状的尽快消失，还可以加快游泳技术的学习进程。

1. 耳朵进水

游泳时耳朵进水是经常会发生的事情，但千万不要用手去挖耳朵，以免挖破耳道而引起感染。

正确的做法有以下两种
❶ 把头倾向进水耳朵的一方，然后用同一侧的脚做单脚支撑，单足跳几次后，水便被排出来了。 ❷ 用枝棉把耳内的水分慢慢地吸收，但要十分小心，以免弄破耳膜。

2. 手、脚、腿抽筋

游泳时间长了常会发生手指、脚趾和大小腿抽筋。这时要保持镇静，切莫惊慌，在浅水区或离岸较近时应立即上岸，在深水区或离岸较远时，应一边呼救，一边采取解痉措施自救。

脚趾抽筋	将腿屈曲，用力将足趾拉开、扳直。
脚掌抽筋	迅速用手扳起脚尖，使足背屈，另一手用力按揉脚掌抽筋部位。

小腿抽筋	最常见，缓解方法也较多，这里介绍其中一种手法：先吸一口气，仰浮在水面上，用抽筋腿对侧之手握住抽筋腿的脚趾，并将其向身体方向拉，同时用另一手掌压在抽筋腿的膝盖上，帮助小腿伸直，促使抽筋缓解，也可以将足跟向前用力蹬直，同时用一手握住抽筋腿的拇趾并朝足背方向扳拉，另一手轻轻按揉抽筋的小腿肌肉。
大腿抽筋	仰卧并立即举起抽筋之腿，使其与身体成直角，然后双手抱住小腿，用力屈膝，使抽筋大腿贴在胸部，再以手按揉大腿抽筋处肌肉，并将腿慢慢向前伸直，抽筋即可缓解。
手掌抽筋	用一手掌将抽筋的手掌用力向下按压，并做振颤动作，直至缓解为止。
手指抽筋	将手指用力握成拳头，然后再用力将五指伸直，快速连续几次，直到缓解为止。
上臂抽筋	将抽筋手握拳，并尽量屈肘关节，然后用力伸直，反复数次，直到缓解。
腹肌抽筋	较少见，但危险性极大，应立即呼救，并赶快上岸，取仰卧位，伸直躯干。

凡抽筋通过以上方法仍不能缓解者，应一面呼救，一面用健肢做打水动作游到岸边，上岸后再进行按摩处理。

3. 恶心呕吐

鼻子呛进脏水就会出现恶心、呕吐，这时应赶快上岸，用手指压中脘、内关穴，如果有仁丹，也可以含上一粒。为预防肠炎，还可吃几瓣生蒜。如出现皮肤发痒出疹，主要是皮肤过敏所致，应立即上岸，服一片息斯敏或扑尔敏，很快就会好转。

4. 头痛

游泳中出现头痛现象，多是由慢性鼻炎、呛水或肌体寒冷、暂时性脑血管痉挛供血不足等原因造成的。这时应迅速上岸，用人拇指对准太阳、百会穴进行旋转按摩，然后用热毛巾敷头，再喝一杯热开水，即可好转。

5. 眼病防治

结膜炎是游泳中常见疾病之一，表现为眼红肿、异物感、疼痛不适等。其中最常见的是由衣原体引起的游泳池性结膜炎和细菌引起的急性结膜炎。游泳时最好戴防水眼镜，若游泳后眼部不适，可点用消炎眼液或 0.25% 氯霉素眼液进行预防，注意勿用手揉眼或用不洁毛巾擦眼。当"红眼病"（即急性出血性结膜炎）流行时，最好不要去游泳，以防传染。

一般性眼痛可能是由不洁净的水引起的。上岸后应马上用清洁的淡盐水冲洗眼睛，然后用氯霉素或红霉素眼药水点眼，临睡前最好再做一下热敷。

6. 头晕脑涨

产生头晕、脑涨的主要原因是游泳时间长，血液聚集于下肢，脑缺血，机体能量消耗较大，身体过度疲劳。这时应立即上岸休息，全身保温，并适当喝些淡糖盐水。

7. 腹内痛胀

游泳时发生腹内痛胀，多是由于刚吃饱饭或空腹游泳造成的。这时应上岸仰卧，用拇指尖点压中脘、上脘或足三里，同时口服3～5mL10滴水，并用热毛巾敷腹部。

> **你知道吗**
>
> **不要让游泳池成为健康杀手**
>
> 　　到清凉消暑的游泳池，悠闲地泡着水，享受凉爽的游泳情趣，实在是人生一大享受。但是，天气越热，游泳池里的人就越多，像下饺子一样，这时不可不关心一下自身的健康。以下几点需特别注意：
> 　　（1）身上有伤口、熬夜后、生病时身体的抵抗力会明显下降，此时千万不要游泳。
> 　　（2）选择管理严格、池水品质佳的游泳池。
> 　　（3）仔细冲洗身体后再下水，同时佩戴泳镜、耳塞、泳帽。
> 　　（4）看到在游泳池里大小便的小孩，马上向管理员报告，此时最好起身打道回府。
> 　　（5）千万不要喝下游泳池里的水。
> 　　（6）每隔一段时间就上岸休息，同时冲洗身体。
> 　　（7）上岸后，最好马上漱口和刷牙。
> 　　（8）游泳后身体有任何不适，要马上去看医生。

知识点 2　常用游泳技术简介

一、蛙泳

　　蛙泳是一种模仿青蛙游泳动作的一种游泳姿势，也是最古老的一种泳姿，早在2 000～4 000年前，在中国、罗马、埃及就有类似蛙泳的游泳姿势。18世纪中期，在欧洲，蛙泳被称为"青蛙泳"。由于蛙泳的速度比较慢，在20世纪初期的自由泳比赛中（不规定姿势的自由游泳），蛙泳不如其他姿势快，使得蛙泳技术受到排挤。在当时的游泳比赛中，一度没有人愿意采用蛙泳技术参加比赛，随后国际泳联规定了泳姿，蛙泳技术才得以发展。

　　蛙泳主要有以下几个技术环节：

1. 蛙泳身体姿势

　　蛙泳在游进之中，身体不是固定在一个位置上，而是随着手、腿的动作在不断地变化。当一个动作周期结束后，身体应展胸、稍收腹、微塌腰，两腿并拢，两臂尽量伸直，颈部稍紧张,头置于两臂之间,眼睛注视前下方。整个身体应以身体的横轴为轴做上下起伏的动作。

2. 蛙泳腿部技术

蛙泳的腿部动作是推动身体前进的主要动力之一。它的主要动作环节可分为收腿、翻脚、蹬夹水和滑行4个阶段,这4个环节是紧密相连的完整动作。

（1）**收腿**。收腿是为翻脚、蹬水创造有利的位置,同时既要减少阻力,又要考虑到手腿配合因素的需要。开始收腿时,两腿随着吸气的动作,自然放下,同时两膝自然逐渐分开,小腿向前回收,回收时两脚放松,脚跟向臀部靠拢,边收边分。收腿时力量要小,两脚和小腿回收时要收在大腿的投影截面内,以减少回收时的阻力。

收腿结束后,大腿与躯干成120°～140°角,两膝内侧大约与髋关节同宽。大腿与小腿之间的角度为40°～45°,并使小腿尽量成垂直姿势（见图7-1）,这样能为翻脚、蹬水做好有利的准备。（这是平式蛙泳的技术）

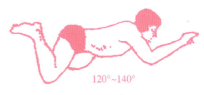

图7-1 收腿

（2）**翻脚**。在蛙泳腿的技术中,翻脚动作很重要,它直接影响到蹬水的效果。收腿即将结束时,脚仍向臀部靠近,这时膝关节向内扣,同时两脚向外侧翻开,使脚和小腿内侧对好蹬水方向,这样能使对水面加大,并为大腿发挥更大力量做好积极准备。

收腿与翻脚、蹬水是一个连续的完整动作过程。正确的翻脚动作,是在收腿未结束前就已开始,在蹬水开始完成。如果翻脚后,腿稍有停滞,则会破坏动作的连贯性并增大阻力。

（3）**蹬夹水**。蛙泳腿部动作效果的好坏,完全取决于蹬夹水技术的正确与否。蹬水应由大腿发力,先伸髋关节,这样使小腿保持尽量垂直于水的有利位置,向后做蹬夹水的动作,其次是伸膝关节和踝关节（见图7-2）。

图7-2 蹬夹水（1）

蹬夹水的动作实际是一个连续的完整动作,只是蹬水在先、夹水在后。实际上在翻脚的动作中,两膝向内、两脚向外已经为蹬夹水固定住唯一的方向（见图7-3）。

图7-3 蹬夹水（2）

蹬夹水效果的好坏不但取决于腿部关节移动的路线和方向,以及蹬夹水时对水面积的大小,而且主要的是取决于两腿蹬夹水的速度和力量的变化,蹬夹水的速度是从慢到快,力量是从小到大的。

（4）**滑行**。蹬夹水结束后，脚处于水平面的最低点，这时身体随着蹬水的动力向前滑行，腰部下压，双脚接近水面，准备做下一个循环动作。

3. 蛙泳手臂技术

蛙泳手臂划水动作可以产生很大的推动力，掌握合理的手臂划水技术，并且使之与腿和呼吸动作协调配合，能有效地提高游进速度。它的主要动作可分为开始姿势、滑下（也可叫作"抱水"或"抓水"）、划水、收手和向前伸臂几个阶段。这几个阶段也是紧密相连的完整动作。

讨论

蛙泳中技术难度最大的是什么动作？

（1）**开始姿势**。当蹬水动作结束时，两臂应保持一定的紧张，自然向前伸直，并与水面平行，掌心向下，手指自然并拢，使身体成一条直线，形成较好的流线型。

（2）**抓水**。从开始姿势起，手臂先前伸，并使重心向前，同时肩关节略内旋，两手掌心略转向外斜下方，并稍屈手腕，两手分开向侧斜下方压水，当手掌和前臂感到有压力时，就开始划水。

抓水动作一方面能给划水创造有利条件，另一方面还有造成身体上浮和前进的作用。抓水的速度，根据个人的水平不同而不同，水平较高者抓水较快，反之则慢。

（3）**划水**。当两手做好抓水动作、两臂分开成40°~45°角时，手腕开始逐渐弯曲，这时两臂两手逐渐积极地做向侧、下、后方的屈臂划水动作。

划水时，手的运动应该分为两个部分。前一部分：手向外——向下——向后运动，水流从大拇指流向小拇指一边。后一部分：手向内——向下——向后运动，水流从小拇指流向大拇指一边。

在划水中，前臂和上臂弯曲的角度在不断地变化，其标准是能发挥出最好的力量。在整个划水过程中肘关节的位置都比手高。手运动的路线不应到肩的下后方，而应在肩的前下方。其速度是从慢到快，至收手时应达到最快速度。

（4）**收手**。收手是划水阶段的继续。收手时，收的运动方向为向内、向上、向前。手的迎角大致为45°。由于前臂外旋，掌心逐渐转向内。收手动作应有利于做快速向前的伸手动作，并且肘关节要有意识地做向内夹的动作。当手收至头前下方时，两手掌由后转向内、向上的姿势，这时大臂不应超过两肩的横向延长线。在整个收手动作过程中，手的动作应积极、快速、圆滑，收手结束时，肘关节应低于手，大、小臂的夹角小于90°。

（5）**向前伸臂**。向前伸臂是由伸直肘关节、肩关节来完成的，掌心由开始的向上逐渐转向内，双掌合在一起向前伸出，在最后结束前逐渐转向下方。

蛙泳整个臂部的动作路线无论是俯视或仰视都是椭圆形的，并且是一个连贯、力量从小到大、速度从慢到快的完整过程。

4. 蛙泳配合技术

手臂抓水的同时，开始逐渐抬头，这时腿保持自然放松、伸直的姿势。手臂划水时，头抬至眼睛出水面，腿还是不动。只有收手时才开始收腿，并稍向前挺髋，这时头抬至口出水面，并进行快速、有力的吸气。伸手臂的同时低头，用鼻或口鼻进行呼气，并且在手臂伸至将近二分之一处时，进行蹬夹水的动作，之后，让身体伸展滑行一段距离，等速度降低时进行第二个周期的动作。

在蛙泳的游进过程中，一般都是一个周期一次呼吸，这样有利于机体的有氧供应，从而降低疲劳速度。需要注意：在抬头吸气前，必须要将体内的废气全部吐完，这样才能吸进新鲜氧气。

你知道吗

早学游泳好处多

游泳是最常见的水中健身运动。人在水平时，血液向心脏的回流要比直立容易得多，因此同样的运动量，水中的心率上升幅度要小于陆地，对于未发育成熟的心脏负担较轻。游泳绝对没有陆地上轮滑、跑步、打球给稚嫩的骨骼、韧带来损伤的问题。小时候是锻炼神经、肌肉的协调性的最佳时期，一旦掌握某种技能，终生不会忘掉。到了很容易患骨关节病的中老年时期，陆地上的许多运动不能进行的时候，小时候学习的技能就充分体现其益处了。

游泳的基本正规姿势是蝶、仰、蛙、自由泳4种，还有非正规的侧泳、狗刨式。如果能慢游蛙泳800m、自由泳1 500m，就能充分获得游泳的健身效果。

游泳的最佳学习阶段是在婴儿时期，因为刚离开水环境的子宫，也没有对于水惧怕的信息来源。学龄前儿童期、青少年期也是最佳学习阶段，游泳对于孩子尚未发育成熟的各系统器官功能，能起到任何一种运动方法都不可替代的作用。

二、自由泳

自由泳是4种竞技游泳技术中速度最快的一种姿势，在游泳比赛的自由泳项目中（不规定泳姿的比赛），运动员都采用这种姿势。人们进行自由泳时，身体在水中成俯卧姿势，通过两腿交替上下打水，两臂轮流划水，使身体前行。自由泳的动作很像爬行，所以人们又称之为"爬泳"。自由泳历史悠久，从我国和世界其他国家的古代遗物中，都可以发现类似于今天的自由泳技术的游泳姿势。

自由泳主要有以下几个技术环节：

1. 身体姿势

游自由泳时，身体要尽量保持俯卧的水平姿势。但是为了取得更好的动作效果，头部应自然稍抬，两眼注视前下方，头的三分之一露出水面，水平面接近发际，双腿处于最低点，身体纵轴与水平面成3°～5°的仰角（如图7-4）。

图7-4 自由泳身体姿势

自由泳游进中，身体可以围绕身体纵轴做有节奏的转动，转动的角度一般为35°～45°（如图7-5）。如果速度加快，角度就会相对变小。

这种转动是由于划臂、转头和吸气而形成的自然转动，并不是有意识地做转动。转动所带来的好处有：便于呼吸；便于手臂的出水和空中移臂，并缩短移臂的转动半径；有助于手臂在水中抱水和划水，使手臂划水的最有力部分更接近身体中心的垂直投影面；由于臀部随身体轻度地转动，腿打水时，产生部分侧向打水动作，可以抵消移臂时造成身体侧向偏离的影响，维持身体平衡。

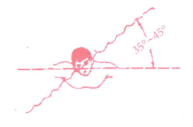

图7-5　身体转动的角度

2. 腿部技术

在自由泳技术中，大腿动作除了产生推动力外，主要起着维持身体平衡的作用，它能使下肢抬高，以及协调配合双臂有力的划水。

自由泳腿的打水动作，几乎与水平面成垂直方向进行，从垂直面看，两腿分开的距离为30～40cm，膝关节弯曲的角度约为160°。

游进中，腿向上打水时，脚应接近水平；向下打水时，不应超过身体在水中的最低部位。正确的打水动作是脚稍向内旋，踝关节自然放松，向上和向下的打水动作应该从髋关节开始，大腿用力，通过整个腿部，最后到脚，形成一个"鞭状"打水动作。向下打水的效果最大，因此应用较大的力和较快的速度进行；而向上则要求放松、自然，尽量少用力，并且速度相对要慢。

从腿向上动作开始，当大腿带动小腿，从下直腿向上移至踝关节、膝关节、髋关节与水平面平行时，大腿稍向上而终止移动，并开始向下打水。当大腿开始向下打水时，由于惯性的作用，此时小腿和脚仍继续向上移动，而使膝关节弯曲形成一个大约160°的角。这使小腿和脚达到了最高点，由于大腿继续向下移动，而带动小腿和脚完成向下打水动作。

当大腿向下打水到最低点并向上抬起时，小腿和脚与大腿仍保持一个角度，并继续向下移动打水，直至完全伸直为止，才随大腿向上移动，开始第二个循环动作。

3. 手臂技术

自由泳的臂部动作是推动身体前进的主要动力。它分为入水、抱水、划推水、出水和空中移臂等几个阶段，这几个阶段在划水动作中是紧密相连的一个完整动作。

（1）入水。臂入水时，肘关节略屈，并高于手臂，手指自然伸直并拢，向前斜下方且插入水中。注意手掌向外，动作自然放松。

手入水的位置应在肩的延长线上，或在身体的中线和肩的延长线之间。**入水的顺序为：手——小臂——大臂。**

手切入水后，手和小臂继续向前下方伸展，手由向前——向下——稍有向内的运动变为向前——向下——稍向外的运动。

（2）抱水。臂入水后，应积极插向前下方，此时小臂和大臂应积极外旋，并屈腕、屈肘。在形成抱水的动作中，开始手臂是直的，当手臂划下至与水平面成15°～20°角时，应逐渐屈肘，使肘关节高于手。在划水开始前,也就是手臂约与水面成40°角时,肘关节屈至150°左右(如图7-6)。

图7-6 抱水

抱水动作主要是为划水做准备,因此它是相对放松和缓慢的。抱水就好像用臂去抱一个大圆球一样。抱水时,手的运动为向后——向下——向外的3个分运动组成。

(3)**划推水**。手臂在前方与水平面成40°角,之后方与水平面成15°~20°角的运动过程都是划水动作。它分为两个阶段:从抱水结束到划至与水面垂直之前称为"拉水",过垂直面后称为"推水"。

拉水时,应保持高肘姿势,手向内——向上——向后运动。当拉水结束时,手在体下接近中线,这时,肘关节弯曲的角度为90°~120°,小臂由外旋转为内旋,掌心由向内后方变为向外后方(如图7-7)。

向后推水是通过屈臂到伸臂来完成的。在推水过程中,手是向外——向上——向后的运动。肘关节要向上、向体侧靠近,并且手掌始终要与水平面保持垂直。

整个划推水过程,手掌的运动路线并不是始终在一条直线上和同一平面上,实际上是一个较复杂的三度曲线。 从身体的额状面来看是一个S形,从身体的矢状面来看是一个W形(如图7-8)。

图7-7 划推水

在整个划水过程中,肩部应配合手臂进行向前——向下——向后的合理转动,这样有利于加长划水路线和加大划水力量。

(4)**出水**。在划水结束后,臂由于惯性的作用而很快地靠近水面,这时,由大臂带动肘关节做向外上方的"提拉"动作,将小臂和手提出水面。小臂出水动作要比大臂稍慢一些,掌心向后上方。

手臂出水动作应迅速而不停顿,但同时应该柔和,小臂和手掌应尽量放松。

图7-8 划推水手的运动路线

(5)**空中移臂**。臂在空中前移的动作是手臂出水的继续,不能停顿,移臂的动作应该放松自如,尽量不要破坏身体的流线型,要和另一臂的划水动作协调一致,并且要注意节奏。在整个移臂过程中,肘部应始终保持比手部高的位置(如图7-9)。

> **讨论**
>
> 比较一下蛙泳和自由泳中划水和划推水的异同。

图 7-9 空中移臂

4. 配合技术

自由泳的配合技术分为两臂的配合技术、两臂和呼吸的配合技术以及完整的配合技术。

（1）**两臂的配合技术**。自由泳两臂的正确配合是保障前进速度均匀性的重要条件，并且还有利于发挥肩带力量积极参与划水。根据划水时两臂所处的位置，可以把手臂的配合技术分为 4 种：前交叉、中交叉、中前交叉和后交叉。一般优秀运动员都采用中前交叉的技术。

（2）**两臂和呼吸的配合技术**。自由泳技术中的呼吸技术较为复杂，但是它的好坏，将直接影响着划水力量和速度、耐力的发挥。

自由泳的呼吸和手臂的配合为：一次呼吸 N 次划水（$N>2$）。吸气时，头随着肩、身体的纵向转动转向一侧，使头在低于水面的波谷中吸气。此时，同侧臂正处在出水转入移臂的阶段。

移臂时，头转向正常位置。

同侧臂入水时，开始慢慢呼气，并逐渐用力加快呼气的速度。

（3）**完整的配合技术**。即呼吸、手臂和腿的配合。因为手臂是产生推进力的主要来源，因此在配合中，呼吸和腿的动作都应该服从手臂动作的需要。

呼吸、手臂和腿的配合比例主要有 3 种：1∶2∶2（即一次呼吸，两次手臂动作，两次打腿的动作）；1∶2∶4；1∶2∶6。 极少数优秀运动员采用 1∶2∶8 的技术。

三、蝶泳

蝶泳技术是在蛙泳技术动作的基础上演变而来的。当蛙泳技术发展到第二阶段时，也就是 1937—1952 年这一时期，在游泳比赛中，有些运动员采用两臂划水到大腿后提出水面，再从空中迁移的技术，从外形看，好像蝴蝶展翅飞舞，所以人们称它为"蝶泳"。1953 年，国际泳联规定，蛙泳和蝶泳分开进行比赛，使蝶泳成为一个独立的比赛项目，从而得到了很好的发展。蝶泳是仅比爬泳速度慢的泳姿。由于它的腿部动作酷似海豚，所以又称为"海豚泳"（如图 7-10）。

图 7-10 蝶泳

蝶泳主要有以下几个技术环节。

1. 蝶泳身体姿势

蝶泳的身体姿势与其他泳姿不同，它没有固定的身体位置。在游进中躯干各部分和头不断改变彼此间的相对位置。头和躯干有时露出水面、有时潜入水中,形成波浪式的上下起伏的变化位置。

蝶泳在游进中,是以横轴(腰际)为中心,躯干和腿做有节奏的摆动,发力点在腰腹部。然后以大腿带动小腿,两腿一起做上下的鞭状打水动作。而这些动作与头和臂部的动作紧密联系在一起,形成蝶泳所特有的波浪动作,因此前进时身体的阻力较小。

2. 蝶泳腿部技术

蝶泳打水时,两腿自然并拢,脚跟稍微分开成"内八字",当两腿在前一划水周期向下打水结束后,两脚处于最低点,膝关节伸直,臀部上抬至水面,髋关节屈成约160°角(如图7-11)。

然后两腿伸直向上移动,髋关节逐渐展开,臀部下沉(如图7-12)。

图7-11 髋关节的角度　　　图7-12 髋关节展开

当两腿继续向上时,大腿开始下压,膝关节随大腿下压、自然弯曲,大腿继续加速向下(如图7-13)。

随着屈膝程度的增加,脚抬至接近水面时,臀部下降到最低点,膝关节弯曲成110°~130°角时,脚向上抬至最高点,并准确向下后方打水(如图7-14)。

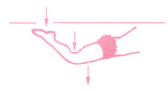 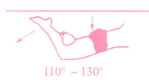

图7-13 大腿动作　　　图7-14 膝关节角度

当脚向下打水时,脚面绷直,但又不能让踝关节太紧张,然后和小腿随大腿加速向后下方推水。双脚继续加速向下后方打水,动作尚未结束时,大腿又开始向上移动,当膝关节完全伸直时,向下打水的动作即结束(如图7-15)。

蝶泳腿的打水动作是由腰部发力,经过髋、膝、踝关节并与躯干、脊柱动作相协调一致配合完成的。脚的运动方向是向下和向后,其向下的幅度大于向后的幅度。

腿向上抬起时,膝关节必须伸直,如果稍有弯曲,小腿的背面将产生很大的阻力。此外,向上抬腿时,不要过于用力,以便减少阻力。打水的重点应放在向下打水动作上,腿向下打水的速度应比向上抬腿快两倍多。

图7-15 打水动作结束

3. 蝶泳手臂技术

蝶泳手臂的划水动作是产生推进力的主要因素,并且相对其他姿势来说是较大的。蝶泳手臂的划水是两臂在头前入水，同时沿身体两侧做曲线划水。

它的技术环节分为：入水、抱水、划水、推水和空中移臂等几个阶段。

（1）**入水**。蝶泳手臂入水点基本上在肩的延长线上，两臂同时入水。入水时肘稍屈并略高于小臂，手掌领先，并约与水面成45°角，然后带动小臂和大臂依次入水。入水阶段，由于前臂外侧旋转动作，掌心由向外侧积极转向外侧后。

（2）**抱水**。手臂入水后，手和前臂继续外旋，进入抱水阶段。抱水时，手的运动方向为向外——向后——向下。随着前臂的外旋，掌心由向外侧后转为向后方向（如图7-16），接着进入划水阶段。

> **讨论**
>
> 请查一查史上蝶泳名将有哪些？列举出3个。

图 7-16　抱水

（3）**划水**。在手臂进入划水阶段时，前臂和手掌划水主要在水面上。屈肘，使肘部保持较高的位置。前臂外旋动作和逐步加大屈臂的动作是同时进行的，当两臂划至肩下方时，小臂和大臂的角度为 90°～100°，当两手划至腹下时，两手距离最近（几乎碰到一起），然后转入推水动作。

（4）**推水**。当两手距离最近时，双手做弧形向外推水的动作。手的运动方向为向外——向上——向后的方向。推水的前半部，手有较大的向后的运动分量，推水路线较直；推水的后半部，手有较大的向外、向上的运动分量。推水时，由于小臂的内旋，掌心由划水的向后转为向外侧后方。

划水和推水时，手掌的运动路线要根据个人不同的身体条件而定。

（5）**出水**。当两臂推水至髋关节两侧时，利用推水的惯性，提肘出水。提肘出水动作是在推水结束前即已开始。在两臂推水尚未结束时，两肘已开始做向上提起的动作，这时掌心向外后侧（如图7-17）。

图 7-17　手臂出水

（6）**空中移臂**。当推水结束提肘出水后，两臂即由空中前移，开始移臂时肘关节微屈，手掌向上，肘先于手出水，两臂放松内旋，沿身体两侧低平的抛物线前摆（如图7-18）。开始移臂时稍用力，利用臂的离心力向前摆出。移臂时速度要快，否则会造成身体下沉。

图 7-18　空中移臂

四、仰泳

仰泳是人体仰卧在水中进行游泳的一种姿势。

仰泳技术的产生和发展有较长的历史，1794年就有了关于仰泳技术的记载，但是直到19世纪初，游仰泳时仍采用两臂同时向后划水、两腿做蛙泳的蹬水动作的姿势，即现在的"反蛙泳"。自1902年出现自由泳技术后，由于自由泳技术合理和速度快，就开始有人采用类似自由泳的两臂轮流向后划水的游法。但是直到1921年才初步形成了现在的仰泳技术。仰泳技术由于头部露出水面，呼吸方便；躺在水面上，比较省力，因此深受中老年人和体质较弱者喜爱。

仰泳主要有以下几个技术环节：

1. 仰泳身体姿势

游仰泳时，身体要自然伸展，仰卧在水面，头和肩部稍高，腰部和腿部保持水平，身体纵轴在水平面上构成的迎角约为10°，腰部和两腿均处在水面下（如图7-19）。

图7-19 仰泳的身体姿势

（1）**头部姿势**。在仰泳技术中头起着"舵"的作用，并可以控制身体左右转动。头应保持相对稳定，不要上下左右晃动，但颈部肌肉不要过分紧张，后脑处在水中，水位在耳际附近，两眼看腿部的上方。

（2）**腰部姿势**。仰泳游进中，腰部肌肉要保持适度的紧张，以不至于使身体过分平直和屈髋成坐卧姿势为前提。肋上提，不要含胸。快速游进时，身体的迎角能使体位升高，水平较高的运动员不仅肩和胸部露出水面，而且腹部也经常会露出水面。

（3）**身体的转动动作**。游仰泳时，身体的纵轴应随着两臂划水动作而自然滚动，滚动的角度根据个人的情况不同而稍有差别，肩关节灵活性较好的人滚动小，反之则大，一般为45°左右（如图7-20）。

图7-20 身体的滚动角度

身体滚动有利于划水臂处于较好的角度，能够加强划水的力量，能保持屈臂划水的一定深度，有利于臂出水和向前移臂。注意滚动的角度不应过大，否则不但会引起疲劳，而且会影响前进速度。

2. 仰泳腿部技术

在仰泳技术中，腿部动作是保持身体处于较好角度、水平姿势的因素之一，并且踢水动作不但可以控制身体的摆动，而且能产生一定的推进力。

仰泳的腿部动作是由下压动作和上踢动作组成，即直腿下压，屈腿上踢。

（1）**下压动作**。腿向下压的动作是借助于臀部肌群的收缩来完成的。在整个腿下压动作中，前三分之二由于水的阻力，使膝关节充分展开，腿部肌肉放松。当打腿下压到一定程度，由于腹肌和腰肌的控制，停止向下，而过渡到向上移动，由于惯性的作用，小腿仍然继续向下，而造成膝关节弯曲，所以在腿下压的后三分之一是屈腿的。

随着惯性的逐渐减弱和大腿的带动，小腿也开始向上移动，但此时脚仍然继续向下，直到惯性消失，大腿、小腿和脚一次结束向下的动作，构成向下"鞭打"的动作。

下压的动作因为不产生推进力，因此相对地要求速度不要太快，并且腿部各关节要自然放松。

（2）**上踢动作**。当腿部动作下压结束时，由于水对小腿的阻力和大腿肌肉的牵制，大腿与小腿构成135°～140°角，小腿与水平面成40°～45°角（如图7-21）。

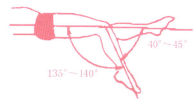

图7-21 腿部上踢动作

此时大小腿弯曲到最大程度，小腿和脚对水面角度较大。上踢动作的开始，就需要用脚打水的力量和速度来进行，并逐渐加大到最大力量和速度。当大腿向上移动超过水平面就结束向上的动作，此时膝关节接近水面。随后小腿和脚也依次结束向上，使膝关节充分伸展，构成向下"鞭打"的动作。

上踢动作是以大腿带动小腿，小腿带动脚来完成的，并且在任何情况下，尽量不要使膝关节或脚尖露出水面。上踢时，脚尖应内旋以加大对水面积。

3. 仰泳手臂技术

仰泳手臂划水动作是产生推动身体前进的主要因素。一个完整的手臂动作分为入水、抱水、划推水、出水和空中移臂等几个阶段，手掌由于入水、抱水和划推水在水下形成一个S形的路线（如图7-22）。

（1）入水。手臂入水时，应借助于移臂动作的惯性，臂部自然放松，入水点应在身体纵轴与肩的延长线之间，或在肩的延长线上。过宽和过窄都会影响速度。

手臂入水时应保持直臂，肘部不要弯曲，入水时小指向下，拇指向上，掌心向侧后方。手掌与小臂成150°～160°角。

（2）抱水。抱水是为划推水创造有利的条件。手臂入水后要利用移臂时所产生的动量积极下滑到一定的深度，手掌向下、向侧移动，通过伸肩、屈肘、上臂内旋和屈腕的动作，配合身体的滚动，使手掌和前臂对准水并有压力的感觉。当完成抱水动作时，肘部微屈成150°～160°角，手掌距水面30～40cm，肩保持较高的位置（如图7-23）。

（3）划推水。仰泳的划水动作是推动身体前进的主要动力。整个动作是由屈臂抱水开始，以肩为中心，划至大腿外侧下方为止。划水动作包含拉水和推水两个阶段。

拉水是在臂前伸抱水的基础上进行的。开始时前臂内旋，手掌上移，肘部下降，使屈肘程度加大，手掌和小臂要保持与前进方向垂直。当手掌划至肩侧时，屈臂角度最大，为70°～110°，手掌接近水面（如图7-24）。

拉水的前半部分，手的运动为向上——向外——向后的3个分运动；后半部分则是向上——向内——向后的3个分运动。水流从大拇指流向小指。这个阶段也是身体向划水臂同侧转动最大的阶段。

推水是在手臂划过肩侧时开始的，这时肘关节和大臂应逐渐向身体靠近，同时用力向脚的方向推水。当推水即将结束时，小臂内旋做加速转腕下压的动作，掌心由向后转为向下。推水时，手的运动是由向内——向下——向后的运动，逐渐转为向内——向下——向前的运动。水流从

图7-22 手臂划水动作

> **讨论**
>
> 仰泳技术与漂浮技术有关系吗？

图7-23 抱水

图7-24 划推水

小指流向大拇指一边。推水结束时，手臂要伸直，手掌在大腿侧下方。

（4）**出水**。推水结束后，借助于手掌压水的反弹力迅速提臂出水。出水时手形有多种：其一，手背先出水；其二，大拇指先出水；其三，小拇指先出水。这3种手形各有利弊，相对来说最后一种较好。

无论采用哪种手形出水，都要注意使手臂自然、放松、迅速，并且要先压水后提肩，肩部露出水面后，由肩带动大臂、小臂和手依次出水。

（5）**空中移臂**。提臂出水后，手应迅速从大腿外侧垂直于水面移至肩前。当手臂移至肩上方时，手掌要内旋，使掌心向外翻转（采用小拇指先出水技术的无此动作）。空中移臂时，必须伸直放松，移臂的后阶段要注意肩关节充分伸展，为入水和划水做好准备（如图7-25）。

图7-25　空中移臂

4.仰泳配合技术

（1）**两臂配合技术**。仰泳两臂的配合是"连接式"的，即当一臂划水结束时，另一臂已入水并开始划水；一臂处于划水的中部，另一臂正处于移臂的一半。在整个手臂的动作过程中，两臂几乎都处在完全相反的位置。

（2）**臂和呼吸的配合**。仰泳的呼吸相对来说比较简单，一般是两次划水一次呼吸。即一臂移臂时开始吸气，其他时候都在慢慢地呼气。在高速游进时也有1次划水1次呼吸的技术，但是呼吸不能过于频繁，否则会引起呼吸不充分，造成动作紊乱。

（3）**臂腿配合技术**。

臂腿配合是否合理，将影响整个动作的平衡和协调自然。臂在划水过程中，腿的上踢、下压动作要避免身体的过分转动，以保持身体的平衡、协调为原则。

现代仰泳技术中一般都采用6次打腿2次划水的配合技术（见表7-1），也有少数人采用4次打腿的技术。

表7-1　仰泳臂腿动作配合表

臂部动作		腿部动作	
右臂	左臂	右腿	左腿
抱水	出水移臂开始	上踢	下压
拉水	移臂中间	下压	上踢
推水	移臂结束入水	上踢	下压
出水移臂开始	抱水	下压	上踢
移臂中间	拉水	上踢	下压
移臂结束入水	推水	下压	上踢

> **你知道吗**
>
> ### 奥运游泳项目介绍
>
> 1896年首届奥运会游泳比赛时，组织者用船把选手们带到海里，然后把他们扔到冰冷刺骨的海水里，让选手们向岸边冲刺。当时19岁的选手哈约斯赛后说，"生存下去的意念完全压过了获胜的欲望"。听来很是让人感慨。
>
> 奥运会游泳比赛场地经过多次变换，1896年是在雅典的齐娥滩的海面上进行的比赛，1900年巴黎奥运会的游泳比赛转移到塞纳河里，1908年竟然在100m田径跑道上挖出了一个游泳池。
>
> 而比赛项目也多次变换，首届奥运会有100m比赛，1900年增加了潜泳和障碍游泳比赛，1908年还增加了"比试下潜深度"的项目，这个项目就是要求运动员"扎猛子"跳到水下，然后在水下待上60s。
>
> 女子游泳比赛在1912年开始设立，现在男女各有16个项目。游泳比赛主要分4个大项。
>
> 美国在奥运游泳比赛中一直占据优势，马克·施皮茨在1972年慕尼黑奥运会上一人独得7枚金牌，成为奥运历史上的经典。不过近年来多个国家在游泳项目上进步很快，1996年由19个国家的运动员瓜分了奥运游泳金牌。

知识点 3 冬泳简介

一、冬泳的基本概念

严格地说，**冬泳**是指冬季在室外水域（包括江、河、湖、海等自然水域与水库等人工水域）自然水温下的游泳。以水温为标志，全国冬泳可划分为4个层次区。气温以17℃作为冬泳的起点；水温以8℃作为冬泳的冷度标志；17℃以下的水温给人以冷感；低于8℃则有冷、麻、强冷刺激的感觉。

冬泳运动对平常人有明显的健身作用：使人吃得香，睡眠好，精力充沛，抗衰，防病，不易患感冒，有些轻微慢性病会自然消失，激发生命活力等。但是，冬泳又是一项给人以强烈的寒冷刺激的特殊游泳运动，对有些人并不适合。患有严重疾病的人可能会因冬泳运动而导致病情加重。较严重的高血压、冠心病、脑血管病、肾脏病、肝脏病、糖尿病患者，精神障碍者，过敏性体质者，有外伤或有炎症者，酗酒者不宜冬泳。

冬泳只适合已熟练掌握游泳技能，在水中可以自然游泳60min以上的人。为了使人体有个逐渐适应过程，最好从夏季开始锻炼，每次泳毕，都要坚持用冷水沐浴。同时，还要学习一套专门的准备活动和整理活动。在入水前要活动全身筋骨，加大深呼吸次数，使身体逐渐适应低温。出水后应通过跑步、跳绳等活动尽快恢复体温。**冬泳时身体的能量消耗巨大，对人体有着很强烈的刺激作用，危险性很高，因此，冬泳最忌讳单独进行，应与人结伴，以便相互照顾，降低危险性**。

第七章 游 泳

此外，还应注意冬泳时的天气和水质条件。冬泳爱好者有"四游四不游"的说法：游阳不游阴，游雪不游风，游雨不游雾，游清不游浑。从天气角度来看，适当日晒可激发人的愉快情绪，阳光中的紫外线有消毒杀菌作用，能使皮肤中维生素 D 和组织胺增高，使血液中血红蛋白、钙、磷、镁含量上升，这些都是阴天所不能比拟的。但也要注意由紫外线照射过多引发的日射病。雨雪天气可使空气净化，减少污染，对健身有利，而大雾天气则使废气不易消散，灰尘、烟尘、病原微生物等易引起呼吸系统疾病。大风天气易引发气象病，应该避免在大风天气冬泳。冬泳者还应注意水质的选择，千万不要在不洁水域游泳。

虽然冬泳时，人们会有健康舒畅的感觉。但是，这并不意味着冬泳可以防病治病。实际上，对于冬泳爱好者来说，适时的体检、养生保健和其他健身运动是必不可少的。专家建议，冬泳爱好者应该时时注意自己的身体状况，最好建立自己的健康档案，每年进行一次体检，发现疾病及时治疗。冬泳爱好者平时也要注意养生保健和合理膳食，适当运动，戒烟限酒，保持心态平衡。总之，冬泳锻炼虽然有助于身体健康，有一定的预防和消除某些病痛的作用，但是绝不能夸大冬泳的效果，忽视现代医学治疗和其他养生保健措施。

讨 论

冬泳比较盛行的是在我国什么地区？

除上文提到的患有严重疾病的人不宜冬泳外，专家还总结出了冬泳的其他一些禁忌。

❶ 忌饭前饭后游泳

空腹游泳会影响食欲和消化功能，也会在游泳中发生头昏乏力等意外情况；饱腹游泳亦会影响人体消化功能，还会产生胃痉挛，甚至呕吐、腹痛现象。

❷ 忌剧烈运动后游泳

剧烈运动后马上游泳，会使心脏加重负担；体温的急剧下降，会使抵抗力减弱，引起感冒、咽喉炎等。

❸ 忌月经期游泳

月经期间游泳，病菌易进入子宫、输卵管等处，引起感染，导致月经不调、经量过多、经期延长。

❹ 忌在不熟悉的水域游泳

在天然水域游泳时，切忌贸然下水。凡周围和水下情况复杂的水域都不宜下水游泳，以免发生意外。

❺ 忌长时间暴晒游泳

长时间暴晒会产生晒斑，或引起急性皮炎，亦称日光灼伤。为防止晒斑的发生，上岸后最好用伞遮阳，或到树荫下休息，或用浴巾裹在身上，或在身体裸露处涂防晒霜保护皮肤。

❻ 忌不做准备活动就游泳

水温通常比体温低，因此，下水前必须做准备活动，否则易导致身体不适感。

❼ 忌游泳后马上进食

游泳后宜休息片刻再进食，否则会突然增加胃肠的负担，久之容易引起胃肠道疾病。

❽ 忌游时过久

皮肤对寒冷刺激一般有3个反应期。第一期：入水后，受冷的刺激，皮肤血管收缩，肤色苍白。第二期：在水中停留一定时间后，体表血管扩张，皮肤由苍白转浅红色，身体由冷转暖。第三期：停留过久，体温变低，皮肤出现鸡皮疙瘩和寒战现象。这是游泳的禁忌期，应及时出水。游泳持续时间一般不应超过1.5h。

❾ 忌酒后游泳

酒后游泳会使体内储备的葡萄糖大量消耗而出现低血糖。另外，酒精能抑制肝脏正常生理功能，妨碍体内葡萄糖转化及储备，从而易发生意外。

❿ 忌忽视泳后卫生

泳后，应即用软质干毛巾擦去身上水垢，滴上氯霉素或硼酸眼药水，擤出鼻腔分泌物。若耳内进水，可采用"同侧跳"将水排出。之后，再做几节放松体操及肢体按摩，或在日光下小憩15～20min，以避免肌群僵化和疲劳。

你知道吗

冬泳的极限

冬泳是近几十年才开始叫响的运动。《中国大百科全书》将其定义为：冬天作为一种锻炼手段在室外进行的游泳，是冷水锻炼的最高阶段。

美国冬泳爱好者布雷克拉被人们称为"人类的北极熊"，1957年和1960年，他在严寒中两次尝试横渡英吉利海峡。1963年，他创造了在气温-18℃、风速64km/h的冰水中游泳的纪录。日本冬季珠穆朗玛峰登山队的大泽茂男于1977年1月在南极威德尔海、1979年7月在埃尔斯米尔岛附近的北极海、1980年元旦在喜马拉雅山的澜斑冰湖等极寒地带进行过游泳。1981年1月大泽茂男在位于珠穆朗玛峰5 300～5 400m处的一个无名湖中破冰畅游，成为世界上第一个在海拔5 000m以上空气稀薄、覆盖着冰雪的湖水中冬泳的人。

冬泳在中国开展得十分广泛，北自三江平原，东到大海，南至长江、珠江一带，都有冬泳爱好者坚持冬泳。在北京，每年元旦和春节期间都要举行冬泳比赛，报名参加者非常踊跃。

二、冬泳的安全救助

冬泳常见的危险主要为**皮肤伤害、抽筋、溺水、碰撞伤害、冻伤、心脏疾病**6种。

1. 皮肤伤害

皮肤伤害多是被岸边或水中的尖利物体所划伤，如尖锐的石头、树枝、破碎的砖瓦、玻璃、冰块等。被伤害部位多为手、脚、胳膊、腿等。如伤口不大，应当及时包扎后去医院做处理。如伤口较大，出血量大，应当用毛巾、手绢等适当扎紧，减缓出血，包扎伤口后，尽快送医院处理。

预防：冬泳前熟悉水域环境，谨慎入水。

2. 抽筋

抽筋多因入水前准备活动不够所致。抽筋多在五指、小腿部位。抽筋发生时，应用力伸展抽筋部位，如小腿抽筋，可以仰卧水上，用手扳住抽筋腿的脚拇指，用力向身体方向拉，用同侧的手掌压在抽筋腿的膝盖上，帮助膝关节伸直。一次不行，可连续做几次，可以缓解，或者呼救。上岸后，擦干身体，更衣，按摩抽筋部位（承山、涌泉和委中等穴）和整个腿，可以缓解。缓解后，不应再游泳。

预防：入水前多做准备活动，使身体各关节、各肌肉部位都有所活动。入水应缓慢，可先用水淋湿全身，避免强刺激。冬泳不可过量。发生抽筋后，下一次冬泳时，往往容易习惯性抽筋。应减少冬泳量，以利恢复。

3. 溺水

溺水，多因碰撞、抽筋、呛水或其他疾病发作而导致。应及时抢救上岸，清除口鼻中的污物，使之俯卧于抢救者的腿上，抢救者轻压溺水者的背部，控出溺水者腹中的水，然后使其仰卧于保暖之处。如呼吸和心跳停止，有经验者可连续做人工呼吸和心脏按压，并及时报警或向 120 求救。

人工呼吸最简便有效的为口对口人工呼吸，方法为：使溺水者仰卧，一手托住其下颌，使其头向后仰，保持气道畅通，另一只手捏住患者的鼻孔，然后深吸一口气向其口内吹入，吹完气后放开捏鼻孔的手，用双手按压其胸部，使其呼出气体。吹气频率为 16～18 次/min，反复进行。

心脏按压是对停止呼吸和心跳者的抢救方法。方法是：双手重叠，放在其胸骨中下三分之一交界处，用力向下压，使胸壁下压 3～4cm，随后将手放松。应以 60～80 次/min 的频率有节奏地进行。抢救儿童时，动作频率可快一些。手下压时，力量应均匀、缓慢，用力不可过猛，松手要快，注意防止造成肋骨伤害。

预防：身体不适，不可勉强冬泳。冬泳时应注意不过量。在水中如有不适感，应及时上岸或尽早求救。

4. 碰撞伤害

碰撞伤害多因滑倒或跳水所致。如摔伤较重，特别要注意是否有骨折或脑震荡发生。

骨折的症状：疼痛、肿胀、皮下瘀血，受伤处运动功能丧失、畸形、有压痛和传导痛感。应及早判明是否骨折，如发生骨折，应用夹板固定骨折部位，避免伤情加重。同时向 120 求救。

脑震荡的症状：出现昏迷，全身肌肉松弛，面色苍白，瞳孔放大，脉搏细弱，呼吸表浅，意识清醒后不能回忆受伤经过，但能回忆受伤前的事情，头痛，头晕，轻微恶心，心烦不安。应使伤员平卧，保持安静，防寒保暖，不可随意搬动，不可使伤员坐、立。昏迷者可掐其人中，促使清醒。应及时向 120 求救。

预防：穿不打滑的拖鞋，不跳水，在较滑的地方行走要注意安全。

5. 冻伤

冻伤多为冬泳时间过长所致。发生冻伤后，应当注意保暖，并用酒擦揉受冻部位，使之血液循环加快，逐渐恢复体温，切不可用温度较高的物体接触冻伤部位；或者去医院处理。

预防：冬泳时间不可过长。冬泳出水后，及时用干毛巾擦干身体后更衣。在 –15℃ 以下气温冬泳时，出水后更应注意防止冻伤。

6. 心脏病

心脏病发作多因冬泳过量。应及时上岸更衣休息。如状况严重，应及时送医院抢救。

预防：冬泳不可过量。如以前有心脏病史，更应注意自己身体的感受，身体如不舒适时，不去冬泳。身体状况不适应冬泳者，不应参加冬泳。

你知道吗

科学掌握冬泳泳量

参加冬泳者一定要根据自己的年龄、健康状况和游泳技术，综合考虑水温、水域、水质和流速等因素，确定游泳时间。

专家建议，可以根据以下 3 个办法科学地控制冬泳泳量：

1. 在 17℃ 水温以下的低温水中冬泳时，一般是按照 0℃ ~ 1℃ 水温的水中游 1min，水温每增高 1℃ 多游 1min 左右来计算泳量。耐寒能力较差的人和老年人还要再减少一些在水中冬泳的时间。冬泳量切记宁少勿多，尤其注意不要反复下水。
2. 要随时注意冬泳时间不要超过自己的手指和脚趾对寒冷水温的耐受限度。手指和脚趾的感觉是控制冬泳泳量的灵敏信号。手指和脚趾首先感到疼痛时就出水。当水温在 1℃ ~ 5℃ 时，若冬泳时间超过普通人的耐寒限度（1 ~ 5min），手指和脚趾会首先感到疼痛。这时若不出水，手脚就会麻木以至于失去痛觉，严重时还会造成手指和脚趾的冻伤。
3. 要以自己在水中没有感觉第二次寒冷前就出水。冬泳泳量还是以游后感觉温暖舒适最合适，出水后在室内更衣时应该无发抖现象，10min 后就恢复到正常体温，这是冬泳时间的控制原则。

每章一练

1. 简述常用的游泳技术有哪些？
2. 什么是冬泳？
3. 冬泳的注意事项有哪些？

丰富多彩的民族体育

第八章

教学目标 ◀

通过本章的学习，使学生了解有关中国民族体育的基本知识，了解气功的练习方法和散落民间的各种传统体育活动。

教学要求 ◀

认知： 了解中国民族体育的基本知识。
理解： 我国有着悠久的民族体育运动史，保护祖先留给我们的这份遗产，并更好地加以传承和发扬，是我们不可推卸的责任和光荣任务。
运用： 民族体育给广大人民带来的益处是不可估量的，借鉴民族体育运动有利于我们采用更多的方式锻炼身体。

知识点 1 武 术

一、武术的起源和发展

1. 武术的起源

武术萌芽于原始社会人类的生产活动。武术的器械来源于原始人类的生产工具，一些朴素的攻防概念则是从同大自然的搏斗中产生出来的。武术的产生与阶级、国家产生之后的战争有关。秦汉时手搏、剑道已经很盛行。唐代兴武举，促进了练武活动。宋代开始有了使拳、踢脚、弄棍、掉刀、打套子等表演，宫廷中则有"枪对牌""剑对牌"等对练项目。武术从此渐以套路运动为主。元明清时代，不同拳种流派林立，"十八般武艺"及各家拳法广泛流传。中华人民共和国成立后，武术被正式列为体育竞技项目，得到了普及与推广。

武术是以肉体或冷兵器互相格斗的技术，前者之内容为锻炼身体各部位以攻击对手，种类分为踢、打、拿、摔四大类；后者之内容，簇簇不及备载。发明火枪前，兵器为以刀、枪、棍、剑、鞭、镖、锤、矛、耙等冷兵器为主，另有不常见的奇异兵器；发明火枪后，冷兵器逐渐被淘汰。火枪的发明，导致以冷兵器与肉体为武器的攻击技术在战场上式微。

"武术"一词，在历史上的第一个记载是负面的。南朝宋太子舍人颜延之（384—456）做了首四言诗《皇太子释奠会作》："偃闭武术，阐扬文令。庶士倾风，万流仰镜。"意思是"废止武术，促进文学。使百姓佩服，大家仰慕好榜样。"但是此句中的"武术"应该是指"军事"。清代李渔《闲情偶寄·种植部》："自幼好武术。"此处"武术"也可称功夫。

2. 武术的特点

（1）**寓技击于体育之中**。武术最初是作为军事训练手段，与古代军事斗争紧密相连，其技击的特性是显而易见的。在实用中，其目的在于杀伤、制服对方，它常常以最有效的技击方法，迫使对方失去反抗能力。这些技击术至今仍在军队、公安系统中被采用。**武术作为体育运动，技术上仍不失为攻防技击的特性，而且将技击寓于搏斗与套路运动之中。搏斗运动集中体现了武术攻防格斗的特点，在技术上与实用技击基本上是一致的，但是从体育观念出发，它受到竞赛规则的制约，以不伤害对方为原则**。如在散手中对武术中有些传统的实用技击方法做了限制，而且严格规定了击打部位和护具，短兵中使用的器具也有相应的变化，而推手是在特殊技术规定下进行竞技对抗的。因此，可以说武术的搏斗运动具有很强的攻防技击性，但又与实用技击有所区别。

套路运动是中国武术的一个特有的表现形式，不少动作在技术规格、运动幅度等方面与技击的原型动作相比有所变化，但是动作方法仍然保留了技击的特性。即使因联结贯串及演练技巧上的需要，穿插了一些不一定具有攻防技击意义的动作，然而就整套技术而言，主要的动作仍然是以踢、打、摔、拿、击、刺诸法为主，是套路的技术核心。它的攻防技击特性是通过一招一式来表现的，汇集百家，它的技击方法是极其丰富的，在散手、短兵中不宜采用的技术方法，在套路运动中仍有所体现。

讨论

请谈谈中华民族的武术精神有哪些？

（2）**内外合一，形神兼备的民族风格。既讲究形体规范，又追求精神传意。**内外合一的整体观，是中国武术的一大特色。所谓内，指心、神、意等心志活动和气的总运行；所谓外，即手、眼、身、步等形体活动。内与外、形与神是相互联系的统一整体。

武术"内外合一，形神兼备"的特点主要通过武术功法和技法来体现。"内练精气神，外练筋骨皮"是各家各派练功的准则，如太极拳主张身心合修，要求"以心行气，以气运身"，形意拳讲究"内三合，外三合"；少林拳也要求精、力、气、骨、神内外兼修。此外武术套路在技术上往往要求把内在精气神与外部形体动作紧密相合，完整一气，做到"心动形随""形断意连""势断气连"。以"手眼身法步，精神气力功"的变化来锻炼心身。这一特点反映了中国武术作为一种文化形式在长期的历史演进中，备受中国古代哲学、医学、美学等的渗透和影响，形成了独具民族风格的练功方法和运动形式。

（3）**广泛的适应性。**武术的练习形式、内容丰富多样，有竞技对抗性的散手、推手、短兵，有适合演练的各种拳术、器械和对练，还有与其相适应的各种练功方法。**不同的拳种和器械有不同的动作结构、技术要求、运动风格和运动量，分别适应不同年龄、性别、体质的人的需求，人们可以根据自己的条件和兴趣爱好进行选择，**同时它对场地、器材的要求较低，俗称"拳打卧牛之地"，练习者可以根据场地的大小变化练习的内容和方式，即使一时没有器械也可以徒手练拳、练功。一般来说，武术受时间、季节限制也很小，较之不少体育运动项目，具有更为广泛的适应性，武术能在民间历久不衰，与这一特点不无关系。利用这一特点可为现代群众性体育活动提供方便，使武术进一步社会化。

3. 武术的内容和分类

拳术	长拳、太极拳、南拳、形意拳、八卦拳、通臂拳、翻子拳、地趟拳、劈挂拳、螳螂拳、八极拳、猴拳、醉拳、华拳、化拳、鹰爪拳、绵拳、六合拳、蛇拳、意拳、少林拳、查拳等	大都各有独特的练法
器械练习	短器械（刀、剑等） 长器械（枪、棍等） 双器械（双刀、双剑、双枪、双钩等） 软器械（九节鞭、流星锤、绳镖等）	器械大都由古代兵器演化而来
对练	徒手对练、器械对练 徒手与器械对练	两人以上按规定的动作顺序进行攻防练习或表演
集体表演	六人以上进行徒手的或器械的集体表演	动作要整齐划一，可用音乐伴奏，都穿古装
攻防技术	两人按照一定规则进行搏斗，有散手、推手、短兵器、长兵器等	动作具有实战意义

你知道吗

从"抱拳礼"中学武德

学武术要讲武德,施"抱拳礼"是武术界的礼节。

标准的"抱拳礼"是这样的:左脚上前一步,右脚跟上;并步的同时,两手环抱胸前,右手握拳,拳面向左手,拳顶对着左掌中指下端;左手四指伸直,拇指弯曲,两手手心向外前推。

抱拳礼的含义很广,其重点有三:武术界五湖四海皆兄弟;左手拇指弯曲,意在武术界内"莫称大";两手环抱于胸前,手心向外前推,意在表示武术界的友谊永记心间。

所谓"施礼容易实践难",学武者须以德行为先。奉行武德乃终身大事。它的难度不亚于武技,从某种角度讲,修身修性方面的武德锻炼,要超过技术方面的难度。

武术源于中国,属于世界。练武者的心胸要放得大些、更大些才好。人格,是不标明码的"最高段位"。有道是学武者多如"牛毛",学成者少如"牛角"。我们在武术界亦接触一些武艺精湛的老师,在他们身上可发现武德亦十分高尚,德高望重,这是我们学习的楷模。学会施"抱拳礼"只需片刻时间;而学会"抱拳礼"中的武德,并付诸行动,就得终身修炼!

二、武术的基本功

1. 手型、步型、身型

(1)手型。

拳	将四指并拢卷握,并将拇指紧扣食指和中指的第二指节。拳由拳面、拳眼、拳背、拳轮、拳心组成(见图8-1)。
掌	将四指靠紧并拢,向上伸直,拇指弯曲紧扣于虎口处。掌由掌指、掌背、掌根、掌心、掌外沿组成(见图8-2)。
勾	将五指第一指节靠拢在一起,并屈腕使勾尖朝下。勾包括勾尖和勾顶(见图8-3)。

图8-1 拳

图8-2 掌

图8-3 勾

(2)步型

弓步	并步站立,两手握拳放于腰间,眼向前平视。左脚向前一大步,为本人脚长的4～5倍,脚尖微向里扣,左腿屈膝半蹲,大腿接近水平,膝部与脚尖基本垂直;右腿挺膝伸直,脚跟后蹬,脚尖内扣,斜向前方(见图8-4)。
马步	右脚向右侧横跨一步,宽度约为本人脚长的3倍,脚尖正对前方,两腿屈膝半蹲,膝不超过脚尖,大腿接近水平。身体重心在两腿之间,两手握拳放于腰间(见图8-5)。
仆步	有左右仆步。左仆步:两脚左右开立,右腿屈膝全蹲,臀部尽量下坐,大腿和小腿靠紧,脚尖和膝外展;左腿挺直平仆,脚尖里扣,两脚全脚掌着地。右仆步,与左仆步方向相反(见图8-6)。
虚步	左脚虚为左虚步,右脚虚为右虚步。左虚步:两腿并步直立,两手握拳放于腰间,眼向前平视。然后右腿向后撤步,屈膝下蹲,脚尖外展约45°;左脚向前伸出,左腿稍屈,前脚掌虚着地面,两膝微合,重心落于后腿,眼向前平视(见图8-7)。
歇步	两脚左右开立,两手握拳放于腰间,右脚向左脚的左后方落步,两腿靠拢贴紧。臀部下坐于右腿接近脚跟处,成左歇步(见图8-8)。

图8-4 弓步　　图8-3 马步　　图8-4 仆步　　图8-5 虚步　　图8-6 歇步

(3)身型。

身型的基本要求是头正、顶平、颈直、沉肩、挺胸、背直、塌腰、收腹、敛臀。

2.腿功和腰功

(1)腿功。

正压腿	面对肋木或一定高度的物体,并步站立,左腿提起,脚跟放在肋木上,脚尖勾起,踝关节屈紧,两手扶按膝上。两腿伸直,立腰,收髋,上体前屈,并向前,向下做压振动作。练习时两腿交替进行,逐渐加大振幅,逐步提高腿的高度(见图8-9)。
侧压腿	侧对肋木,左腿举起,脚跟搁在肋木上,脚尖勾起,踝关节屈紧。右臂屈肘上举,左掌附于右胸前。练习方法同正压腿,只是上体向侧做压振动作(见图8-10)。
后压腿	背对肋木,两手叉腰或扶一定高度的物体。一腿支撑,另一腿向后举起,脚背搁在肋木上,脚面绷直,上体后屈并做压振动作。练习时左右腿交替进行(见图8-11)。

正踢腿	从直立两手立掌侧平举开始，左脚向前上半步，左腿支撑，右脚尖勾起向前额处猛踢，两眼向前平视，左右腿交替练习（见图8-12）。 **要求与要点**：挺胸，直腰，收髋，猛收腹，勾起勾落，踢腿过腰后要加速，要有寸劲。
侧踢腿	预备姿势同正踢腿。右脚向前上半步，脚尖外展，左脚跟稍提起，身体略右转，左臂前伸，右臂后举。随即左脚脚尖勾紧，向左耳侧踢起，同时右臂屈肘上举亮掌，左臂屈肘立掌于右胸前或垂于裆前，两眼向前平视（见图8-13）。 **要求与要点**：挺胸，立腰，开髋，侧身，猛收腹，左右交替练习。
外摆腿	预备姿势与正踢腿相同。右脚向右前方上半步，左脚尖勾紧，向右侧踢起，经面前向左侧上方外摆，直腿落在右腿旁（见图8-14）。 **要求与要点**：挺胸，塌腰，松髋，展髋，外摆幅度要大并成扇形。
弹腿	从直立两手叉腰开始，一腿屈膝提起，大腿与腰平，脚尖绷直提膝接近水平时，迅速猛力挺膝，向前平踢（弹击），力达脚尖，大小腿成一直线（见图8-15）。 **要求与要点**：挺胸，立腰，脚面绷直，收髋，弹击要有寸劲。
侧踹腿	预备姿势同弹腿。两腿左右交叉，右腿在前，稍屈膝，随即右腿伸直支撑，左腿屈膝提起，左脚内扣，脚跟用力向左侧上方踹出，高与肩平，上体向右侧倒，目视左侧方（见图8-16）。 **要求与要点**：挺膝，开髋，猛踹，脚外侧朝上，力达脚跟部，有爆发力。

图 8-9　正压腿　　图 8-10　侧压腿　　图 8-11　后压腿　　图 8-12　正踢腿

图 8-13　侧踢腿　　　　　　　　图 8-14　外摆腿

第八章　丰富多彩的民族体育

图 8-15　弹腿　　　　　　　图 8-16　侧踹腿

（2）腰功。

前俯腰	直立，两手手指交叉，直臂上举，手心朝上。上体前俯，两手尽量贴地，然后两手松开，抱住两脚跟腱逐渐使胸部贴近腿部，持续一定时间再起立。练习时注意，向前折体后双腿一定要伸直（见图 8-17）。
甩腰	开步站立，两臂上举，以腰、髋关节为轴，上体做前后屈和甩腰动作，两臂也跟着甩动，两腿伸直。练习时注意，前后甩腰要快速，动作紧凑而有弹性（见图 8-18）。

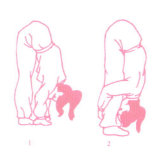 

图 8-17　前俯腰　　　　　　图 8-18　甩腰

三、五步拳

五步拳 是由弓步、马步、仆步、虚步、歇步五种步型结合搂手、冲拳、按掌、穿掌、挑掌、架打、盖打等手法进行的组合练习，简称五步拳。五步拳包含了武术中最基本的五种步型和三种手型，是武术入门的基本拳术组合。

动作名称：预备式（并步抱拳）—弓步冲拳—弹踢冲拳—马步架打—插步盖拳—
歇步冲拳—提膝穿掌—仆步穿掌—虚步挑掌—收式（并步抱拳）。

1. 预备式

两脚并拢，双手握拳抱于腰间，拳面与小腹在同一个平面，双肘后顶，向左摆头，目视左前方。

2. 弓步冲拳

左脚向左迈出一步成左弓步，同时左手向左平搂后收抱腰间，右拳前冲成平拳；目视前方。

3. 弹踢冲拳

重心前移至左腿支撑，右拳先屈膝提起再向前弹踢；同时左拳前冲成平拳，右拳收抱腰间；目视前方。

4. 马步架打

右脚内扣落地，身体左转90°，两腿屈膝下蹲成马步；同时左拳变掌，屈臂上架，右拳向右侧冲成平拳；头右转，眼看右侧方。

5. 插步盖掌

重心稍起，身体左转，左脚经右脚后后插一步；同时右拳变掌经头上向前下盖，掌外沿向前左掌变拳收抱腰间；目视右掌。

6. 歇步冲拳

两腿屈膝下蹲成右歇步；同时左拳前冲成平拳，掌变拳收抱腰间；目视左拳。

7. 提膝穿掌

身体立起左转，右脚内扣支撑，左腿屈膝提起；同时左拳变掌收至右腋下，右拳变掌，掌心朝上由左手背上穿出；目视右掌。

8. 仆步穿掌

左脚向左落地成左仆步；左掌掌指朝前沿左腿内侧穿出；目视左掌。

9. 虚步挑掌

左腿屈膝前弓，右脚蹬地向前上步成右虚步；同时左手向上、向后画弧成勾手，右手向下、向前顺右腿外侧向上挑掌；目视前方。

10. 收式

左脚向右脚并拢，双手变拳收回腰间。向左摆头，目视左前方。

四、二十四式太极拳

二十四式太极拳，即简化太极拳，是由国家体委（今国家体育总局）于1956年组织太极拳专家以杨式太极拳为蓝本编创的。相比于传统的太极拳，二十四式太极拳既能充分体现传统太极拳的运动特点，又因其动作少而精练，更加规范，具有易学易练性，深受大众的欢迎。

这套拳共分8个组，包括"起势""收势"共二十四个姿势动作。

1. 起势（见图 8-19）

图 8-19　起势

❶ 两脚开立　❷ 两臂前举　❸ 屈腿按掌

2. 野马分鬃

左野马分鬃（见图 8-20）

❶ 转体撇脚　❷ 抱手收脚　❸ 转体上步　❹ 弓步分手

图 8-20　左野马分鬃

右野马分鬃（见图 8-21）

❶ 转体撇脚　❷ 抱手收脚　❸ 转体上步　❹ 弓步分手

图 8-21　右野马分鬃

3. 白鹤亮翅（见图 8-22）

❶ 跟步抱手　❷ 后坐转体　❸ 虚步分手

图 8-22　白鹤亮翅

4. 搂膝拗步

左搂膝拗步（见图 8-23）

❶ 转体摆臂　❷ 摆臂收脚　❸ 上步屈肘　❹ 弓步搂推

图 8-23　左搂膝拗步

右搂膝拗步（见图 8-24）

❶ 转体撇脚　❷ 摆臂收脚　❸ 上步屈肘　❹ 弓步搂推

图 8-24　右搂膝拗步

5. 手挥琵琶（见图 8-25）

❶ 跟步展臂　❷ 后坐引手　❸ 虚手合手

图 8-25　手挥琵琶

6. 倒卷肱

右倒卷肱（见图 8-26）

❶ 转体撒手　❷ 退步卷肱　❸ 虚步推掌

图 8-26　右倒卷肱

左倒卷肱（见图 8-27）

❶ 转体撒手　❷ 退步卷肱　❸ 虚步推掌

图 8-27　左倒卷肱

7. 揽雀尾

左揽雀尾（见图 8-28）

❶ 转体撒手　❷ 抱手收脚　❸ 转体上步　❹ 弓步棚臂　❺ 转体摆臂　❻ 转体后捋
❼ 转体搭手　❽ 弓步前挤　❾ 后坐引手　❿ 弓步前按

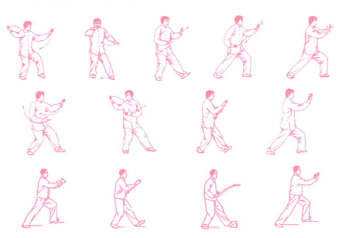

图 8-28　左揽雀尾

右揽雀尾（见图 8-29）

❶ 转体分手　❷ 抱手收脚　❸ 转体上步　❹ 弓步绷臂　❺ 转体摆臂　❻ 转体后捋
❼ 转体搭手　❽ 弓步前挤　❾ 后坐引手　❿ 弓步前按

图 8-29　右揽雀尾

8. 单鞭（见图8-30）

❶ 转体运臂　❷ 勾手收脚　❸ 转体上步　❹ 弓步推掌

图8-30　单鞭

9. 云手（见图8-31）

❶ 转体松勾　❷ 云手收步　❸ 云手开步　❹ 云手收步　❺ 云手开步　❻ 云手收步

图8-31　云手

10. 高探马（见图8-32）

❶ 后脚跟步　❷ 后坐翻手　❸ 虚步推掌

图8-32　高探马

11. 右蹬腿（见图8-33）

❶ 穿手提脚　❷ 上步翻手　❸ 分手弓腿　❹ 抱收手脚　❺ 翻手提腿　❻ 分手蹬脚

图8-33　右蹬腿

12. 双峰贯耳（见图8-34）

❶ 屈膝并手　❷ 上步落　❸ 弓步贯拳

图 8-34　双峰贯耳

13. 转身右蹬脚（见图 8-35）

❶ 转体分手　❷ 收脚合抱　❸ 提膝翻手　❹ 分手蹬脚

图 8-35　转身右蹬脚

14. 下势独立

左下势独立（见图 8-36）

❶ 收腿勾手　❷ 屈蹲开步　❸ 仆步穿掌　❹ 弓腿起身　❺ 独立挑掌

图 8-36　左下势独立

右下势独立（见图 8-37）

❶ 落脚勾手　❷ 屈蹲开步　❸ 仆步穿掌　❹ 弓腿起身　❺ 独立挑掌

图 8-37　右下势独立

15. 左右穿梭

右穿梭（见图 8-38）

❶ 落脚转体　❷ 抱手收脚　❸ 上步错手　❹ 弓步架推

图 8-38 右穿梭

左穿梭 （见图 8-39）

❶ 转体撇脚　❷ 抱手收脚　❸ 上步错手　❹ 弓步架推

图 8-39 左穿梭

16. 海底针（见图 8-40）

❶ 后脚跟步
❷ 后坐提手
❸ 虚步插掌

图 8-40 海底针

17. 闪通臂（见图 8-41）

❶ 提手收脚
❷ 上步分手
❸ 弓步推掌

图 8-41 闪通臂

18. 转身搬拦捶（见图 8-42）

❶ 转身扣脚　❷ 转体握拳　❸ 垫步搬拳　❹ 转体收拳　❺ 上步拦掌　❻ 弓步打拳

图 8-42 转身搬拦捶

第八章　丰富多彩的民族体育

19. 如封似闭（见图 8-43）

❶ 穿手翻掌　❷ 后坐引收　❸ 弓步按掌

图 8-43　如封似闭

20. 十字手（见图 8-44）

❶ 转体扣脚　❷ 弓腿分手　❸ 转体落手　❹ 收脚合抱

图 8-44　十字手

21. 收势

❶ 翻掌分手　❷ 垂臂落手　❸ 并脚还原

你知道吗

太极拳流派

太极拳有陈式、杨式、孙式、吴式、武式以及武当、赵堡等多种流派。据说明末清初，河南温县陈家沟的老拳师陈王庭初创太极拳，世代相传。河北永年人杨露禅从学于陈家沟陈长兴，并与其子杨健侯、其孙杨澄甫等人在陈式太极拳的基础上，创编发展了"杨式太极拳"。清末河北永年人武禹襄在杨露禅从陈家沟返乡后，深爱其术，从杨学陈式老架太极拳，后又从陈清平学赵堡架，经过修改，创造了"武式太极拳"。河北完县（现为顺平县）人孙禄堂，从师李魁垣学形意拳，继而学于李魁垣的师傅郭云深，又从师于程廷华学八卦掌，后又从师郝为真学太极拳，之后参合八卦、形意、太极三家拳术的精义，融合一体而创"孙式太极拳"，所谓"太极腰、八卦步、形意劲"即此。

随着历史的发展，武术逐渐从战场搏杀转为体育健身，太极拳正是如此。100多年前，太极拳家在《十三势行功歌》中就有"详推用意终何在，益寿延年不老春"的提法。太极拳经过长期流传，演变出许多流派，其中流传较广或特点较显著的即陈式太极拳、杨式太极拳、吴式太极拳、武式太极拳、简化太极拳五派。

知识点 2　传统体育活动

一、踢毽子

踢毽子，又叫"打鸡"，起源于汉代，盛行于南北朝和隋唐，已有2 000多年的历史，至今仍是我国人民喜爱的体育活动。北京、上海、广东、浙江、河北、湖南、福建、山东等省市都举行过规模较大的踢毽子比赛。1985年，第六届全国运动会把踢毽子列为国术比赛项目。

1. 器材

古代，毽子一般用羽毛和金属钱币做成。发展到现在，毽子制作的种类繁多，除沿用古代的办法以外，一般还有三种。其一，用金属片为底，以纸剪成各种花色缨的纸毽。其二，以各种色布条为缨，以大纽扣为底做的布毽。其三，以塑料做成的各色花毽。

2. 场地

比较简单，在室内、室外均可进行。场地地面不受限制，只要平坦即可，主要根据参加人数和水平而定。

3. 基本动作

单踢	单踢动作要领：髋关节外展，膝关节屈。踝关节内收并屈，用脚内侧触毽，控制毽上下飞行。
盘踢	盘踢技术要领：与单脚踢动作要领一致，单在两脚转换踢毽时要注意毽的飞行位置与触毽力量要协调配合好。
压	（以右脚踢为例）重心下降，左腿膝关节屈，上体稍微左转，眼看毽子。右腿膝关节屈，髋关节外展，踝关节内收到左腿侧后方。右脚内侧触毽，在触毽瞬间，重心后移，同时右腿向上提拉，将毽子踢起。
颤	动作要领同单踢，但连踢时，踢毽脚不能触及地面。
窜打、打	（男生窜打，女生打。）以右脚打毽为例，人跳起后，上身稍微右转，右膝屈，髋外展，踝关节内收至左腿后侧，触毽时脚内侧平面保持住。两臂自然摆动。窜打时注意动作的连接要协调，触毽部位要准确。

> **讨论**
>
> 你认为什么样的毽子踢起来舒服？

4. 竞赛

踢毽子比赛有单人赛与集体赛。单人赛以每人踢毽的次数多少判定胜负；集体赛按个人技术高低分组，以总踢次数多少判定胜负。技艺高超者可连踢数千次而毽不落地。另有一种团踢，即一群人共踢一毽，毽落到谁面前，谁可任意选择踢法将毽复踢给任何人，对方仍以此法踢毽给任何人，毽掉在谁面前谁为负。

二、跳绳

跳绳是一项古老的游戏，在我国有悠久的历史。清代北京元宵节民间娱乐活动中，称跳绳为跳白索。1939 年在福建省沙县举行的国民体育表演会，就曾设有跳绳个人表演。

1. 跳绳的基本类型

跳绳分单人跳和双人以上跳两种，后者也称集体跳。集体跳时两人各抓长绳的一端，分前甩、后甩，跳者可做前后转 180°的花样，但步调必须配合一致。

跳绳的基本动作有单脚跳、单脚换跳、双脚并跳、双脚空中前后与左右分跳等。摆绳与踏跃动作要合拍，可一摇一跳，也可一摇两跳乃至一摇三跳。摇绳的方向可前可后。用长绳可两人同时摇动，集体轮流跳或同时跳。

跳跃时还可按不同情况编排各种动作花样，也可用节奏与旋律适宜的歌谣伴唱。除花样跳绳外，也可按一定距离，边摇绳边跑向终点，比赛速度。

2. 跳绳的基本技术

（1）**跳长绳**。跳长绳可以两人摇，也可以一人摇绳，另一端系在木柱上或其他物体上。长绳一般为 5～7m。摇绳根据练习者的所在方向，可分为"正摇"和"反摇"。向练习者方向的为正摇，反之为反摇。

跳长绳的动作可以分跑过、跳过和连跳。跑过是指绳子摇转在上空时，练习者从绳子下面快速跑过去，而不越过绳子。跳过是指一次跳过摇转的绳子。连跳是指连续跳绳。一人在绳子中间或站或蹲或转身连续做跳起动作，也可两人或多人做游戏；在两人摇转的两根绳中连跳，当一绳在上、一绳在下时，跳者从正面或从侧面跑进，用单脚交换跳的方式进行跳越。

（2）**跳短绳**。短绳一般为 2～2.5m。跳绳前，先要选择适合自己的跳绳长度。

摇绳时，用手腕带动，两手好像在体侧前方画一个 10cm 左右的小圈子，避免以肩为主的挥臂动作。绳子转动时每次稍接触地面，绳子转动的速度应该均匀而有节奏，保持圆弧形。前摇绳要停时，要求一脚前出，前脚掌离地，使绳停在脚掌与地面所成的夹角内。后摇绳时，要求一脚后出，脚跟提起，前脚掌着地，将绳子停在脚下。

一人跳短绳的摇法有前摇、后摇、侧摇、单摇跳、双摇跳、三摇跳等方法。两臂体前交叉摇绳可以做编花跳。可以在规定的时间里比摇跳的次数，或规定摇跳的次数计算时间的多少，也可以进行行进间跳短绳比赛等。

两人跳短绳时一人带一人跳，一人摇绳，另一人在摇绳者体前体后跳进跳出。

三、拔河

拔河是人数相等的双方对拉一根粗绳以比较力量的对抗性体育娱乐活动。有人认为中国古代的"牵钩"就是早期的拔河运动,源于春秋战国时期。

最初拔河主要用以训练士卒在作战时勾拉或强拒的能力,后来被水乡渔民仿效,成为一项民间体育娱乐活动。唐宋以后,拔河渐在民间盛行。712—756年,唐玄宗时曾举行过千人参加的拔河比赛活动。近代学堂出现之后,拔河被列入教学与课外活动内容。中华人民共和国成立后,拔河活动更为普遍,特别是在节假日里,机关、工厂、学校、部队、农村都把拔河活动列入主要的比赛内容。

拔河的场地要求很简单,只要有宽5m以上、长20m左右的一块平坦地面,就可进行拔河活动。**现代一般的拔河方法是:在地上画两条平行的直线为河界,由人数相等的两队在河界两侧各执绳索的一端,闻令后,用力拉绳,以将对方拉过河界为胜。**

拔河比赛时,可以采用手脚并用、后退使劲、协同作战的技巧。拔河时选手双手掌心朝上紧握绳子,两脚在膝前伸直,发挥全身的力量。比赛中要使脚站稳,又能使手握紧绳子向后拉。拔河比赛时,一来一往的拉锯过程中,常有等距力量的表现,这对于人体肌力的加强和自主神经的控制,有很大的帮助。同时,拔河时的协作精神也有助于人们更好地与人相处,使人积极地与他人相融合。

你知道吗

说说赛龙舟

"龙舟"一词,最早见于《穆天子传·卷五》:"天子乘鸟舟,龙舟浮于大沼。"《九歌·湘君》有"驾飞龙兮北征,邅吾道兮洞庭""石濑浅浅,飞龙兮翩翩"之句,学者们也认为"飞龙"即龙舟。《湘君》即描写湘人驭驾龙舟,将玉佩沉入江中(与抛粽子入江相仿)悼念某位历史人物之诗。这既与"魂舟"暗合,又与楚国《人物御龙帛画》之像暗合,可互为印证。《荆楚岁时记》载:"五月五日,谓之浴兰节。……是日,竞渡,竞采杂药。"此后,历代诗赋、笔记、志书等记载竞渡就数不胜数了。

龙舟,与普通船只不太相同,大小不一,桡手人数不一。如广州黄埔一带的龙舟,长33m,船上有100人,桡手约80人。南宁龙舟长20多米,每船五六十人。湖南汨罗县龙舟则长16~22m,桡手24~48人。福建福州龙舟长18m,桡手32人。龙舟一般狭长、细窄,船头饰龙头,船尾饰龙尾。龙头的颜色有红、黑、灰等色,均与龙灯之头相似,姿态不一。一般以木雕成,加以彩绘(也有用纸扎、纱扎的)。龙尾多用整木雕,上刻鳞甲。除龙头龙尾外,龙舟上还有锣鼓、旗帜或船体绘画等装饰。如广东顺德龙舟上饰以龙牌、龙头龙尾旗、帅旗,上绣对联、花草等,还有绣满

第八章　丰富多彩的民族体育

龙凤、八仙等图案的罗伞。一般龙舟没有这么多的装饰，多饰以各色三角旗、挂彩等。古代龙舟也很华丽，如《龙池竞渡图卷》（元人王振鹏所绘），图中龙舟的龙头高昂，硕大有神，雕镂精美，龙尾高卷，龙身还有数层重檐楼阁。如果是写实的，则可证古代龙船之精美了。

四、射箭

远在1万年前的中石器时代，人类就发明了弓箭来狩猎。以后很长时间，弓箭又是用于战争的武器之一，现在射箭作为人们喜欢的体育运动项目存续下来。我国射箭运动比较普及，特别是在少数民族地区，每年少数民族的节日都举办民族形式的射箭比赛。如青海省藏族群众举办射远比赛、拉弓比赛、射准比赛。内蒙古的"那达慕"大会进行传统的骑马射箭、射准比赛。

射箭分为步射和骑射两种。弓箭的式样、重量、长度、拉力均不限。一般规定每人射九箭，分三轮射完，以中靶箭数多少来定胜负。**步射又称三射，射手站在距靶十至数十米处，引弓射之，以中环多少决胜负。**射箭时，步型呈八字，重心下移，弓的弹力与人的弹力相和谐方能射准。**骑射就是跑马射。跑道通常为 85m 长，沿跑道设三个靶位，间距 25m，跑道中心线与靶位相距 2m。第一靶在一个高 2m 的木架上挂一个约 1m³ 的彩色布袋，第二靶挂白布袋，第三靶挂一个三角形布袋，布袋内装棉絮。第一、二靶位置在射手的左侧，第三靶位置在右侧。射箭比赛实行淘汰制，以射中的中心、内环、外环数折算分数，选出名次。**

在奥运会等正式比赛上，射箭场地要求平坦，由南向北，长约130m，宽约150m。弓由弓把、弓面及一对顶端带环扣的弹性弓翼组成，弓弦可用涤纶绳或其他材料制作，箭包括箭头、箭杆、箭扣和箭羽，制作材料不限。靶可用纸、布或其他材料制成，上有黄、红、浅蓝、黑、白5个等宽同心圆区。每个环的颜色各不相同，中间的黄色是10分和9分（由内往外），红色是8分和7分，蓝色是6分和5分，黑色是4分和3分，最外圈的白色是2分和1分。

五、舞狮

舞狮是我国优秀的民间艺术，每逢元宵佳节或集会庆典，民间都以舞狮助兴。这一习俗起源于三国时期，南北朝时开始流行，至今已有1 000多年的历史。舞狮时，表演者在锣鼓音乐下，装扮成狮子的样子，做出狮子的各种形态动作。中国民俗传统，认为舞狮可以驱邪辟鬼。故此每逢喜庆节日，例如新张庆典、迎春赛会等，都喜欢打锣打鼓，舞狮助兴。

舞狮作为表演艺术，成形于1 500年前的北魏时代，当时北部匈奴侵扰作乱，他们特制木雕狮头，用金丝麻缝成狮身，派善舞者到魏进贡，企图舞狮时行刺魏帝，幸被识破，使他们知难而退。后因魏帝喜爱舞狮，命令仿制，舞狮得以流传后世。杨衒之《洛阳伽蓝记》记述当时洛阳长秋寺佛像出行时，有"辟邪狮子，引导其前"的话。

今天的舞狮主要分南狮、北狮两种。最初北狮在长江以北较为流行；而南狮流行于华南、南洋及海外。近年亦有将二者融合的舞法，主要是用南狮的狮子、北狮的步法，称为"南狮北舞"。

1. 北狮

中国舞狮，以"北狮"起源最早。相传北魏武帝远征甘肃河西，俘虏胡人10万之多。魏武帝令胡人献舞娱乐。胡人以木雕兽头，两大五小，披兽衣，集八音乐，武士30余人，起舞于御前。武帝龙心大悦，赐名"北魏瑞狮"，恩准俘虏回国。狮子舞便在北方流传开来，以后便有了"北狮"之称。

北派狮舞以表演"武狮"为主，即魏武帝钦定的北魏"瑞狮"。小狮一人舞，大狮双人舞，一人站立舞狮头，一人弯腰舞狮身和狮尾。狮子在"狮子郎"的引导下，表演腾翻、扑跌、跳跃、蹲高、朝拜等技巧，并有走梅花桩、蹿桌子、踩滚球等高难度动作。

2. 南狮

南狮的起源在中国民间有数个传说，传说之一是在清代乾隆皇帝下江南时，梦见一头毛色五彩斑斓的瑞兽来朝拜。回京后，乾隆皇帝命人照他梦中所见的瑞兽形象来扎制一只，每在节日及庆典时命人舞动，寓意为国泰民安、太平吉祥。

南派狮舞以表演"文狮"为主，表演时讲究表情，有搔痒、抖毛、舔毛等动作，惟妙惟肖，逗人喜爱。由于狮子为百兽之尊，形象雄伟俊武，古人将它当作勇敢和力量的象征，认为它能驱邪镇妖、保佑人畜平安。所以人们逐渐形成了在元宵节及其他重大活动里舞狮子的习俗，以祈望生活吉祥如意、事事平安。

六、放风筝

风筝，亦称风琴、纸鹞、鹞子、纸鸢，闽南语称风吹。风筝是一种比空气重的，能够借助于风力在空中飘浮的制品。

中国传统的风筝一般分为硬翅、软翅、板子、串子、立体（筒形）等几类，按地域和风格又分为潍坊、天津、南通、北京等地方特色的风筝。全国最大的风筝制造地在山东潍坊，被称为世界风筝之都，每年举办风筝会，2005年还有举办了风筝锦标赛。

1. 风筝的历史

放风筝是中国民间盛行的一项传统体育运动。从唐朝开始，风筝逐渐变成玩具。到了晚唐，风筝上已有用丝条或竹笛做成的响器，风吹声鸣，因而有了"风筝"的名字。也有人说"风筝"这名字起源于五代，从李邺用纸糊风筝，并在它上面装竹笛开始。到了宋朝，风筝已有很大发展，品种增加，性能提高，与人民生活发生了密切的联系。《红楼梦》第七十回中生动地描写了大观园中姐妹们放螃蟹、美人、大鱼、蝙蝠、凤凰、沙燕等各种风筝的情景。可以说，中国的玩具风筝在这时发展到了相当高的水平。从唐宋开始，中国风筝向世界流传。

2. 放风筝的好处

中国有句古话："鸢者长寿。"意思就是说，经常放风筝的人寿命长。制作一只绚丽多彩、新颖别致的风筝也是一种创造。当人们眺望自己的作品摇曳于万里晴空时，专注、欣慰、恬静，这种精神状态强化了高级神经活动的调节功能，促进了机体组织、脏器生理功能的调整和健全。双目凝视于蓝天白云之上的飞鸢，宠辱皆忘，杂念俱无，与保健气功的作用异曲同工，符合传统医学的修身养性之道。在风和日丽的大自然中放风筝是最好的日光浴、空气浴。跑跑停停的肢体运动可增强心肺功能，增强新陈代谢，增强体质。此外，放风筝的群体性很强。筝友相聚，妙语连珠，破闷解难，精神愉快。"笑一笑，十年少"，也是鸢者长寿的重要因素。

你会制作风筝吗？有兴趣的同学试着自制一个。

3. 放风筝的方法

放风筝的时候，一般是一抽一放。抽的时候，因为风筝提线一般放在风筝面靠上的位置，加大牵引力可以控制风筝角度变小，上扬力增加，风筝稳步上升；放的时候，即平衡的风筝牵引力变小，在风力和扬力的合力作用下，风筝会飞高飞远，但是必须很快又抽，以再次保持风筝的角度稳定。风力正盛的时候可以多放线，当风力稍有下降，就收一些线。

抖空竹技巧

抖空竹亦称"抖嗡""抖地铃""扯铃"，是汉族民间游艺活动，流行于全国各地，天津、北京及辽宁、吉林、黑龙江等地尤为盛行。空竹分双轴、单轴，轮和轮面用木制成，轮圈用竹制成，竹盒中空，有哨孔，旋转发声，中柱腰细，可缠绳抖动产生旋转。玩的人双手各拿两根2尺长的小竹棍，顶端都系一根长约5尺的棉线绳，绕线轴一圈或两圈，一手提一手送，不断抖动，加速旋转时，空竹便发出鸣声。

抖空竹需要较多的练习，下面几种技巧是抖空竹的基础。

1. 蚂蚁上树

交叉绳或开绳都可做；当空竹的转速稳定时就可以试试着。

（1）右脚向右跨一步成弓步姿势，同时，右手棍向下拉，左手棍往上，空竹会自然向上爬。

（2）空竹尚未碰到左棍时，就要把右脚收回，并把手放下，以免到棍头绞绳。

2. 金鸡上竿

亦称架空竹，就是把空竹架在棍上；要注意轴心和空竹棍要垂直。

（1）成开线后，身体向左微转90°，人正对空竹轴。

（2）右棍上，左棍下，绳拉直，使空竹自动跳或滑至左棍上，棍端微上翘。

（3）左棍棍朝下，使空竹滑下，但要对准空竹线放下，身体转回正向空竹面。

3. 直上青云

（1）成开线运行空竹，双手将绳拉直，空竹抖至空中60～90 cm高即可。

（2）右手稍举高，棍头对空竹轴，接到空竹后，顺势放下来，继续运行空竹。

4. 金蝉脱壳

亦称缠空竹，即利用空竹线缠绕在空竹上，变化很多。

（1）成开线后，身体向左微转90°，人正对空竹轴。

（2）左棍横举在外稍低，右棍在内稍高。

（3）手持右绳，对左棍，由上而下绕一圈回来；再由下而上倒绕一圈回原位（或说由里向外绕一圈，再由外向里绕一圈）。

1. 武术的特点有哪些？

2. 我国传统体育运动有哪些？

体育竞赛的欣赏

第九章

教学目标 ◀

通过本章的学习，使学生了解要想更好地欣赏体育竞赛，就需要了解体育竞赛的基本知识。

教学要求 ◀

认知：正确认识体育竞赛，并且树立正确的欣赏体育竞赛的观念。
理解：通过本章的学习，提高对体育竞赛的鉴赏能力，懂得欣赏体育竞赛的内容、价值和要求。
运用：在生活中做到文明欣赏，并培养自己的竞赛组织、协调能力。

知识点 1 体育竞赛的基本知识

一、体育竞赛的分类

1. 体育竞赛一般分为综合性竞赛和单项竞赛

综合性竞赛	一般称为运动会或综合性运动会；包括若干个运动项目的比赛；任务是全面检验各项运动普及及提高的情况，广泛交流经验，推动体育运动的发展。
单项竞赛	单独进行某一项比赛。

2. 还可以具体分为以下几种

❶ 锦标赛	为检验某一运动项目的开展情况，总结教学、训练经验，确定冠军和名次，促使该项运动不断发展而举行的单项比赛。
❷ 邀请赛和友谊赛	由一个或几个单位或国家，邀请其他单位或国家参加的竞赛。
❸ 对抗赛	由两个以上实力相近的单位或国家联合举办的竞赛。
❹ 等级赛	按运动员不同技术水平分别举行的比赛。
❺ 测验赛	为达到一定标准或了解运动员提高成绩的情况而组织的比赛。
❻ 选拔赛	为发现和挑选运动员，组织或补充代表队，准备参加高一级的竞赛而举行的比赛。
❼ 及格赛	一般在参赛人数过多、有可能影响正式比赛的正常进行时，先举行及格赛。
❽ 表演赛	为宣传体育运动、扩大影响而举办的比赛。
❾ 通讯赛	用通讯方式组织的比赛。

还可以开展一些技术难度不大、规则简单、形式灵活、对场地器材要求不高、容易组织的非正规比赛，以便吸引更多的人参加经常性的体育锻炼。

二、体育竞赛的方法

常用的竞赛方法一般有 4 种，即淘汰法、循环法、轮换法和顺序法。 组织竞赛时，应根据比赛的宗旨、规模、时间、场地和组织工作以及不同项目的特点等情况来选择不同的竞赛方法。

1. 淘汰法

通过比赛逐步淘汰成绩差的（失败的），最后决定优胜者。

有两种情况：
- 按一定的顺序让参赛者一组一组表现成绩，通过及格赛、预赛、复赛、决赛，比出优胜名次。
- 球类和其他对抗性比赛项目，一对一按事前排好的淘汰表进行比赛，胜者进入下一轮，直到最后一对决出优胜者。

2. 循环法

所有参赛的队（人）均互相比赛一次，最后按各队（人）在全部比赛中胜负的场数、得分的多少排列名次。

循环法分为： 单循环、双循环、分组循环。

单循环： 所有参赛的队（人）都互相比赛一次，最后按各队（人）胜负场数和得分多少排列名次。

轮数： 参赛队单数：轮数＝队数

参赛队双数：轮数＝队数－1

比赛场数： 场数＝队数×（队数－1）÷2

> **讨论**
>
> 请认真熟记体育竞赛的方法，让自己成为一个不是看热闹的观赏者。

单循环比赛秩序的编排方法：

❶ 用1、2、3……号码代表各队，排出各轮次的比赛表。

如有6个队：

第一轮	第二轮	第三轮	第四轮	第五轮
1－6	1－5	1－4	1－3	1－2
2－5	6－4	5－3	4－2	3－6
3－4	2－3	6－2	5－6	4－5

即1不动，其他数按逆时针方向轮转。

❷ 由各队抽签，按抽签号码将队名填入轮次表，再排定比赛日程。

双循环：在参赛队（人）数较少、时间充裕、又有意增加参赛者的比赛机会时采用。编排方法与单循环相同，只是各队要比赛两次，比赛轮次和场数都比单循环多一倍。

分组循环：在参赛队（人）数较多，竞赛时间有限时采用。整个比赛分预赛和决赛两个阶段：

　预赛阶段：把参赛队平均分成若干小组，用单循环法赛出各组名次。

　决赛阶段：根据预赛的组数和需要决出多少名次，采用同名次分组，再用单循环进行决赛。

3. 轮换法

将运动员分成若干组，在同一时间内分别进行各个项目的比赛。赛完一项后，各组依次轮换再进行另一项比赛。

例如竞技体操团体比赛。

4. 顺序法

按规定顺序依次进行比赛的方法。分为分组顺序法和不分组顺序法：

分组顺序法	将参赛者分成若干组，分别进行比赛。如田径比赛中的径赛项目按预赛、复赛、决赛成绩评定名次。
不分组顺序法	在同一比赛时间内只能有一人依次进行的比赛项目。如田径比赛中的田赛项目。

你知道吗

有趣的水球运动

水球是新兴的运动项目，是一种在水中进行的球类活动。它起源于19世纪中叶的英国。最初是人们游泳时在水中传掷足球的一种娱乐活动，故有"水上足球"之称，后逐渐形成两队之间的竞技水球运动。1869年英国出现用小旗标定边线和球门的水球比赛。1877年英格兰伯顿俱乐部聘请威尔森制定了世界上第一部水球竞赛规则。1879年出现了有球门的水球比赛。1885年英国游泳协会将水球列为单独比赛项目。1890年水球运动传入美国，后又逐渐在德国、奥地利、匈牙利等国家广泛开展。在1900年第五届奥运会上，水球被列为正式比赛项目。水球运动从1973年开始举办世界锦标赛。1979年国际业余游泳联合会举办了第一届女子水球世界杯赛。1986年举行的第五届世界游泳锦标赛将女子水球列为正式比赛项目。

水球运动在20世纪20年代传入中国的香港至广东一带。目前加拿大、荷兰、美国、澳大利亚、德国等国家开展得比较好，水平较高。中国水球队曾在第八、九、十届亚运会上连续获得冠军，在第二十三届奥运会上获得了第九名。

三、世界运动会简介

丰富多彩的体育竞赛通常都出现在各种各样的运动会上，想要欣赏精彩的体育竞赛就要了解各种运动会的情况。目前，世界性的运动会主要有：奥林匹克运动会、世界运动会、世界大学生运动会、友好运动会、世界中学生运动会。地区性的运动会主要有：亚洲运动会、东亚运动会、东南亚运动会、南亚运动会、中亚运动会、西亚运动会、泛太平洋运动会、南美洲运动会、中美洲及加勒比海地区运动会、泛美运动会、南大西洋运动会、欧洲运动会和非洲运动会。下面简单介绍几个著名的运动会。

1. 奥林匹克运动会

奥运会的全称是"奥林匹克运动会"，奥运会自 776 年于希腊的奥林匹亚举行以来，已经有 1 200 多年的历史。 当时的运动项目有五项全能（包含铁饼、标枪、跳远、赛跑和摔跤）、赛跑、拳击、摔跤、Pankration（拳击和摔跤的混合运动）、四轮马车赛跑和骑马。

奥林匹克的复兴始自 1896 年，当时希腊的雅典举办了第一届现代奥运会，当时有来自 14 个国家的 245 名运动员参加。此后，参赛运动员、参赛国家和比赛项目与日俱增，在 2000 年澳大利亚的悉尼奥运会上，有来自 199 个国家的 10 000 多名运动员参赛。

冬季体育项目最早在 1908 年进入奥运会，当时是花样滑冰运动。冰球项目自 1920 年进入奥运会。在 1924 年，冬季奥运会第一次在法国的查米尼斯单独举行。自 1994 起，冬奥会定于不和夏季奥运会同年举行，因此目前奥运会为每两年一届，冬季奥运会和夏季奥运会交替进行。

2. 世界运动会

世界运动会（World Games）创办于 1981 年，每 4 年举行一届，是由非奥运会项目的国际单项体育组织联合举办的世界大型综合性运动会。迄今已举办过五届。

20 世纪 70 年代中期，因为被批准为奥运会正式比赛项目的机会极为有限，一些等待被接受为奥运会项目的国际单项体育组织就萌生了举办世界运动会的构想。这些体育组织想为自己的运动项目创办一个世界大型综合性运动会，使运动员有机会展示他们的运动技术水平、并吸引媒体的关注。于是，一个在竞赛项目和参赛形式上完全不同于奥运会的世界大型综合性运动会便应运而生。世界运动会设置的项目分为比赛项目和表演项目两种，选拔参赛运动员完全按照各国际单项体育联合会的程序和标准进行，并非像奥运会那样以国家代表队的形式参赛。而且，不要求主办城市大兴土木专为运动会新建和扩建比赛场地及设施，这样就在一定程度上限制了运动会的规模。

世界运动会的领导机构是 1980 年成立的世界运动会理事会（World Games Council），后重新命名为国际世界运动会协会（International World Games Association），执行机构为世界运动会执委会。

除举行非奥运会项目的比赛外，在举办每届世界运动会的同时，主办城市还举办各种文化活动和社会活动，如音乐会、展览会等。世界运动会的创办促进了世界体育文化的繁荣和发展，前国际奥委会主席萨马兰奇很赞赏世界运动会的举办，称世界运动会为"二级奥运会"。国际奥委会承认国际世界运动会协会，并向世界运动会提供正式资助，还出资承担世界运动会的兴奋剂检查费用。国际世界运动会协会现有 31 个正式成员协会，项目包括合气道、跳伞、沙滩手球、台球、健美、地掷球、保龄球、钓鱼、野外射箭、蹼泳、拳球、飞盘、体操、古柔术、空手道、考夫球、救生、英式篮球、定向、回力球、力量举、墙网球、轮滑、橄榄球、壁球、冲浪、跆拳道、拔河、滑水。

3. 亚洲运动会

亚洲运动会，是亚洲奥林匹克理事会主办的亚洲各国家和地区最大的综合性运动会。每4年一届，与奥运会相间举行。自1951年迄今共举办了十四届。

亚运会的比赛项目不像奥运会那样有严格的规定，除田径、游泳、足球、篮球等广为开展的项目每届都必须列入外，主办国可根据自身的条件和运动技术水平适当增减，但必须得到亚奥理事会的批准，东道国无权随意安排。

> **讨论**
> 在2008年奥运会和2009年亚运会中，中国的获奖情况怎样？

4. 世界大学生运动会

世界大学生运动会（World University Games），素有"小奥运会"之称，是由国际大学生体育联合会（Federation Internationale du Sport Universitaire）主办，只限在校大学生和毕业不超过两年的大学生（年龄限制为17～28岁）参加的世界大型综合性运动会。 始办于1959年，其前身为国际大学生运动会。

1959年，第一届世界大学生运动会在意大利都灵举行，来自45个国家的985名运动员参加了比赛。至1999年，世界大学生运动会已举办过20届。

世界大学生运动会正式的比赛项目一般有田径、游泳、跳水、水球、体操、击剑、网球、篮球和排球等9项，但东道国有权再增加1项。例如1977年的东道国保加利亚增加了摔跤，1979年墨西哥增加了足球，1985年日本增加了柔道。

1960年，仿奥运会赛制，又在法国夏蒙尼举办了世界大学生冬季运动会。起初，夏季运动会和冬季运动会分别在单数和双数年举行，从1981年起改为在同一年举行。至1999年，世界大学生冬季运动会已举办过十九届，比赛项目有速度滑冰、短道速滑、花样滑冰、高山滑雪、越野滑雪、跳台滑雪、冬季两项、冰球、北欧两项、滑板滑雪。

由于世界大学生运动会是规模仅次于奥运会的世界大型综合性运动会，自1959年举办第一届比赛后，世界各国都非常重视，纷纷派出最优秀的运动员参加角逐。

另外，还有很多举行单项竞赛的运动会。

---

❶ 世界杯足球赛

足球世界杯（World Cup）即国际足联世界杯，是世界上最高水平的足球赛事，与奥运会、F1并称全球顶级三大赛事。世界杯足球赛是国际足坛上规模最大、水平最高的足球比赛，也是国际足联创办最早的比赛。早在1904年国际足联成立之时，就决定要在1906年举办第一届世界杯足球比赛，后由于种种因，经过24年的周折，才于1930年在乌拉圭举办了第一届世界杯足球赛，以后每四年举行一次（第二次世界大战期间停赛两次）。2002年，第十七届世界杯足球赛第一次在亚洲由韩国、日本两个国家共同主办。中国队第一次进入世界杯足球赛决赛阶段的比赛。

第九章　体育竞赛的欣赏

❷ 世界篮球锦标赛

世界篮球锦标赛是奥运会以外的最高水平的世界性篮球比赛。世界男子篮球锦标赛从1950年开始举行，第一届世界女子篮球锦标赛则于1953年举行。一般每3～4年一届。按规定，上届奥运会前3名，上届锦标赛前3名，欧、美、亚、非、大洋洲锦标赛冠军队和主办国，被邀请国（按照规程，主办国可邀请1～2个国家的球队参加比赛，一般不超过16支球队），才有资格参加世界篮球锦标赛。分3组进行预赛，各取前两名，加上上届冠军和本届主办国队，共8个队采用单循环制决赛。

❸ 美国NBA职业篮球联赛

NBA篮球赛是美国职业篮球协会主办的职业篮球联赛。现有29支球队，分成4个区于每年的11月初开始，至第二年的4月20日左右先进行常规赛。NBA的29支球队在常规赛季共进行1 189场比赛。每支球队均比赛82场。比赛采用主客场制，球队互相比赛场数不等，同一赛区同一联盟的球队相互赛4场，不同联盟之间的球队相互赛2场。常规赛结束后，按照比赛胜率（胜场数/82）的高低排出东、西部的前8名，共16支队伍参加季后赛，1对8、3对6、2对7、4对5。季后赛从4月下旬开始到6月中旬决出总冠军为止。季后赛采取淘汰制，经5赛3胜制的淘汰赛，东、西区各选出2支最好的球队再经7赛4胜制的淘汰赛，各剩下1支最强的队进入最后的冠军总决赛。再经7赛4胜制的主客场较量（主2+客3+主2），最后产生年度的总冠军。

经过50多年的发展，NBA职业篮球赛已成为当今世界公认的最高水平的篮球比赛。我国已有多名优秀球员先后入选NBA联赛，其中姚明在NBA休斯敦火箭队打球，受到了世界球迷的关注。

你知道吗

几个NBA球队名字的由来

（1）菲尼克斯太阳（Phoenix Suns）：球队建于1968年，菲尼克斯是亚利桑那州的首府，位于美国西海岸的沙漠中，年降水量稀少，阳光充足，以"太阳"为队名最有代表意义。

（2）圣安东尼奥马刺（San Antonio Spurs）：NBA的创始球队之一，最早时球队大本营在达拉斯，队名为"达拉斯橡木队"，1970年更名为"得克萨斯橡木队"，1973年移师圣安东尼奥后改名为"马刺队"。"马刺"是骑马者钉在鞋后跟上的一种铁制的刺马针，以此为队名，可以反映出美国西部大开发的时代特征。

（3）西雅图超音速（Seattle Supersonics）：球队诞生在西雅图，是世界上最大的飞机制造商波音公司的总部所在地。1967年球队建立的时候，波音公司正在开发制造超音速客机，而在波音公司帮助下创立的球队也选择了"超音速"这个名字。

（4）达拉斯小牛（Dallas Mavericks）：1980年3月，球队老板在征集来的大约4 600个名称中，选中"小牛"为球队的名称。

（5）萨克拉门托国王（Sacramento Kings）：该队更名之多是NBA其他球队望尘莫及的，刚成立时叫"罗切斯特皇家队"，1957年更名为"辛辛那提皇家队"，1972年改称"堪萨斯城—奥哈马国王队"，直到1985年才定居萨克拉门托，更名为"萨克拉门托国王队"。

（6）休斯敦火箭（Houston Rockets）：球队最早成立于军需产业发达的圣地亚哥，1961年迁往美国国家航空航天局（NASA）所在地休斯敦后，"火箭"这个名字更加名副其实了。

（7）孟菲斯灰熊（Memphis Grizzlies）：1995年诞生，当时作为NBA海外扩张计划的一部分，主场设在加拿大的温哥华市，并以加拿大西部非常有代表性的动物"大灰熊"给球队命名，象征着篮球的力量。2001年，灰熊队迁回美国田纳西州孟菲斯市，更名为孟菲斯灰熊队。

知识点 2 正确欣赏体育竞赛

一、做个内行的体育观众

俗话说得好："内行看门道，外行看热闹。"做个真正内行的体育观众，才能不仅看热闹，更能看懂门道，才能感觉巅峰瞬间，感受体育内涵，留下美好记忆。

那么怎样欣赏竞技体育比赛呢？

1. 了解竞技体育比赛的一般分类形式和特点

首先要了解各项赛事及其规则和基本竞技战术。规则是运动员合理利用身体、心理、技术、战术的前提和保证，也是保障比赛顺利完成的条件。了解规则，才能看懂比赛，才能欣赏比赛。竞技战术是整个比赛的核心、精髓，对它的熟悉会让人对比赛的欣赏更进一步，就如同自己在比赛中一样，你也会成为运动员、教练员，知道什么时候该用什么技术、战术，你会为他们的一些技术、战术的合理运用、精彩的发挥而鼓掌叫好，也会为他们的某些失误而扼腕叹息。

（1）欣赏直接对抗性竞技项目。包括篮球、排球、足球、手球、网球、曲棍球、羽毛球、乒乓球等球类项目，以及拳击、摔跤、柔道、击剑等个人项目。这类项目比赛的特点是：裁判员按规则的规定去判断运动员的得分与失分，并以此作为衡量成绩的依据，判断比赛的胜负。欣赏这类比赛项目，应注意欣赏比赛过程中个人技术的运用和整体战术的配合，以及运动员所表现出的那种视野开阔、豁达合群和大智大勇的精神状态。

第九章 体育竞赛的欣赏

（2）**欣赏对比性竞赛项目**。包括体操、艺术体操、跳水、花样游泳、花样滑冰等。这类项目比赛的特点是对比，要求运动员按规定条件和动作质量去完成比赛的技术动作，比赛中强调动作难度、美观和富有艺术性。**欣赏这类比赛项目，应注意欣赏比赛过程中的那种富于艺术的美感，即运动员能够在一定的空间和时间内，把身体控制到尽善尽美的程度，使健与美得到高度的统一，再加上和谐韵律和鲜明节奏的微妙配合，犹如抒情诗般的艺术造型，给人以强烈的美感。**

（3）**欣赏记录性竞赛项目**。包括田径、游泳、举重、射箭、射击、划船、赛艇等。这类项目比赛的特点是：计算成绩有客观指标，即以时间、距离、重量、命中率等具体指标作为评定运动员名次的依据。**欣赏这类比赛项目，应注意欣赏比赛过程中运动员那种你追我赶的拼搏精神及勇敢坚毅、刻苦耐劳的优良品质。**

讨 论

热情的观众在比赛现场狂呼是对的，还是错的？

竞技体育比赛中运动员的技、战术动作和配合是经过长期刻苦训练和多次比赛的磨合而形成的。有的技术已经达到炉火纯青的境界，有些战术配合已经达到天衣无缝的程度，当从这个视角去观赏体育比赛时，就要抓住不同项目的特点去欣赏。例如，一场世界高水平的足球赛使人感到整场比赛是一种视觉的享受，足球门前险象环生的临门一脚，使人们能够狂热不已；篮球比赛中高高跃起的扣篮和盖帽，准确的三分远投，使人拍案叫绝；排球比赛中扣球队员一连串的助跑、起跳、空中动作以及强有力的重扣都使观看者赞叹不已。又如，体操中又高又飘的跟头、回环、转体等一系列高难动作；投掷项目中的最后用力；跳远的起跳与腾空；跳高中起跳和过杆的一刹那；百米跑的快速起跑和强有力的冲刺，游泳的优美泳姿等等，所有这些精彩的部分，都会给观赏者带来一种健与美的享受。此外，还可以观赏到变幻莫测的传接配合，如排球战术中二传传出的球恰到好处；接力比赛的接棒要掌握好时机；在长跑比赛中要考虑体力的分配，根据对手的特点是否采用领跑或跟跑战术等。竞技体育的技、战术促使运动员在比体能、比战术的同时，也要比智慧。竞技体育的比赛是一项需要智慧，同时又能促进智慧发展的运动，从运动技、战术的角度去观赏体育比赛，会使人们联想到现代社会许多事业都需要人们像赛场上运动员那样刻苦努力、明确分工、真诚合作才能成功。

2. 学会和掌握欣赏竞技体育比赛的一般方法

（1）**注意欣赏体育精神**。**从整体上说，我们应注意欣赏蕴含在体育比赛中的那种崇高的"体育精神"，它包括竞争精神、自我超越精神和团结协作精神。**体育比赛的最大魅力在于永恒的竞争，在于有规则的、公平的、平等的、和平的竞争。运动场上无论是总统还是平民，无论是明星还是新兵，都要站在同一起跑线上，听同一声号令，没有尊卑贵贱之分。体育比赛的另一个魅力在于不停地追求与超越，它追求人类的健美、完善、聪慧、愉悦；追求人类社会的友谊、和平、公正、进步；它挑战人类的生理极限，通过更快、更高、更强而不断实现人的自我超越。体育比赛的魅力还在于运动场上的团结协作和配合默契。一个眼神、一个手势、一句简单的语言提示，均可以使运动员之间的配合做到天衣无缝，犹如行云流水，进入最佳的境界。

（2）**注意欣赏比赛的形式与过程**。竞技体育比赛大致可分为三种类型，在欣赏不同类型的比赛时，应注意不同的欣赏角度，以此来提高自己的欣赏水平。具体按照各项竞技比赛的类型和特点进行欣赏。

（3）注意欣赏比赛的结果。 虽然"重在参与"是人们普遍欣赏的体育信念，但对比赛结果的欣赏，能让人从中获得一种满足感、成功感。当人们在欣赏一场足球比赛时，尽管对比赛过程中运动员的技术、战术表演，对相互的默契配合有着一种良好的情感体验，但人们还是关心最后的结果。正是这一结果的悬念，使更多的人有耐心看完一场结果也许是 0∶0 的比赛。

欣赏比赛的结果，能产生一种强烈的移情作用。 如观看跳高比赛，当运动员准备起跑的时候，观众会情不自禁地屏息无声，暗暗地为运动员加油。而当运动员以其娴熟优美的姿态越过 2 米多的横杆时，观众会从心底发出一种宽慰的欢呼，获得一种精神上的满足与升华。

欣赏比赛的结果，能使人受到一种强烈的振奋。 由于现代国际比赛规定颁奖时要升国旗、奏国歌，因此，一场比赛的结果总是牵动着亿万人的心。取得胜利会使一个国家举国欢腾、欢呼雀跃。失利了，也会给一个国家带来震撼。

总之，欣赏竞技体育比赛应该注意多层次、多角度地去感受、去体验。要注意增加必要的欣赏知识，比如比赛项目的演变历史和发展现状、一般的比赛方法和比赛规则、比赛队员的技术特点和技术风格，等等。这样才能不断提高自己的欣赏水平，获得赏心悦目的精神享受。

你知道吗

倡议球迷文明观赛

2007 年 7 月 27 日，维护中超联赛观看秩序新闻发布会在北京市体育局召开。北京市球迷协会向球迷发出文明观赛倡议书，倡议全市球迷"文明观赛，快乐赏球，做文明快乐的新球迷"。

中超联赛北京赛区委员会执行主任、市体育局副局长李晋康表示，近几年我们的赛场文明总体来看是比较好的，但是也出现了一些不和谐的事件。各相关部门要进一步落实职责，要把维护赛场秩序作为共同目标，努力塑造北京赛区文明、良好的观赛氛围。

《文明观赛倡议书》

球迷朋友们：

多年来，我们一直以对足球运动的挚爱和对北京足球的支持，满腔热忱地在赛场里为球队呐喊助威、加油鼓劲，充分展示了北京球迷文明、热情、懂行的良好形象。但是由于一小部分观众文明意识不强，观看比赛时有不文明行为，从一定程度上影响了比赛气氛和球迷群体的形象，也与"人文奥运、礼仪北京"的和谐环境不相符合。

目前，全市上下正在广泛地开展"迎奥运、讲文明、树新风"活动，实施"热情懂行——迎奥运赛场文明行动"是活动的重要组成部分，我们球迷有责任、有义务来创造和维护文明、热烈、有序的赛场环境。为此，我们共同倡议：

从小事做起，从我做起，遵守《首都市民文明公约》，积极倡导赛场文明礼仪，维护赛场清洁环境，拒绝不文明观赛行为，用我们的语言和行动来引领"文明、快乐、健康、

第九章 体育竞赛的欣赏

时尚"的赛场文化,为北京举办一届"有特色,高水平"的奥运会做出我们应有的贡献!

"文明观赛,快乐赏球,做文明快乐的新球迷"是我们的口号,树文明形象,展礼仪风采,为2008年北京奥运会营造良好赛事环境,是我们的共同目标。球迷朋友们,让我们共同努力,争做文明快乐的新球迷;让我们伸出双手,撑起一片文明、洁净的赛场天空,2008年奥运会将因我们的存在而更加精彩!

二、品出体育竞赛的"美"来

1. 欣赏动作美

艺术体操运动员随着音乐的节奏在绿色地毯上滚翻腾跃,时而凌空,时而伏地,时而飞旋,时而伫立,那曲线优美的身体,协调柔软,轻盈飘逸。花样滑冰选手,身着佩有闪光饰物的华丽服装,和着悦耳动听的乐曲,在灯光的追随下,以轻快的节奏,做出许多优美的动作组合和艺术造型。武术表演中,运动员精神贯注、形神兼备,在套路中将各种攻防动作化为动态的艺术形象,动静疾徐,节奏鲜明,于飘逸潇洒中体现浓郁的民族特色,令人赞叹不已。一场精彩的球赛,运动员精湛的球艺和精妙的战术配合以及许多出人意料的戏剧性场面,都给观众留下深刻的印象,使人们在兴奋之余深感某种满足,令人感到美不胜收。

2. 欣赏运动美

运动美是身体运动之美,是人在体育运动中表现出来的美。感受运动美需要懂得一定的运动知识,特别是竞赛运动知识;表现运动美不但要掌握知识,还必须亲自参加体育活动的具体实践。

3. 欣赏身体美

身体美不仅指人体表面形态的美,还包括骨骼、肌肉、皮肤、毛发等影响人体表面形态的构件,并涉及音容笑貌、服装饰物等与表现身体美有关的所有方面。**身体美是机体良好的生理和心理状态综合显示出来的健康之美。体育竞赛最充分和最丰富地展现了充盈着生命力的身体美,它主要在运动过程中表现出来,并通过体育锻炼的手段获得。**

4. 其他

力度美	当见到那些肌肉发达、矫健有力的投掷选手、举重健将、摔跤能手,以勇猛雄健的动作达到常人所无法达到的远度、重量和难度时,相信你也会为他们的强健和剽悍啧啧称奇,感受到一种力量的美。
悲壮美	竞赛中的胜负通常是不可预知的,参赛者主观上总是希望取胜,但由于各种因素的综合效应,客观上失败的现象经常会出现,这就产生了属于美学范畴的悲剧效果,使人感到一种悲壮之美。所以观看比赛时,我们也常常为实力较弱的一方鼓劲,并常被他们在落后情况下竭尽全力、紧追不舍、不屈不挠的精神所振奋和感染,进而从中获得极大的满足。

风格美	竞赛中，运动员个人和运动队集体在技术表现和战术配合方面都有自己的风格，或粗犷奔放，或稳健细腻，或注重进攻或偏重于防守，或大刀阔斧，或精雕细琢，都具有自己的技术、战术风格，从而产生独特的风格美。
行为美	竞赛中，可以发现以友谊和亲善为目的、不在乎胜负、亲密无间的许多现象，包括重礼仪、守纪律、团结协作、有强烈的责任感、富于牺牲精神等美德，这些都是我们需要提倡和发扬的行为美。
意志美	竞赛中，一方由于实力不够而获胜的可能性极微，或在无望追上对手时，运动员仍然兢兢业业、努力拼搏、毫不气馁，以认真顽强的态度坚持到底，这是一种意志美的表现。

> **讨 论**
>
> 如何欣赏残疾人运动会？

三、体育赛事的现场观赛礼仪

各种体育赛事的现场观赛礼仪体现了各运动项目在历史发展过程中所积淀的文化内涵和体育精神，也反映了现场观众的文明素质和当地社会的文明程度，是比赛顺利进行的重要保障。学习、践行现场观赛礼仪应体现这样的基本要求：

❶ 提前入场，有序退场

尽量提前入场，对号入座，主动礼让老弱病残幼。比赛完全结束后再有序离场。

❷ 热情喝彩，鼓励各方

观众应深刻领会奥林匹克精神，关注比赛过程，欣赏运动技巧，无论胜负，都对所有参赛运动员的精彩表现报以热烈掌声，予以赞赏鼓励。

❸ 尊重国格，表示敬意

对各国运动员在比赛中的表现给予应有的礼遇。各项比赛升国旗、奏国歌时，观众应肃立致敬。对于各国的国旗、国歌，都应同样尊重。

❹ 举止得体，行为理智

观赛时不随意走动，不吸烟，不吃带响声的食物，不乱抛垃圾杂物，不说脏话，不喝倒彩，不嘲讽侮辱运动员、教练员、裁判员及其他观众，不损坏公共设施，理智对待胜负。

以上是到现场观赛必须遵守的基本礼仪要求。具体到不同的比赛项目又有不同的赛制，因为运动特点和规则的差异，每个单项比赛对观众观赛还有一些特别规定和不同的礼仪要求。

四、端正欣赏观

竞技体育最明显的特点就是具有竞赛性。这种竞赛性又是以竞赛双方直接对抗的形式表现出来的。如果竞赛双方对胜负无所谓，不积极去争取胜利，就失去了竞技体育的意义，同时也会令观众兴味索然。体育竞赛既是体力、智慧、技术和战术的角逐，又是精神、意志、思想和作风的较量。比如，国际赛场上的激烈争夺，就在一定程度上反映了一个民族的精神面貌和一个国家的文明程度。而这种关系到民族尊严和国家荣誉的大事，必然会对人民群众的思想、感情、精神和意志产生巨大的影响，也成为一场国际赛事吸引数以亿计的群众观看电视实况转播的缘由。如果参赛一方是本国、本省、本校或本单位的运动员，赛场上的激烈竞争和胜负的转换，常常会引起观众强烈的共鸣并唤起一种非常独特的情感体验。支持胜方的观众，有的狂热得不能自持，采取各种形式表达内心的喜悦；而支持负方的观众也同样不能自持，狂呼乱喊，责难之声不绝于耳，有的甚至大打出手，酿成祸端，素有绅士风度的英国球迷闹事就是佐证。但观众若能以正确的态度对待胜负，这种看台上的暴力事件或许就不会发生。

既然体育竞赛的本质特征就是要分出胜负，那么运动员和观众就都存在着如何看待胜负的问题。**人们对待比赛胜负的态度与一个人的理想情操、文化素养、思想方法、认识水平和纪律观念等有着密切的关系。**因此，我们观看体育比赛既需要激情，更要有理性，要客观分析胜负的原因，树立正确的胜负观念。

1. 突出奥林匹克精神

运动员在比赛中，全身心地投入，最大限度地发挥技术、战术和体能的水平，追求着"更快、更高、更强"。**因此，我们在观赏体育竞赛时，不仅要赞美竞赛的优胜者，更主要的是要注重奥林匹克精神，称赞那些在竞赛中体现出高尚风格、良好精神品德的人们。**

恰当地宣泄情感，能使欣赏向陶冶人性、传播精神、创造体育文化等方面高度升华。体育竞赛最终追求的目标，应是通过运动场上的公平竞争，使积极进取、不断向上的精神永存，促进人类社会的进步与发展。如果我们都能以这样的认识高度去观赏体育竞赛，相信在得到美的享受的同时，也会把精神上获取的许多情感变化，更多地转为激励自己的一种动力，从而达到培养各种优良品质的目的。

2. 树立正确的胜负观

体育竞赛就是要分出胜负，但获取胜利不是体育竞赛的唯一目的，更不是终极目标。我们欣赏的不仅仅是获胜，更欣赏的是对自我的超越。

胜与负都是相对而言的，胜败乃兵家常事。获胜是每个运动员一生奋斗的目标，观众也可以从中得到积极向上、不断进取精神的启迪。但要是从宏观上看待胜负的价值，就不应以一时成败论英雄。**观众在欣赏比赛时应为比赛双方精彩的表演鼓掌叫好，为所有的运动员那种不甘落后努力拼搏的精神叫好，观众既要为运动员的胜利欢呼，也要允许他们失败，既要给自己喜爱的运动**

竞赛重在参与，可为什么人们还要拼命争夺冠军？

员加油，也要给对方运动员加油。

3. 不以胜败论英雄

在体育竞赛中，要正确对待比赛的胜负。那种只能胜、不能败，胜了就一切都好，败了就一无是处，甚至冷眼相待、多方指责的做法是不可取的。尽管在观看比赛时情绪高涨，但抒发情感的方式必须恰当。既要助威加油，又应热情公正，始终做到热而不狂、欢而不乱、注意文明礼貌、遵守纪律、尊重各方，这才是欣赏体育竞赛所应采取的态度。

4. 取胜不是唯一目的

体育竞赛的重要目的是争取胜利，但这并非体育竞赛的唯一目的，更不是最终目的。既然"和平、友谊、团结、进步""更快、更高、更强""参加比取胜更重要"这些奥林匹克的宗旨、格言和名句所体现的奥林匹克精神是体育竞赛的根本宗旨，那么就应以此来指导人们参与和观赏体育竞赛。如果把比赛的目的仅仅局限在"胜负"上，就降低了比赛的意义，甚至会失去比赛的真谛。

5. 不把胜负与国威画等号

我们既要充分肯定比赛胜利对振奋民族精神的作用，又不能简单地把比赛的胜负与国家荣辱画等号。虽然体育作为一种文化形态，可以在一定程度上反映出一个国家的经济、科学、技术和文化的发展水平，在重大国际比赛中获胜也的确有利于增强民族自信心、自豪感和振奋民族精神，但是体育的发展又不完全受经济的制约。比如，经济发达国家并非全都是体育强国，经济落后国家的运动员也能取得比赛胜利。没有哪一个国家可以在所有项目上包揽天下，也没有哪一个国家可以在一切比赛中避免失败，体育强国也不例外。认为一场比赛胜了便是"国荣"，输了便是"国耻"，这种形而上学的观点是不可取的。

6. 加强个人修养，文明欣赏比赛

现代体育比赛，场面激烈而紧张，战术机智而灵活，让欣赏者情绪时而亢奋，时而消沉。此时欣赏者的情绪完全被比赛的节奏所控制，如果观赏者不能控制自己的情绪，会出现很恶劣的后果。在足球比赛中，有很多血的教训。所以一定要加强自身修养，控制情绪，使不良情绪通过正常途径得到宣泄。

你知道吗

观看跆拳道的礼仪

技术是跆拳道的灵魂，而礼仪是跆拳道精神的体现。相信许多跆拳道初学者所上的第一节课的内容就是礼仪，我们在赛场上看到的运动员也是彬彬有礼，那么作为观众，应该如何做到文明观赛呢？

第九章　体育竞赛的欣赏

1. 提前入场，尊重裁判

观看跆拳道比赛与其他项目比赛有相同的地方，都要求观众提前进场；不应携带零食、瓶装饮料等；在比赛进行期间，要为运动员加油助威，激发他们的比赛热情，烘托比赛氛围，看台上下形成良性互动。

此外，由于跆拳道比赛有一些比较"特殊"的地方，因此需要观众的积极配合。在跆拳道比赛中，裁判的主观判断占很大比例。客观地说，这样的评判方式的确容易产生歧义判决，可如果观众在此时群起而攻之，扰乱赛场秩序，那就会干扰运动员情绪，影响比赛的正常进行了。所以，不做野蛮观众，在比赛中尊重双方运动员、尊重裁判是观看跆拳道比赛的关键。

2. 文明观赛，热情有度

跆拳道是精彩激烈的搏击项目，观众的情绪也会随着运动员精彩的搏击而不断高涨。相关人士表示，为选手助威应该热情有度，做到文明理智观赛。

有些观众在观看比赛时，情绪容易失控，难免会让一些不文明的"暴力"用语脱口而出，比如"踢他""打他"等"暴力助威"的词汇。这些词语显然给跆拳道比赛的精彩氛围增添了野蛮的不和谐音。观众有倾向性是很自然的，但是，这种对运动员和运动队的支持一定要有节制，不能完全凭个人的感情用事。

3. 注重对礼仪的欣赏，淡化输赢观念

跆拳道虽然是搏击项目，但该运动更讲究人在格斗过程中磨炼意志品质，从中受到礼仪的熏陶。相关人士表示："这是一种很特别的项目，它对于礼仪的要求非常高。如果有一方踢到对方的头，被踢的一方的想法是，'我的水平不如对方，我要向他好好学习'。踢到对方头的这一方则会想到，'我的腿没有收住，打到对方非常抱歉'。"

关注比赛，淡化胜负，在跆拳道中表现得淋漓尽致，这个"力量做主"的项目却倚靠着深厚的"礼"之文化背景，选手在比赛中的比拼已不仅仅是简单的技术对抗，也重视精神层面的切磋。所以，看跆拳道比赛的观众如果抱着看打架的心态来到体育馆里，就未免有些低俗了。

1. 简述体育竞赛的分类。
2. 如何正确欣赏体育竞赛？